KB252534

스테이블코인, 진화하는 디지털 화폐

스테이블코인, 진화하는 디지털 화폐

서울대학교 블록체인학회 디사이퍼 지음

아라크네

스테이블코인, 어른이 되다

블록체인은 거꾸로 서 있는 경제다. 국가의 경제는 도로, 전기, 통신 같은 인프라가 먼저 깔리고 그 위에서 제조업, 공업이 성장한다. 도시가 형성되고 인구가 몰리면 금융업과 관광업, 서비스업이 뒤따라 발전한다. 경제는 인프라에서 시작해 금융으로 완성되는 구조를 반복해 왔다. 하지만 블록체인의 역사는 정반대였다.

2009년 1월 3일 비트코인 제네시스 블록 생성 후 2015년 이더리움의 스마트 컨트랙트 활성화, 2013년 ICO·IDO 붐, 2020년 디파이 썸머, 2022년 NFT와 메타버스 버블, 그리고 2024년과 2025년 ETF와 DAT 등 기관 참여까지 블록체인 경제는 제대로 된 인프라나 디앱이 갖춰지기도 전에 '세일'과 '금융'부터 등장한 경제 실험이었다. 기초 공사가 끝나기도 전에 금융 상품이 먼저 쏟아져 나온 셈이다.

수익과 기대가 실사용보다 앞서 달리며, 블록체인의 비정상적인 성장 순서는 필연적으로 간극을 만들었다. 인프라가 충분히 마련되기 전, 크립토는 투자와 투기를 중심으로 소비되었다. 기술의 가치보다 가격의 등락이 더 큰 관심의 대상이었고, 생태계는 방향을 잃고 헤매기도 하였다.

블록체인의 출발점은 본래 정보의 자유와 개인 프라이버시 보호를 중시한 사이퍼펑크 정신이었다. 중앙화된 주체에게 신뢰와 권한을 넘기지 않으려는 움직임에서 태동했지만, 현실의 문제를 해결하기 위해서는 블록체인이 고립된 세계에 머물러서는 안 된다. 현실과 연결된 신뢰의 구조가 필요하다.

그 연결의 시작점이 바로 스테이블코인이다.

스테이블코인은 전 세계에서 가장 널리 사용되는 블록체인 기반 서비스이자, 크립토의 극심한 가격 변동성을 최소화한 '대중화의 관문'이다. 디파이 활용뿐 아니라 결제 대금 지불, 국경 없는 전송, 일상에서의 간편한 사용까지 가능하게 만든 블록체인 세계의 실용적 화폐다.

우리는 새로운 화폐를 신뢰할 수 있는가?

조선시대 당백전이든, 미국 자유은행 시대든, 신뢰를 잃은 화폐는 모두 같은 결말을 맞았다. 기술의 우월함이 화폐를 만드는 것이 아니라, 신뢰가 화폐를 작동하게 한다는 것이 역사의 결론이다.

한국은 왜 '원화 스테이블코인'을 논의하는가?

2025년 현재 미국은 지니어스 법GENIUS Act을 통해 스테이블코인을 제도권 안으로 끌어들였고, 달러 스테이블코인은 국경을 넘어 글로벌 결제 시스템을 재편하고 있다.

한국이 원화 스테이블코인을 고민하는 이유는 단순히 "달러를 막기 위해서"가 아니다. 글로벌 결제망이 블록체인으로 이동하는 순간, 원화 역시 디지털 버전으로 존재해야 국제 경쟁력을 잃지 않는다.

하지만 동시에, 수십 년간 한국의 통화·금융 시스템을 지탱해 온 '신뢰의 구조'를 훼손할 수 있는 위험도 존재한다.

『스테이블코인, 진화하는 디지털 화폐』는 서울대학교 블록체인학회 디사이퍼Decipher의 학회원 6명(신년기, 김해인, 김채린, 조인하, 유준혁, 박정원)이 모여 스테이블코인의 탄생, 유년기, 청소년기, 성인기, 그리고 이를 성장시킨 기술을 종합적으로 다루며 곧 태어날 '새로운 동생' 원화 스테이블코인에 대해 제언하는 책이다.

블록체인 경제가 거꾸로 성장해 온 지난 15년의 역사를 돌아본 지금, 우리는 드디어 화폐와 금융의 중심부를 향해 나아가고 있다. 그리고 대한민국 변화의 전환점에 원화 스테이블코인이 서 있다.

2026년 1월, 김해인

1장

스테이블코인의 탄생:
배다른 3형제 스테이블코인

4장

성인에 접어든 스테이블코인: 스테이블코인, 규제 속으로 들어오다

5장

성장에 좋은 음식: 스테이블코인을 성장시키는 기술들

스테이블코인의 탄생:
배다른 3형제
스테이블코인

스테이블코인이란 무엇인가?

크립토 자산은 그동안 온체인on-chain*에서 주로 트레이딩 수단으로 활용되어 왔다. 하지만 2025년에 들어 RWA(실물자산 토큰화Real World Asset, 실물 자산을 블록체인상에서 디지털 토큰화하는 것), 주식 토큰화, 송금 등 기존 금융 인프라가 점차 블록체인으로 옮겨 가고 실생활에서 스테이블코인stablecoin 결제 사례까지 등장하면서 스테이블코인에 대한 관심이 크게 높아졌다. 스테이블코인은 거래와 정산이 실시간으로 이뤄져 편리한 결제망으로 기능하고 송금이나 결제뿐 아니라, 자산을 지키기 위한 가치 저장 수단으로서도 이미 확고한 입지를 구축하고 있다.

국경이 없는 화폐인 스테이블코인은 스테이블(안정적인stable)이라는 이름에 담긴 의미처럼 가치 변동성을 최소화하도록 설계된 암호화폐다. 법

---

* 블록체인 네트워크 위에서 이루어지는 기록이나 거래를 말한다. 모든 데이터가 네트워크에 저장되며, 누구나 검증할 수 있어 변경이 어렵고 투명성이 높다. 반대로 '오프체인off-chain'은 블록체인 밖에서 이루어지는 처리나 기록을 의미한다.

정화폐나 특정 자산에 가치를 고정(페깅pegging)한 구조를 가지며, 대표적인 예로 USDT와 USDC를 들 수 있다. 이들 스테이블코인은 중앙은행이 아니라 테더Tether, 서클Circle 같은 민간 기업이 발행한다는 점에서 전통적인 화폐와 구분된다.

코인마켓캡CoinMarketCap의 시가총액 기준 상위 스테이블코인Top Stablecoin Tokens by Market Capitalization 페이지를 보면 시가총액 1위는 테더가 발행하는 USDT이며(전체 크립토 자산 기준으로도 BTC, ETH에 이은 3위), 2위는 서클과 코인베이스Coinbase가 공동 개발한 USDC다. 3위는 에테나Ethena의 USDe, 4위는 탈중앙화 스테이블코인 DAI, 5위는 페이팔PayPal이 발행하는 페이팔USD(PYUSD)가 차지하고 있다. 2026년 1월 현재 스테이블코인 전체 시가총액은 집계 기준에 따라 다소 차이는 있으나, 대략 3,000억~3,100억 달러 수준에서 형성되어 있다.

주요 스테이블코인 시가총액
(2026년 1월 기준)

Top Stablecoin Tokens by Market Capitalization

This page lists the most valuable stablecoins. They are listed by market capitalization with the largest first and then descending in order.

Market Cap $316,833,809,947 ▲ 0.17%　　Trading Volume $97,067,003,602 ▼ 15.82%

#	Name		Price	1h %	24h %	7d %	Market Cap	Volume(24h)	Circulating Supply
3	Tether USDT	Buy	$0.9988	▼0.01%	▼0.03%	▼0.06%	$186,844,701,818	$81,635,279,839 81.71B	187.05B USDT
7	USDC USDC	Buy	$0.9996	▼0.00%	▼0.01%	▼0.03%	$74,813,421,570	$10,850,097,714 10.85B	74.85B USDC
19	Ethena USDe USDe	Buy	$0.9994	▼0.01%	▼0.00%	▲0.02%	$6,345,002,751	$61,141,292 61.18M	6.34B USDe
22	Dai DAI	Buy	$0.9997	▼0.00%	▼0.01%	▼0.01%	$5,364,157,628	$94,430,006 94.46M	5.36B DAI
29	PayPal USD PYUSD	Buy	$0.9996	▼0.01%	▼0.01%	▼0.03%	$3,670,652,521	$83,140,375 83.16M	3.67B PYUSD
32	World Liberty Financial USD USD1	Buy	$0.9993	▼0.03%	▼0.03%	▼0.10%	$3,398,276,716	$871,766,261 872.20M	3.4B USD1
51	Global Dollar USDG	Buy	$0.9995	▲0.00%	▼0.01%	▼0.03%	$1,520,548,947	$24,475,999 24.48M	1.52B USDG
53	Ripple USD RLUSD	Buy	$0.9995	▼0.06%	▼0.05%	▼0.01%	$1,335,538,464	$98,423,863 98.44M	1.33B RLUSD

자료: CoinMarketCap

스테이블코인 전체 시가총액

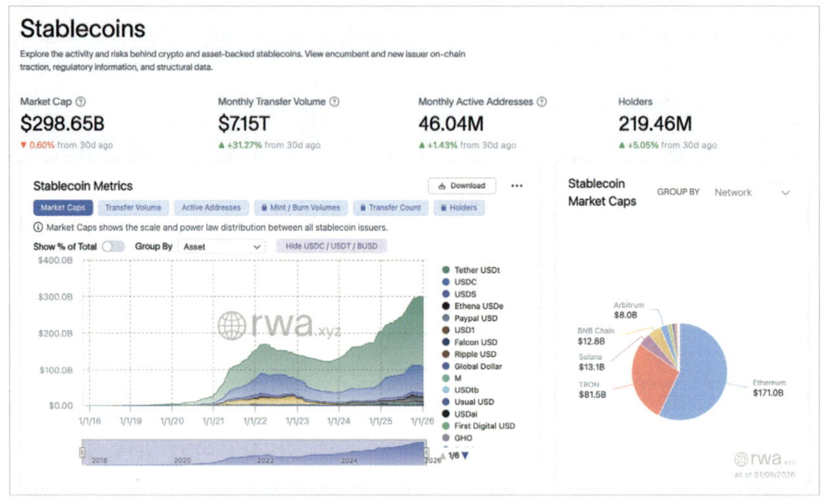

자료: RWA.xyz

그런데 가치가 안정적이라면 한 개만 있어도 되는 것 아닌가? 세상에는 왜 이렇게 많은 스테이블코인이 존재할까?

무엇에, 어떻게, 누구 책임으로 신뢰를 만들어 가느냐에 따라 설계가 다르기 때문이다. 같이 1달러에 페깅되어 있어도 어떤 코인은 달러나 미국 국채로 담보하고, 어떤 코인은 온체인 담보를 잡고, 어떤 코인은 알고리즘과 토큰 이코노미로 버티려 한다.

또한 규제 환경, 발행 주체의 국가, 사용처(결제·송금·디파이·레버리지), 탈중앙화 수준, KYC(고객신원확인)·AML(자금세탁방지) 요구 사항 등에 따라 필요한 스테이블코인이 달라진다. 그래서 1달러라는 표시는 같지만 구조, 위험, 규제, 철학이 다른 여러 가지 스테이블코인이 공존한다.

세 종류의
스테이블코인

법정화폐 담보형: USDT, USDC, PYUSD

스테이블코인의 종류는 크게 법정화폐 담보형, 암호화폐 담보형, 알고리즘형Algorithmic이 있다. 그중 가장 널리 사용되는 스테이블코인은 전통 금융기관과 유사한 방식으로 운영되는 법정화폐 담보형이다. 2014년 USDT, 2018년 USDC, 2023년 PYUSD가 대표석이다.

발행 구조는 고객이 테더·서클·페이팔 등 발행사에 달러(또는 동등한 가치의 법정화폐)를 예치하면, 발행사는 그 금액과 일대일 비율로 스테이블코인을 발행해서 고객에게 지급한다. 고객은 발행된 토큰을 거래소 입출금, 디파이 투자, 결제 등에 활용한다.

발행사는 예치된 달러를 현금, 단기 미국 국채, 역레포, 머니마켓펀드, 금 등 비교적 안전한 자산으로 운용한다. 이 과정에서 발생하는 이자 수익이 발행사의 핵심 비즈니스 모델이다. 추가 수익원은 여러 블록체인 네트워크와의 통합integration, 거래소·결제 업체·핀테크 기업과의 파트너십, 기관·기업 대상 커스터디custody 및 결제 솔루션 제공 등이 있다.

암호화폐 담보형: DAI

대표적인 예로 메이커다오MakerDAO의 DAI가 있다. 이는 알고리즘과 온체인 담보가 결합한 형태의 탈중앙화 스테이블코인이다. 발행 방식은 사용자가 스마트 컨트랙트smart contract*에 ETH, LSTLiquid Staking Token, LRTLiquid Restaking Token, USDC, RWA 등을 담보로 예치한다. 예치된 자산 가치가 일정 담보 비율(예: 150%)을 충족할 경우, 그 범위 내에서 DAI를 대출받을 수 있다. 이 구조 때문에 DAI는 초과 담보over-collateralized 모델이다.

포지션 관리와 안정성 유지를 위해, 담보자산 가격이 하락하여 비율이 기준 이하로 떨어지면 시스템은 자동으로 담보를 청산해서 DAI를 상환한다. 이 강제 청산 메커니즘이 DAI의 1달러 페깅을 유지하는 핵심 장치다.

온체인에서 누구나 담보 현황과 청산 내역, 시스템 운영 상태를 투명하게 검증할 수 있다는 것은 큰 장점이다. 그러나 시장 변동성이 커질 경우 대량 청산이 발생해 변동성이 확대되는 위험도 존재한다.

최근에는 미국 국채 등 RWA 자산 비중이 늘어나면서 완전한 탈중앙화보다는 '탈중앙＋실물자산' 기반의 하이브리드 구조로 진화하고 있다.

---

* 블록체인 위에서 실행되는 프로그램을 말한다. 중앙화된 주체(정부, 기업 등)의 개입 없이도 정해진 규칙대로 안전하게 동작하는 것이 보장된 프로그램이다.

알고리즘형: fUSD, UST 등

알고리즘형 스테이블코인은 실물 담보 없이, 토큰 경제 모델과 알고리즘만으로 1달러 가치를 유지하겠다는 시도에서 출발하였다.

별도의 은행 계좌나 국채 리저브 없이 프로토콜 토큰과 스테이블코인 간 스왑 구조, 인센티브 설계, 차익거래 메커니즘 등을 이용해 페깅을 유지하려 한다.

평상시에는 자본 효율성과 높은 수익성을 강조하지만, 시장 스트레스 상황에서는 구조적 취약성이 드러난다. 가장 큰 문제는 극단 상황에서 '마지막 담보'가 존재하지 않는다는 점이다.

담보형 스테이블코인은 자산을 매각(또는 청산)해서라도 버틸 여력이 있지만, 알고리즘형은 신뢰가 붕괴하는 순간 순식간에 붕괴할 위험이 있다.

fUSD는 다크 스테이블코인으로, 자노Zano 블록체인 기반의 프라이버시 중심 스테이블코인이다. 완전한 무담보 알고리즘 스테이블코인이라기보나는, 담보와 알고리즘적 메커니즘으로 공급량과 페깅을 조정하는 하이브리드 알고리즘 스테이블코인에 가깝다. 기본적으로 거래 내역과 잔고가 가려지는 구조라 일반 스테이블코인 대비 익명성과 프라이버시는 강화되지만, 외부 투자자가 리스크를 모니터링하고 평가하기 어려워 투명성 부족에 따른 신뢰 저하라는 단점도 함께 나타난다. 극단적인 시장 변동 시에는 담보와 메커니즘 모두 한계가 드러나기에 '신뢰 붕괴 → 페깅 붕괴'로 이어질 수 있는 구조적 리스크가 존재한다.

대표적 디페깅 사례, 테라-루나 사태

알고리즘형 스테이블코인의 취약성을 극명하게 보여 준 사례가 바로 테라UST(UST)-루나(LUNA) 사태*다.

UST는 언제든지 1UST를 1달러 상당의 LUNA로 교환할 수 있는 구조를 기반으로 설계되었다. 이론적으로는 차익거래를 통해 1달러 페깅이 유지될 것처럼 보였다. UST가 디파이 프로토콜, 특히 앵커 Anchor에 예치되며 연 20퍼센트대의 비정상적으로 높은 이자를 미끼로 거대한 자금이 몰렸다. 그러나 이 이자는 지속 가능한 실수익이 아닌 보조금 성격이었다.

테라와 루나의 원리

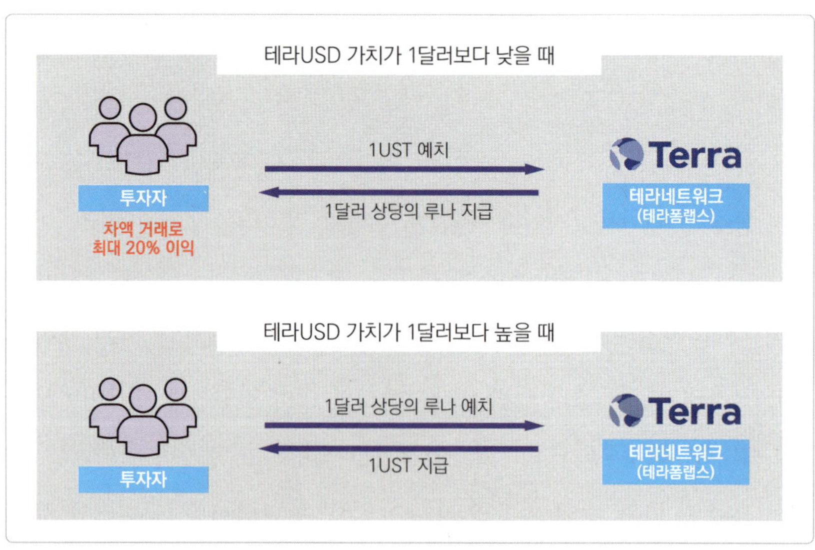

---

* 2022년 5월, 알고리즘 기반 스테이블코인(UST)의 가치 연동 실패가 담보 토큰(LUNA)의 동반 폭락과 대규모 뱅크런으로 이어져 약 50조 원의 시가총액 증발 및 글로벌 가상자산 시장의 연쇄 위기를 초래한 사태를 말한다.

대규모 자금이 UST를 일시에 처분하면서 페깅이 흔들리기 시작했고, 가격이 1달러 아래로 떨어지자 차익거래 메커니즘이 작동하며 LUNA가 대량 발행되었다. 그 결과 'LUNA 가격 폭락 → 담보 신뢰 붕괴 → UST 신뢰 상실'이라는 악순환death spiral으로 이어졌고, 결국 UST는 스테이블코인 기능을 완전히 상실하였다.

UST 사태 이후 시장은 빠르게 현실적인 방향으로 재편되었다. 법정화폐 담보형이 결제·송금·거래의 메인 인프라 역할을 담당하고, 암호화폐 담보형(DAI 계열)이 디파이·레버리지·웹3 네이티브 수요를 충족하며, 순수 알고리즘형 모델은 점점 사라지고, RWA 기반 담보나 하이브리드 구조가 3대세로 자리 잡고 있다.

결국 '1달러'라는 페깅 값을 지니고 있어도 누가, 무엇으로, 어떤 방식으로, 어떤 규제·철학 아래에서 이를 보증하느냐에 따라 다른 자산이 된다. 또한 코인의 특성상 주식처럼 모든 거래소에서 동일 가격으로 거래되는 것이 아니라, 거래소나 DEX(탈중앙화 거래소)의 유동성이나 입출금 여부 등 다양한 상황에 따라 일대일 가치로 24시간 유지되지 않을 수 있나. 이에 따라 일시적 혹은 영구적인 디페깅depegging이 발생할 수 있다.

<h1 style="text-align:center">스테이블코인의
현재</h1>

2세대 스테이블코인

스테이블코인은 달러를 온체인에 옮겨 놓은 토큰(USDT, USDC 등)에서 출발했지만, 시간이 지나면서 구조·역할·사용처가 다변화되었다. 2세대부터는 체인·프로토콜·토큰 경제와 밀접하게 엮이며 초기 스테이블코인과는 또 다른 성격을 띠기 시작하였다.

2024~2025년에 접어들면서 디파이 프로토콜과 레이어 1(L1)·레이어 2(L2)* 체인은 자체 스테이블코인 출시를 본격화하였다. 테더(USDT), 서클(USDC) 등 외부 발행사 스테이블코인만 활용할 경우 공급량 조절, 상장·상폐 여부, 규제 이슈로 인한 서비스 제한 같은 핵심 변수가 모두 체인과 프로토콜의 통제 밖에 놓인다. 이 때문에 각 체인이나

---

* L2는 이더리움 같은 기존 블록체인(L1) 위에 구축된 확장 기술을 말한다. 거래를 L1 밖에서 처리하여 속도를 높이는 동시에 비용을 낮추고, 최종 결과만 L1에 기록해서 보안은 유지하는 방식이다.

프로토콜은 자체 스테이블코인을 통해 자기 생태계의 기축통화이자 온체인 통화정책을 스스로 구축하려는 방향으로 움직이고 있다. 맨틀Mantle의 mUSD, 컨센시스Consensys 산하 메타마스크MetaMask가 스트라이프Stripe의 자회사 브리지Bridge와 함께 도입한 mUSD, 월드 리버티 파이낸셜World Liberty Financial에서 발행하는 USD1, 팔콘 Falcon의 USDf·sUSDf 등이 이러한 흐름의 예시다.

스테이블코인은 공통적으로 1달러 페그peg 유지를 목표로 하지만, 전통적으로는 토큰 보유만으로는 이자가 발생하지 않는 구조가 일반적 이었다. 리저브(현금·국채·MMF 등)를 운용해서 발생하는 이자 수익은 발행사가 가져가고, 사용자는 온체인 달러의 안정성만 얻는 식이다. 메타 미스그 mUSD나 USD1처럼 리저브에서 상당한 이자가 발생함에도, 그 수익이 사용자 대신 발행사·트레저리Treasury로 귀속되는 모델이 대표적 이다.

2024년 이후 급부상하고 있는 것은 스테이블코인 자체에 수익yield 을 내장한 '이자형 스테이블코인yield-bearing stablecoin'이다. 사용자는 난순히 온체인 달러를 들고 있는 깃이 아니라, 온체인 MMF(머니마켓 펀드Money Market Fund)·단기채권·예금에 투자하는 것과 유사한 포지션을 갖게 된다. 맨틀의 mUSD처럼 RWA(단기국채·예금)에 연동된 토큰을 리베이스rebase 형태로 홀더에게 넘기거나, 팔콘의 USDf·sUSDf처럼 합성 포지션에서 나오는 수익을 s토큰 홀더에게 분배하는 구조가 대표적 이다.

에테나의 USDe와 sUSDe, 이자형 스테이블코인

이자형 스테이블코인의 가장 상징적인 프로젝트가 바로 에테나Ethena의 USDe다. USDe는 전통적인 '현금·국채 일대일 리저브'만을 기반으로 삼기보다는, ETH·BTC·LST 등 크립토 현물 자산과 파생상품 포지션을 조합하여 달러 가치를 합성하는 '합성 달러synthetic dollar' 구조를 핵심으로 한다. 필요에 따라 USDC·USDT 등 기존 스테이블코인·RWA 토큰도 함께 활용하지만, 설계의 중심은 '크립토 현물＋파생상품' 조합이다.

USDe의 직접 발행(민트mint)·상환(리딤redeem)은 KYC·KYB(사업자 신원 확인)를 완료한 화이트리스트 기관·파트너에게 우선적으로 열려 있으며, 이들은 보통 USDT·USDC 등의 스테이블코인을 예치하여 USDe를 민트한다. 이후 프로토콜은 내부적으로 ETH, BTC, LST 등의 자산을 매수(현물 롱 포지션long position)하는 동시에 동일한 규모의 무기한 선물perpetual futures 숏 포지션short position을 중앙화 거래소(CEX)에서 개시한다. 대부분의 일반 사용자는 CEX(바이낸스 등)나 온체인 DEX에서 USDe를 직접 매수하는 방식으로 토큰을 취득한다.

이 방식은 '현물(롱)＋선물(숏)' 조합을 통해 자산 가격 변동을 내재적으로 상쇄하는 구조이며, 결과적으로 전체 포지션의 가격 노출(델타)을 중립delta-neutral 상태로 유지하려는 시도다. 즉, 담보자산 가격이 오르든 떨어지든 전체 포트폴리오의 가치는 이론상 상대적으로 안정적으로 유지되도록 설계된다. 다만 극단적인 시장 상황, 펀딩비 funding fee 구조 변화, 거래소 리스크 등으로 인해 항상 완벽하게 유지된다고 보기는 어렵고, 델타 중립을 목표로 한 헤징hedging 포트폴리오 정도로 이해하는 것이 더 정확하다.

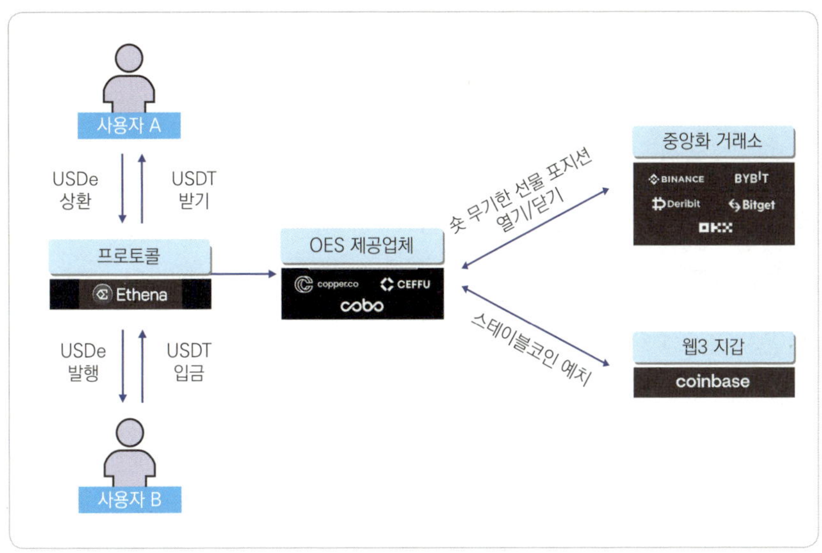

자료: Ethena

에테나는 담보자산을 직접 거래소 예치금으로 넘기지 않고, 온체인 기반의 오프익스체인지 커스터디Off-Exchange Custody 솔루션을 활용한다. 담보자산은 온체인에서 수탁되고, 거래소에는 해당 자산을 위임delegation하는 방식으로 포지션이 유지된다. 이 구조는 기래소 파산·동결 등의 리스크를 낮추기 위한 설계이며, 실제 자산 이동은 정산(PnL, 펀딩비 등)이 발생할 때만 이루어진다.

USDe에서 발생하는 수익은 크게 ① 담보자산(LST 등)에서 발생하는 스테이킹staking 수익, ② 숏 무기한 선물 포지션에서 발생하는 펀딩비, ③ 일부 RWA·온체인 운용에서 발생하는 추가 수익으로 구성된다. 이 수익은 USDe를 예치해 받는 sUSDe 보유자에게 귀속되며, sUSDe는 온체인에서 변동 금리 기반의 수익을 제공하는 이자형(ERC-4626 금고형)

토큰이다. 2024년 기준 sUSDe는 시장 환경에 따라 대략 두 자릿수 수준의 연평균 수익률(APY)을 기록한 바 있다.

다만 이러한 수익률은 시장 환경, 특히 ETH/BTC 무기한 선물 시장의 펀딩비 구조와 스테이킹 리워드에 따라 크게 달라질 수 있다. 또한 델타 중립 전략 자체가 거래소 리스크, 파생상품 유동성, 펀딩비 역전 등 복잡한 위험 요인을 내포하고 있어 전통적인 법정화폐 담보 스테이블코인(현금·국채 일대일 담보)보다 구조적 리스크가 더 복잡하다.

2세대 스테이블코인은 '1달러 페그＋이자 수익＋파생상품·전략 결합'이라는 특징을 통해 단순 결제용 디지털 달러를 넘어 온체인 MMF·단기채·채권형 자산을 대체하는 투자형 달러 자산의 성격을 갖는다. 에테나의 USDe·sUSDe 외에도 단기국채·예금 수익을 토큰 가치 상승 형태로 홀더에게 귀속시키는 온도 파이낸스Ondo Finance의 USDY, 합성 달러 USDf와 이자형 sUSDf 조합으로 수익을 배분하는 팔콘, 원금 토큰 USST와 수익 청구권 YLD를 분리하는 STBL 프로토콜 등 다양한 구조가 등장하며 "리저브 이자를 발행사가 독점하던 1세대 스테이블코인"에서 "온체인에서 이자를 공유·분배하는 2세대 스테이블코인"으로의 전환 실험이 본격화되고 있다.

스테이블코인을 위한 체인

2025년에는 스테이블코인이 단순히 여러 체인 위에서 움직이는 토큰을 넘어, 스테이블코인을 중심으로 설계된 체인 자체가 등장하였다.

기존에는 USDT가 주로 이더리움이나 트론 같은 범용 체인에서 유통되었지만, 2024~2025년에는 테더의 CEO 파올로 아르도이노Paolo Ardoino가 투자한 스테이블Stable과 플라즈마Plasma 프로젝트가 등장하며 새로운 흐름이 만들어졌다(테더사가 공식적으로 테더 체인이라고 발표한 적은 없지만, CEO와 파트너사의 구조적 결합 때문에 강결합을 갖췄다고 평가된다).

스테이블은 USDT에 최적화된 EVM 호환 L1 스테이블 체인이다. USDT를 가스 토큰(gasUSDT)으로 사용하며, 'USDT0 ↔ gasUSDT' 일대일 전환 및 계정 추상화를 통해 가스 프리 USDT 전송을 목표로 한다.

플라즈마는 스테이블코인(특히 USDT) 결제에 특화된 EVM 호환 L1이다. 가스 프리 USDT0 전송, 초당 다수 트랜잭션transaction*, 비트코인 앵커링anchoring을 핵심으로 디자인되어 있다. 플라즈마는 USDT 전송에 집중하여 전송 트랜잭션 수수료를 무료로 하고, 주기적으로 체인의 상태 체크포인트를 비트코인 블록체인에 기록하여 자체 L1 합의가 공격받더라도 비트코인에 남은 기록을 통해 이력 위조를 어렵게 만드는 보안 상속 구조를 채택하고 있다.

비슷한 시기에 USDC 발행사 서클도 자체 스테이블코인 인프라 강화를 위해 아크Arc라는 L1 체인을 공개하였다. 서클은 아크를 인터넷을 위한 경제 운영체제Economic OS라고 정의하며 초기부터 은행, 자산운용사, 결제 업체 등 전통 금융기관 100여 곳을 테스트넷 파트너로 끌어들였다. 블랙록BlackRock, 골드만삭스Goldman Sachs, 비자Visa, 마스터카드Mastercard, 아마존웹서비스Amazon Web Services, AWS 등

---

* 블록체인에서 이루어지는 하나의 거래 또는 상태 변화 기록을 말한다. 코인을 보내거나, 스마트 컨트랙트를 실행하는 등 네트워크에 남는 모든 기본 행동 단위가 트랜잭션이다.

대형 플레이어들이 초기 참여자로 이름을 올리며 글로벌 FX(외환
시장)·자본시장·상거래 결제 레일로서의 가능성을 함께 실험 중이다.
　이러한 주도권 경쟁은 '스테이블코인 네이티브 인프라'라는 새로운
내러티브를 만들었다. 과거에는 스테이블코인이 어떤 체인 위에서
굴러가는 자산이었다면, 이제는 체인 자체가 스테이블코인을 중심으로
설계되고 있는 셈이다.

스테이블 투자사 목록

자료: Stable

플라즈마 투자사 목록

자료: Plasma

아크 아키텍처

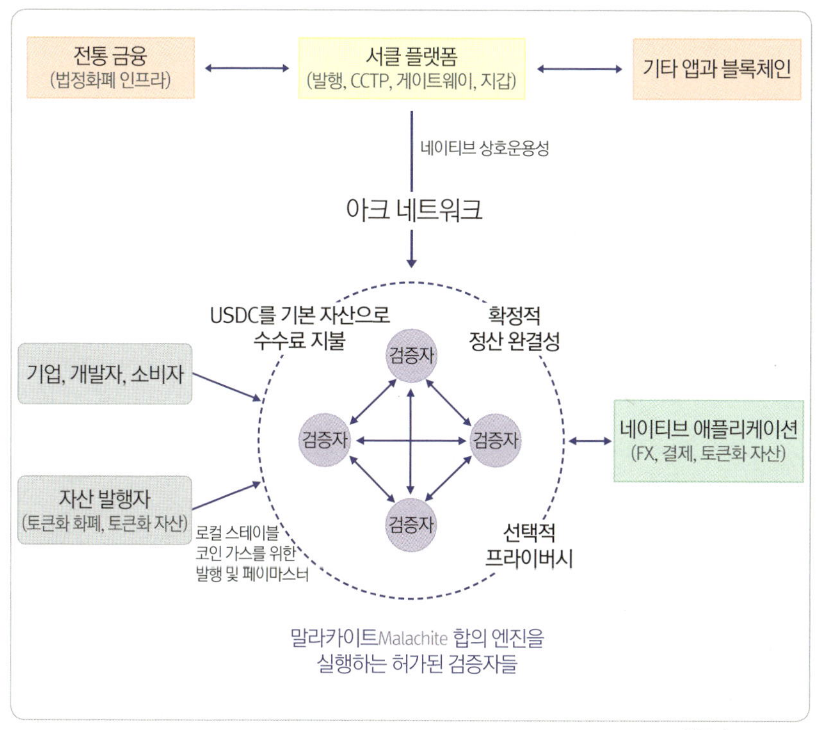

자료: Arc testnet

많은 스테이블코인이 탄생했지만, 단순한 발행만으로는 생명력을 갖기 어렵다. 실제 통화처럼 자리 잡기 위해서는 사용처 확장과 지속적 수요, 그리고 이를 뒷받침하는 생태계의 네트워크 효과가 필수적이다. 역사적으로는 이러한 역할을 디파이와 CEX가 분담하며 스테이블코인의 초창기 성장을 이끌었다.

특히 USDT가 시장을 장악하게 된 분기점은 비트파이넥스Bitfinex 상장이었다. 당시 암호화폐 시장은 규제와 은행 리스크로 인해 법정화폐 입출금이 제한된 환경이었고, USDT는 달러의 실질적 대체재로 거래와 자본 유입의 관문 역할을 수행하며 초기에 압도적인 점유율을 확보할 수 있었다.

이어지는 2장에서는 스테이블코인이 디파이 프로토콜 속에서 어떻게 핵심 유틸리티로 자리 잡았는지 살펴보도록 한다.

스테이블코인의 유년기: 스테이블코인이 자라난 토양, 디파이

디파이와 스테이블코인은
어디에서 만났을까?

은행 없는 은행, 디파이

사람이 태어나서 제일 먼저 만나는 금융기관은 보통 은행이었다. 통장을 만들고, 체크카드를 발급받고, 부모님이 넣어 준 용돈이 찍힌 계좌를 바라보며 '아, 이게 내 돈이구나' 하고 느꼈다. 이 모든 과정에서 당연한 전제는 하나였다. "돈은 은행 안에 있다." 은행이 계좌를 열어 주지 않으면, 우리는 그 시스템 안으로 들어갈 수 없었다.

디파이DeFi, Decentralized Finance는 이 전제를 정면에서 뒤집으려는 시도였다. 이름 그대로 디파이는 '탈중앙화 금융' '중앙이 없는 금융'을 의미하였다. 여기서 말하는 중앙은 은행, 증권사, 카드사, 결제망을 통제하던 기관 전체를 가리켰다. 기존 금융에서는 이 기관들이 계좌 개설, 잔고 기록, 이자 지급, 대출 심사, 송금 승인 등 거의 모든 일을 독점하였다. 반면 디파이는 이 역할의 상당 부분을 '스마트 컨트랙트'

라는 프로그램에 넘겨 버렸다. "은행 창구 직원 대신 코드를 세운다"라는
발상에서 출발한 셈이었다.

스마트 컨트랙트는 말 그대로 조건이 코딩된 계약이었다. "만약 A가
1ETH를 보내면, B에게 100USDC를 보낸다"처럼 단순한 규칙부터
"담보 비율이 120퍼센트 아래로 떨어지면 자동으로 청산한다" 같은
조금 더 복잡한 규칙까지 모두 코드에 박아 두었다. 이 코드는 이더리움
같은 퍼블릭 블록체인public blockchain에 올라가고, 누구나 읽을 수
있고, 마음대로 바꿀 수 없었다. 디파이의 핵심은 바로 여기 있었다. 은행
내부 시스템처럼 보이지 않는 곳에서 돌아가는 코드가 아니라, 누구나
검증할 수 있는 코드 위에서 금융이 돌아가도록 만든 것이었다.

그렇다고 디파이가 전혀 다른 종류의 금융을 발명한 것은 아니었다.
디파이에서 일어나는 일을 하나씩 뜯어보면 익숙한 단어가 계속 등장
하였다.

- 자산을 맡기고 이자를 받는 '예금'
- 담보를 맡기고 돈을 빌리는 '대출'
- 한 자산을 다른 자산으로 바꾸는 '환전·거래'
- 여러 자산을 묶어서 지수처럼 운용하는 '인덱스 펀드' 유사 상품

기존 금융과 다른 점은 "무슨 일을 하느냐"가 아니라 "누가 어떻게
운영하느냐"에 더 가까웠다. 디파이는 은행 건물도, 창구 직원도, 점장도
없었다. 대신 다음 사항이 스마트 컨트랙트 안에 그대로 박혀 있었다.

- 예금 금리를 정하는 공식

- 대출 한도를 정하는 담보 비율

- 환율을 정하는 수식

사용자는 은행 계좌 대신 지갑 주소를 갖고, 공인인증서 대신 개인키(프라이빗 키Private Key)*를 지키는 일을 맡았다. 그 외의 회계와 정산, 잔고 관리, 규칙 적용은 블록체인과 스마트 컨트랙트가 알아서 처리하였다.

이 구조는 접근성 측면에서 큰 차이를 만들어 냈다. 은행 계좌 개설을 위해 신분증을 들고 지점에 찾아갈 필요도, 특정 국가의 시민이어야 할 필요도 없었다. 인터넷만 연결되어 있다면, 어느 나라에 사는 누구라도 지갑을 만들고 디파이 프로토콜에 접속하여 예금·대출·거래에 참여할 수 있었다. 반대로 말하면 "어디 은행 고객이냐"보다 "어떤 지갑을 쓰느냐"가 더 중요해지는 세계가 열린 것이었다.

정리하면, 디파이는 완전히 새로운 금융 개념이라기보다 우리가 이미 알고 있던 은행·증권 시스템을 퍼블릭 블록체인 위로 옮겨 놓은 실험에 가까웠다. 다만 이 실험은 기존 금융이 전제하던 많은 것을 바꾸었다. 신용 대신 담보가 기본값이 되었고, 심사 대신 수식이 기준이 되었으며, 지점 대신 코드가 규칙을 집행하였다. 그리고 이 새로운 구조 안의 변동성이 큰 코인들 사이에서 "달러처럼 안정적인 기준점" 역할을 해 주는 존재가 필요해졌다. 바로 스테이블코인이었다. 디파이는 '은행 없는 은행'이었고, 스테이블코인은 그 은행에서 쓰이는 돈에 해당하는 역할을

---

* 블록체인 자산을 소유하고 사용하는 데 필요한 비밀 암호다. 이 키를 가진 사람만이 해당 지갑의 코인을 보낼 수 있다. 따라서 키가 유출되면 모든 자산도 함께 잃게 된다.

하게 되었다. 2장의 나머지 부분에서는 그런 디파이와 스테이블코인이 실제로 어떻게 만나고, 함께 성장해 왔는지 살펴보도록 한다.

TVL, 유동성, 그리고 스테이블코인의 비중

디파이의 덩치를 이야기할 때 사람들은 시가총액보다 먼저 TVL(총예치금Total Value Locked)을 꺼내 들었다. TVL은 말 그대로 어떤 디파이 프로토콜에 '잠겨 있는' 자산의 총액을 의미하였다. 예금처럼 예치된 자산, 담보로 잡혀 있는 자산, 유동성 풀에 공급된 자산 등을 모두 달러 기준으로 환산하여 합산한 숫자였다. 은행으로 비유하면 "이 은행에 몇조 원이 예금·담보 형태로 묶여 있느냐"를 보는 지표에 가까웠다.

디파이 초기였던 2020년 전후만 해도 전체 TVL은 몇억에서 몇십억 달러 수준에 불과하였다. 실험적인 프로젝트가 대부분이었고, '진짜 돈' 대신 변동성이 큰 코인끼리만 왔다 갔다 하는 놀이터에 가까웠다. 그러나 이더리움 기반 디파이가 성장하고, 다른 체인에서도 각종 대출·DEX·파생상품 프로토콜이 등장하면서 TVL은 가파르게 늘어났다. 한때는 전 세계 디파이 TVL이 2,000억 달러를 넘어섰다가 시장 조정과 함께 줄어드는 등 전형적인 '버블과 조정'의 패턴을 보이기도 하였다. 그 과정에서 TVL이 커질수록 그 안에서 스테이블코인이 차지하는 비중도 커지고 있다는 사실이 점점 더 분명해졌다.

처음에 디파이 유동성 풀이나 대출 프로토콜의 담보는 주로 이더리움 같은 변동성 자산이 맡고 있었다. ETH, 다양한 알트코인, LP(유동성 공급자) 토큰 등이 디파이의 '기본 재료'였다. 하지만 메이저 디파이 프로토콜이 커지고, 기관·개인 투자자들이 거액을 넣으면서 문제의식이 생겼다. 담보와 대출, 유동성 공급이 모두 변동성 자산으로만 구성되어 있으면 시장이 출렁일 때마다 시스템 전체가 흔들리는 구조였기 때문이다. 이때 등장한 것이 "달러 역할을 하는 토큰", 즉 스테이블코인이었다.

스테이블코인은 디파이 안에서 세 가지 주요 위치를 차지하기 시작하였다. 첫째, 예치 자산의 역할이었다. 사용자는 시장이 불안할 때 변동성 자산 대신 USDC, USDT, DAI 같은 스테이블코인을 예치하면서 이자만 챙기고 싶어 하였다. 은행의 달러 예금과 비슷한 심리였다.

둘째, 대출 통화의 역할이었다. 담보는 ETH 같은 자산으로 맡기더라도 실제로 빌리고 싶은 것은 "가격이 덜 흔들리는 돈"이었다. 그래서 대출 자산은 스테이블코인으로 설정되는 경우가 많았다.

셋째, 유동성 풀의 기준 축 역할이었다. 많은 DEX에서 'BTC/USDT' 'ETH/USDC'처럼 한쪽은 코인, 한쪽은 스테이블코인으로 구성된 풀이 생겨났다. 이는 곧 스테이블코인이 온체인에서의 '기준 가격 단위unit of account'로 기능하기 시작했다는 의미였다.

이렇게 TVL 속 스테이블코인 비중이 커지면서 디파이의 성격도 조금씩 변하였다. 예전에는 "가격이 두 배가 될 수도, 반 토막 날 수도 있는 자산끼리의 실험장"에 가까웠다면, 이후에는 "달러 가치에 고정된 자산을 중심으로 레버리지·차익거래·수익 전략을 설계하는 시장"으로 옮겨 가기 시작하였다. 거래량, 대출 잔액, 유동성 풀 구성 등 디파이의 거의 모든 지표에서 스테이블코인의 존재감이 두드러지게 나타났다. TVL이 증가한다는 것은 곧 "이 시스템 안에 묶인 스테이블코인과 담보자산의 규모가 커지고 있다"는 뜻이 되었고, 디파이의 성장은 자연스럽게 스테이블코인의 성장과 연결되었다.

만약 이 시기에 스테이블코인이 없었다면 디파이의 모습은 많이 달라졌을 것이다. 담보도, 대출도, 유동성 공급도 모두 변동성 자산으로만 이루어졌다면 레버리지 구조는 훨씬 불안정해졌을 것이다. 담보 가치가 출렁일 때마다 대출 자산 가치도 같이 흔들리고, 청산 사태가 더 자주 더 큰 규모로 발생했을 가능성이 크다. 무엇보다 사용자는 '내 포지션을 잠깐 안전한 자산으로 옮겨 놓는' 선택지를 갖지 못했을 것이다. 이 공백을 메운 것이 바로 스테이블코인이었다.

정리하면, TVL은 디파이의 몸집을 보여 주는 숫자였다. 그리고 그 몸집 안을 들여다보면, 상당 부분이 스테이블코인으로 채워져 있었다. 디파이가 커진다는 것은 그 안에서 스테이블코인이 예금·담보·유동성·증거금으로 쓰이는 규모가 동시에 커졌다는 뜻이었다. 디파이는 스테이블코인이 "가격이 덜 흔들리는 토큰"을 넘어 "디파이 세계의 달러"로 자리 잡게 된 공간이었다.

이어서 이 디파이 생태계 속에서 스테이블코인이 구체적으로 어떤 구조로 함께 엮여 있는지 살펴본다.

디파이와 스테이블코인의 상관관계

디파이 안에서 스테이블코인은 '손님'이 아니라 거의 '가족' 같은 동거인으로 자리 잡았다. 디파이 프로토콜 하나를 열어 보면 예치 자산,

대출 자산, 유동성 풀, 파생상품 증거금 등 거의 모든 층위에 스테이블
코인이 끼어 있는 모습을 발견할 수 있었다. 스테이블코인이 단순히
"달러 값을 따라가는 토큰"으로만 존재한 것이 아니라, 디파이 구조
곳곳에 스며들어 있던 것이다.

눈에 가장 잘 보이는 자리는 담보와 예금이었다. 사용자는 변동성이
큰 ETH나 기타 토큰을 들고 있을 때 시장이 불안하면 스테이블코인으로
갈아타고 싶어 하였다. 이때 디파이 대출·예치 프로토콜은 "스테이블코인
을 예치하면 이자를 주는 예금통장"과 비슷한 기능을 하였다. USDC나
DAI를 예치하고 일정 이자를 받는 구조가 대표적이었다. 반대로 레버리지
를 쓰고 싶은 사용자는 ETH·stETH 같은 자산을 담보로 맡기고, 대출
통화로 스테이블코인을 선택하였다. 이렇게 되면 담보는 출렁여도 빌린
자산의 단위는 달러와 비슷하게 유지되기 때문에 전략을 짜고 리스크를
관리하기가 훨씬 편하였다. 이 지점에서 스테이블코인은 디파이의 예금
통화이자 대출 통화로 동시에 자리 잡았다.

다음으로 중요한 자리는 유동성 풀이었다. 탈중앙화 거래소(DEX)에서
유동성 풀은 항상 두 자산을 짝지어 넣는 구조였는데, 이때 한 축이 스테
이블코인인 조합이 빠르게 늘어났다. 예를 들어 'ETH/USDC' 'BTC/
USDT' 같은 페어는 자연스럽게 가격을 표현하는 기준 축이 되었다. 사
용자는 "1ETH = 몇 USDC인가"를 확인함으로써 온체인에서 실시간 환율
을 볼 수 있었다. 이 구조가 쌓이면서 스테이블코인은 디파이 안에서
'기준 가격 단위' 역할을 수행하였다. 마치 우리가 일상에서 "이 집 월세
가 몇십만 원인지, 이 커피가 몇천 원인지"로 가치를 가늠하듯, 디파이 사
용자는 "이 토큰이 몇 USDC인지"를 기준으로 자산을 바라보게 되었다.

파생상품과 레버리지 구조에서도 스테이블코인은 핵심에 있었다. 선물·옵션·레버리지 토큰 등 각종 파생상품 프로토콜은 증거금과 정산 단위를 대부분 스테이블코인으로 설정하였다. 이유는 단순하였다. 변동성이 심한 자산으로 증거금을 잡아 두면, 시장이 출렁일 때 증거금 가치까지 함께 흔들려 시스템이 불안해진다. 반면 스테이블코인으로 증거금을 잡으면, 포지션의 손익 계산이 훨씬 직관적이고유지 증거금 관리도 수월하였다. 이렇게 스테이블코인은 "위험한 게임을 하기 위한 안전한 칩" 같은 위치를 차지하였다.

또 하나 중요한 점은 디파이에서 자산이 움직이는 경로를 그려 보면, 다음처럼 거의 항상 중간에 스테이블코인이 끼어 있다는 사실이었다.

- ETH를 팔고 다른 코인을 사는 과정
- 레버리지를 걸기 위해 담보를 넣고 대출받는 과정
- 수익을 실현하고 잠시 쉬어 가고 싶을 때

사용사는 종종 스테이블코인으로 들렀디기 다시 다른 자산으로 이동하였다. 온체인 자산의 흐름을 지하철 노선도로 그린다면, 스테이블코인은 거의 모든 노선이 한 번쯤 지나가는 환승역처럼 작동하였다. 디파이의 유동성은 "코인끼리만 돌고 도는 시장"이라기보다 '코인 ↔ 스테이블코인' 왕복이 수없이 반복되는 구조에 가까웠다.

만약 이 동거 구조에서 스테이블코인을 뺀다면, 디파이는 훨씬 거칠고 다루기 어려운 시스템이 되었을 것이다. 담보도 변동성 자산, 대출도 변동성 자산, 유동성 풀의 양 축도 모두 변동성 자산이라면 한 번의 큰 하락장에서 대규모 청산과 유동성 고갈이 연쇄적으로 발생할 가능성이 높았다. 스테이블코인은 이 구조 안에서 다음과 같은 역할을 하며 디파이의 성장과 함께 동거하였다.

- 변동성 자산의 충격을 흡수하는 완충재
- 전략과 수익률을 달러 기준으로 비교하게 해 주는 기준 단위
- 언제든지 "잠시 쉬어 갈 수 있는 주차장"

정리하면, 디파이와 스테이블코인의 관계는 '프로토콜과 토큰'의 관계를 넘어서 있었다. 디파이는 스테이블코인에게 예금·대출·거래·파생상품 등 다양한 사용처를 제공하였고, 스테이블코인은 디파이에게 안정적인 단위와 유동성과 전략 설계의 기반 통화를 제공하였다. 이 둘은 처음부터 서로를 위해 설계된 것은 아니었지만, 시간이 지나며 자연스럽게 서로의 빈자리를 채워 준 동거인이 되었다. 이 동거 구조 위에서 유니스왑Uniswap·아베Aave·메이커다오·리도Lido·아이겐레이어 EigenLayer 같은 프로토콜이 각자의 방식으로 스테이블코인을 품고 성장해 나가게 되었다.

유년기를 이끈 다섯의 주인공

디파이와 스테이블코인이 어떤 환경에서 함께 자라났는지 전체 그림을 살펴보았으니, 이제 다섯 개의 프로토콜을 소개할 차례다. 마치 한 가족

안의 형제자매처럼, 이 다섯 프로토콜은 각자 다른 기능을 수행하면서도 모두 스테이블코인을 중심에 두고 성장하였다.

첫 번째 주인공은 '유니스왑'이다. 유니스왑은 온체인에서 자산을 교환하는 역할을 맡은, 일종의 환전소였다. 기존 거래소처럼 주문서를 쌓아 두고 매수·매도 주문을 맞추는 방식 대신, 자산 두 개를 풀에 넣고 수식으로 가격을 정하는 AMM 모델을 도입하였다. 이 구조 안에서 스테이블코인은 "기준이 되는 쪽"으로 자리를 잡았다. 'ETH/USDC' 'BTC/USDT' 같은 풀에서 스테이블코인은 항상 한 축으로 존재하며, 다른 자산의 가치를 달러 단위로 표현하는 기준점이 되었다. 유니스왑은 "스테이블코인이 실제로 교환에 사용되고, 가격이 형성되는 시장"을 온체인에서 구현한 셈이었다.

두 번째 주인공은 '아베'다. 아베는 온체인 은행에 가까운 역할을 맡았다. 사용자는 자산을 예치하여 이자를 받을 수 있었고, 다른 자산을 담보로 맡기고 스테이블코인을 빌릴 수도 있었다. 중요한 점은 이 모든 과정이 은행 창구가 아니라 스마트 컨트랙트를 통해 자동으로 이루어졌다는 사실이었다. 아베 안에서 스테이블코인은 예금 통화이자 대출 통화로 쓰였다. USDC나 DAI를 예치하여 이자를 받기도 하고, ETH나 stETH를 담보로 맡긴 뒤 스테이블코인을 빌려 레버리지를 거는 등 다양한 전략이 가능하였다. 아베는 스테이블코인에게 '예금통장과 대출 라인'을 제공한 프로토콜이었다.

세 번째 주인공은 '메이커다오'다. 메이커다오는 온체인 세계에서 중앙은행 역할을 실험한 프로젝트라고 할 수 있었다. 사용자는 ETH나 기타 담보자산을 볼트에 예치하고, 그 담보를 바탕으로 DAI라는 스테이블코인을 새로 발행할 수 있었다. 일정 비율 이상의 초과 담보를 요구하고 담보 가치가 일정 수준 아래로 떨어지면 자동으로 청산하는 구조를 통해, DAI가 1달러 부근에서 안정적으로 거래되도록 설계하였다. DAI 세이빙 레이트(DSR)와 안정화 수수료 등은 통화정책 도구에 가까운 역할을 하였다. 메이커다오는 "스테이블코인을 어떻게 발행하고, 어떻게 1달러 가치를 지켜 나갈 것인가"라는 문제를 정면으로 다룬 온체인 중앙은행 실험이었다.

네 번째 주인공은 '리도'다. 리도는 스테이킹된 ETH를 다시 유통 가능한 토큰으로 바꿔 준 유동성 스테이킹 프로토콜이었다. 사용자는 리도에 ETH를 맡기고, 그 대가로 stETH라는 토큰을 받았다. stETH는 "스테이킹된 ETH와 그동안 쌓인 보상"을 나타내는 일종의 영수증 역할을 하였다. 중요한 점은 이 stETH를 다시 디파이에서 담보로 사용하고, 스테이블코인을 빌리고, 유동성 풀에 공급할 수 있다는 것이었다. 리도는 스테이킹 자산과 스테이블코인 사이에 다리를 놓으면서 '장기 보유＋수익＋유동성'을 동시에 추구하는 전략을 가능하게 하였다.

다섯 번째 주인공은 '아이겐레이어'다. 아이겐레이어는 한 단계 더 나아가 이미 스테이킹되어 있는 ETH나 stETH 같은 자산을 다시 담보로 사용하는 리스테이킹restaking 개념을 도입하였다. 이 구조에서 스테이킹 된 자산은 이더리움뿐만 아니라 여러 프로토콜과 서비스(오라클Oracle*, 데이터 가용성 레이어, 롤업Rollup 등)의 보안을 함께 책임지는 역할을 하였고, 그 대가로 추가 보상을 받았다. 이 리스테이킹된 자산은 다시

---

* 블록체인이 외부 세계의 데이터를 사용할 수 있게 연결해 주는 기술을 말한다.

디파이에서 담보로 쓰이고, 스테이블코인 대출로 이어졌다. 아이겐레이어는 스테이블코인이 여러 레이어에 걸친 수익 파이프라인의 '정산통화'로 사용되는 모습을 잘 보여 주는 인프라였다. 이렇게 다섯 프로토콜은 각기 다른 역할을 맡았다.

- 유니스왑, 교환과 가격 발견의 장
- 아베, 예금과 대출의 장
- 메이커다오, 발행과 통화정책의 장
- 리도, 스테이킹 자산과 스테이블코인을 연결하는 다리
- 아이겐레이어, 리스테이킹 시대의 새로운 인프라

그러나 스테이블코인의 관점에서 보면 이 다섯 주인공은 하나의 큰 이야기로 이어져 있었다. 스테이블코인이 어디에서 태어나고(메이커다오), 어디에서 교환되고(유니스왑), 어떻게 예금·대출에 쓰이고(아베), 어떤 자산과 결합해 수익 구조를 만들고(리도), 어느 정도까지 복잡한 레이어 위에서 활용되는지(아이겐레이어) 난계적으로 보여 주는 구성이라고 할 수 있었다.

이제부터는 각 주인공을 한 명씩 무대 위로 올려, 디파이라는 토양 속에서 스테이블코인이 어떤 모습으로 자라났는지 차근차근 살펴보도록 한다.

유니스왑, 스테이블코인이
뛰어노는 환전소

유니스왑의 탄생 배경

디파이가 막 태동하던 시절, 온체인에서 토큰을 교환한다는 것은 말처럼 간단한 일이 아니었다. 이더리움 위에도 탈중앙화 거래소가 존재하였지만 대부분 주문 체결 속도가 느리고, 가스비가 많이 들고, 유동성이 얇아서 현실적인 대안이 되지 못하였다. 블록체인 특성상 모든 주문·취소·수정이 트랜잭션으로 기록되어야 했기 때문에, 중앙화 거래소처럼 "수천 건의 호가가 실시간으로 쌓이는 주문서"를 온체인에 그대로 구현하는 것은 구조적으로 비효율적이었다.

이때 등장한 것이 "주문서(오더북order book) 없이 돌아가는 거래소"라는 발상이었다. 유니스왑은 이 발상을 구현한 선구적인 프로젝트 가운데 하나였다. 유니스왑은 이더리움 위에 구축된 탈중앙 거래소 프로토콜이었으며, 엄밀히 말하면 자동화된 유동성 프로토콜(AMM 방식의 DEX)이었다. 중앙화된 운영 주체나 온체인 주문서를 두지 않고, 유동성 공급자들이 미리 토큰을 풀에 넣어 두면 트레이더가 그 풀과 직접 교환하는 방식으로 설계되었다.

유니스왑 프로토콜은 2018년 헤이든 아담스Hayden Adams가 처음 만들었다. 그는 독일 지멘스Siemens 출신의 기계공학 엔지니어로, 블록체인·소프트웨어 개발 경험이 거의 없는 상태에서 프로젝트를 시작하였다. 이더리움 공동 창립자인 비탈릭 부테린Vitalik Buterin이 블로그에서 제안한 온체인 자동 마켓 메이커 아이디어를 보고 영감을 얻었고, 그 구상을 실제 스마트 컨트랙트 코드로 구현한 것이 출발점이었다.

유니스왑이 내세운 핵심은 "누가 가격을 정하느냐"를 바꾸는 것이었다. 기존 거래소에서는 매수자와 메도지가 주문을 올리고, 이 주문들이 맞닿는 지점에서 가격이 형성되었다. 반면 유니스왑은 주문서 대신 유동성 풀과 수식을 가격 결정의 중심에 두었다. 두 종류의 토큰을 한 스마트 컨트랙트에 일정 비율로 예치하면, 컨트랙트는 잔고 비율에 따라 자동으로 가격을 계산하였다. 이 구조 덕분에 별도의 전문 마켓 메이커 없이도 누구나 토큰 두 개를 같은 가치로 넣어 유동성을 공급히고, 그 대가로 거래 수수료를 나누어 받을 수 있었다.

이러한 설계는 초기 DEX가 겪던 다음의 문제를 동시에 해결하였다.

- 온체인 주문서를 유지하지 않아도 되어 구조 단순화
- 주문을 넣고 취소하는 데 드는 불필요한 가스비 감소
- 별도의 트레이딩 봇 없이도 유동성 공급자가 '풀에 예치만 하면' 수수료를 받을 수 있는 환경 구축

또한 유니스왑은 처음부터 오픈 소스로 공개되었고, 누구나 프론트엔드front-end를 만들어 접속할 수 있는 프로토콜로 설계되었다. 상장 심사나 상장 수수료도 존재하지 않았기에, 유동성 풀이 만들어지기만 하면 어떤 ERC-20 토큰이든 바로 거래할 수 있었다. 이 점에서 유니스왑은 특정 기업의 소유물이 아니라, 디파이 생태계 전체가 함께 사용하는 일종의 '온체인 공공재'에 가까운 성격을 띠게 되었다.

정리하면, 유니스왑의 탄생은 "온체인에서도 쓸 만한 환전소를 만들어보자"라는 문제의식에서 출발하였다. 그 해답으로 선택된 것이 주문서 대신 유동성 풀과 AMM 수식을 사용하는 새로운 DEX 모델이었다. 이 무대 위에서 USDC, USDT, DAI 같은 스테이블코인이 한 축으로 자리 잡고 다른 자산들의 가격을 달러 기준으로 표현하는 역할을 맡으면서 유니스왑은 스테이블코인이 가장 활발하게 뛰어놀 수 있는 첫 번째 온체인 환전소로 성장하였다.

유니스왑의 TVL

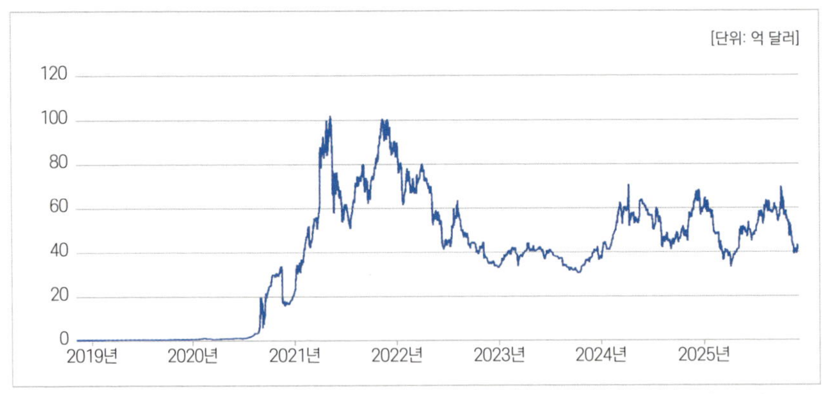

자료: DefiLlama

x × y = k, 자동판매기처럼 가격이 정해지는 구조

유니스왑을 이해하는 가장 중요한 열쇠는 하나의 간단한 식이다.

$$x \times y = k$$

x와 y는 유동성 풀 안에 들어 있는 두 토큰의 수량이고, k는 항상 일정하게 유지하려는 값이다. 유니스왑 v1·v2는 이 상수곱 공식constant product rule을 기반으로 작동하는 자동화된 마켓 메이커(AMM)고, 전통적인 주문서 없이도 가격을 정하고 거래를 체결하는 데 성공한다.

유니스왑의 한 풀에는 보통 두 기지 토큰이 짝으로 들어 있다. 예를 들어 'ETH/USDC' 풀이라면 ETH와 USDC가 일정 비율로 보관되고, 이 풀을 관리하는 스마트 컨트랙트가 $x \times y = k$를 만족하도록 잔고를 유지한다. 사용자가 ETH를 내고 USDC를 받으려 하면, 풀 입장에서는 ETH가 들어오고(ETH 잔고 x 증가) USDC가 나간다(USDC 잔고 y 감소). 이때 컨트랙트는 거래 이후에노 $x \times y$의 값 k가 겉게 유지되도록 y를 자동으로 재계산한다. 이 규칙 덕분에 풀은 누구의 호가도 보지 않으면서도 항상 교환에 응답하는 자동판매기 같은 존재가 된다.

간단한 예를 들어, 어떤 ETH/USDC 풀의 상태가 다음과 같다고 하자.

- 풀 안에 10ETH
- 풀 안에 20,000USDC

이때 x=10, y=20,000이므로 k=10×20,000=200,000이다. 여기서 누군가 1ETH를 내고 USDC를 받고 싶다고 하자. 사용자가 1ETH를 풀에 넣으면 풀의 ETH 잔고는 11이 되고, 컨트랙트는 새로운 y'가 다음 관계를 만족하도록 계산한다.

$$11 \times y' = 200,000$$

따라서 $y' \approx 18,181.81$이 되어야 하고, 사용자가 받아 가는 USDC는 20,000 - 18,181.81 ≈ 1,818.19USDC가 된다. 언뜻 보기에는 '1ETH ≈ 2,000USDC'처럼 보이지만, 실제로는 그보다 적은 양을 받게 된다. 한 번에 많은 양을 교환하려 할수록 x×y=k를 지키기 위해 풀 내부 비율이 크게 변하고, 그만큼 체감 환율이 악화된다. 우리가 흔히 말하는 슬리피지 slippage가 이 과정에서 자연스럽게 발생한다.

이 구조에서 유동성 공급자(LP)의 역할도 명확하다. 유니스왑은 주문서나 중개인이 필요 없는 "자동 유동성 프로토콜"이다. 누구나 두 토큰을 같은 가치로 유동성 풀에 예치하고, 그 대가로 거래 수수료를 나눠 가질 수 있다. 유니스왑 v2 기준으로 각 스왑에는 0.3퍼센트의 수수료가 붙고, 이 수수료는 풀 안에 남아 사실상 k 값이 거래를 거치며 미세하게 커지는 효과를 만든다. 단순히 x×y=k라고 설명하였지만, 실제 구현에서는 "수수료만큼 k가 조금씩 늘어나고, 그 증가분이 LP에게 귀속된다"고 이해하면 된다.

중요한 것은 이 모든 과정에 주문서도, 지정가 주문도, 호가창도 필요 없다는 사실이다. 트레이더는 자신의 지갑에서 바로 토큰을 내고 받기만 하면 되고, 가격 계산과 잔고 업데이트 및 수수료 분배는 모두 스마트 컨트랙트에 미리 박혀 있는 x×y=k 규칙에 따라 자동으로 수행된다. 그래서 유니스왑은 "지갑에서 직접 ERC-20 토큰을 교환할 수 있는, 이더리움상의 컴퓨터 프로그램"이라는 표현이 잘 어울리는 프로토콜이다.

이 상수곱 구조는 특히 한쪽이 스테이블코인일 때 제 역할을 톡톡히 한다. 'ETH/USDC' 'WBTC/USDT' '각종 토큰/DAI' 풀에서 스테이블코인은 항상 한 축을 담담하며, 다른 자산의 가격을 달러 기준으로 표현하는 기준 단위가 된다. 유동성 공급자 입장에서도 변동성이 큰 자산 둘을 짝지어 넣는 것보다 '코인/스테이블코인' 조합이 수익과 위험을 예측하기 훨씬 수월하다. 이런 이유로 유니스왑의 상수곱 공식 x×y=k는 비트코인·이더리움뿐만 아니라 USDC 같은 스테이블코인을 교환하는 데도 쓰이는, 디파이 인프라의 기본 요소가 된다.

정리하면, x×y=k 공식은 단순한 수학식이 아니라 유니스왑을 '항상 열려 있는 온체인 환전 자동판매기'로 만들어 주는 설계 원리다. 이 자동판매기 안에서 스테이블코인은 가장 자주 교환되고 많이 참조되는 기준 토큰으로 쓰인다. 그 덕분에 디파이 사용자는 처음으로 '온체인에서 스테이블코인을 진짜 돈처럼 바꿔 쓰는 경험'을 할 수 있게 된다.

스테이블코인 풀과 가격 발견 메커니즘

유니스왑 풀 안에서 '가격'은 따로 정해진 값이 아니다. 호가창도, 지정가 주문도 없다. 대신 앞서 살펴본 것처럼 x×y=k 공식을 따르는 유동성 풀의 잔고 비율이 곧 가격이 된다. 예를 들어 'ETH/USDC' 풀이라면, 풀 안에 들어 있는 USDC 수량을 ETH 수량으로 나눈 값이 그 순간 온체인에서의 'ETH/USDC' 가격이다. 이 가격은 트레이더가 스왑을 할 때마다 잔고가 바뀌면서 자동으로 재조정된다.

여기서 스테이블코인이 중요한 이유는, 이 잔고 비율이 "달러 기준 가격"으로 바로 읽히기 때문이다. USDC, USDT, DAI처럼 1달러에 페깅된 스테이블코인이 한 축에 들어 있는 'ETH/USDC' 'WBTC/USDT' 같은 페어에서는 풀의 잔고 비율이 곧 "ETH 1개가 몇 달러인가"를 보여 주는 실시간 환율표 역할을 한다. 실제로 유니스왑과 같은 AMM 기반 DEX에서 가장 거래가 활발한 페어들은 적어도 한쪽에 스테이블코인이 끼어 있는 경우가 많고, 이런 풀들이 온체인에서의 가격 기준점을 형성한다.

다만 유니스왑 풀의 가격이 곧바로 "진짜 시장가"라고 말할 수는 없다. 가격 발견price discovery 과정에는 재정거래자(아비트라저arbitrageur)가 중요한 역할을 한다. 중앙화 거래소에서 ETH 가격이 먼저 움직이면, 유니스왑의 ETH/USDC 풀 가격과 틈이 생긴다. 이때 재정거래자는 더 싼 쪽에서 사고 더 비싼 쪽에서 파는 식으로 양쪽 시장을 동시에 이용한다. 이 과정에서 유니스왑 풀로 자산이 들어오고 나가며 잔고 비율이 조정되고, 결국 풀의 가격은 다시 외부 시장과 비슷한 수준으로 수렴한다. 즉, 유니스왑은 수식으로 가격을 계산하고, 재정거래자가 그 수식을 외부 시장과 맞춰 주는 구조에서 가격 발견이 이루어진다.

스테이블코인 전용 풀에서는 조금 다른 형태의 가격 발견이 일어난다.

'USDC/USDT' 'USDC/DAI'처럼 "둘 다 1달러여야 하는" 토큰끼리 묶인 풀에서는 이론적으로 항상 일대일 근처에서 거래가 이루어지는 것이 자연스럽다. 그런데 특정 스테이블코인이 일시적으로 신뢰를 잃거나, 준비자산 이슈로 페깅이 흔들리면 이 비율이 1에서 벗어나기 시작한다. 유니스왑 풀 가격은 곧바로 그 변화를 드러내고, 재정거래자는 더 안전하다고 보는 쪽을 사거나 팔면서 차익을 노린다. 이렇게 스테이블코인 풀은 "어느 스테이블코인이 시장에서 더 신뢰받고 있는지"를 보여 주는 온체인 온도계 역할을 한다. 동시에 풀 안에서의 매수·매도가 한쪽 스테이블코인의 페그를 다시 1달러 근처로 되돌리는 힘으로 작용하기도 한다.

다만 상수곱 방식의 유니스왑 v2 구조는 스테이블코인끼리처럼 원래 일대일에 가까운 자산들에는 비효율적이라는 한계가 있다. 대부분의 거래가 0.99~1.01 구간 안에서만 일어나는데도 곡선 전체에 걸쳐 유동성을 깔아 두어야 하기 때문이다. 실제로 쓰이는 자본은 극히 일부에 그치기 쉽다. 그래서 이후에는 특정 가격 구간에 유동성을 집중시키는 유니스왑 v3나, 스테이블코인 특화 곡선을 쓰는 커브Curve 같은 프로토콜이 등장하게 된다. 그럼에도 불구하고 유니스왑의 스테이블코인 풀은 여전히 많은 거래량을 처리하며, 디파이 전반에서 가격 기준을 제공하는 핵심 인프라로 남아 있다.

또 하나 중요한 점은 유니스왑 v2부터 이 '풀 가격'이 단순 교환을 넘어서 온체인 오라클 역할까지 하게 되었다는 사실이다. v2는 일정 시간 동안의 평균 가격(TWAP)을 계산해 다른 프로토콜들이 참고할 수 있도록 한다. 이때 기준이 되는 것도 결국 'ETH/USDC' '토큰/USDC' 같은 스테이블코인 페어 가격이다. 결과적으로 스테이블코인 풀은 유니스왑 내부만이 아니라, 대출·파생상품·자산 발행 프로토콜 전체가 참고하는 공공 가격 데이터 소스로 기능한다.

정리하면, 유니스왑의 스테이블코인 풀은 다음 세 가지 층위에서 가격 발견을 담당한다.

- 풀 내부에서 x×y=k 규칙과 잔고 비율로 즉각적인 가격 계산
- 재정거래자가 외부 시장과의 차이를 메우며 온체인·오프체인 가격 동기화
- 이렇게 만들어진 가격은 다시 디파이 전체의 오라클·기준 가격으로 소비

이러한 구조 덕분에 스테이블코인은 유니스왑이라는 환전소 안에서 단순한 "달러 연동 토큰"을 넘어, 온체인 가격 체계의 기준 통화로 자리 잡게 된다.

100USDC로 ETH를 사는 온체인 거래

디파이에서 스테이블코인이 어떻게 쓰이는지 가장 직관적으로 보여주는 장면이 있다. 바로 "100USDC로 ETH를 사는 경험"이다. 이 과정을 천천히 따라가면 중앙화 거래소와 온체인 세계가 어떻게 이어지고, 유니스왑이 어떤 역할을 하는지 자연스럽게 드러난다.

먼저 사용자는 원화만 가지고 있다고 가정한다. 국내 거래소에 원화를 입금하고, 원화로 USDC를 매수한다. 이 단계는 전통적인 금융 인프라에 더 가깝다. 은행 계좌에서 거래소 계정으로 송금이 이루어지고, 거래소

내부 주문서에서 'KRW/USDC' 거래를 통해 100USDC를 확보한다. 이때까지 USDC는 거래소 장부 안에만 기록된 숫자다.

다음 단계는 이 100USDC를 온체인으로 꺼내 오는 과정이다. 사용자는 자신의 이더리움 지갑 주소(메타마스크 등)를 준비하고, 거래소에서 '출금' 메뉴를 통해 100USDC를 해당 주소로 전송한다. 몇 분 뒤 이더리움 블록체인에 트랜잭션이 포함되면, 사용자의 지갑에는 ERC-20 토큰 형태의 100USDC 잔고가 찍힌다. 이제 이 USDC는 더 이상 거래소 계정이 아닌, 사용자의 개인 지갑에 보관된 온체인 자산이다.

여기서부터 유니스왑의 역할이 시작된다. 사용자는 브라우저에서 유니스왑 웹 애플리케이션을 열고, 오른쪽 위의 '지갑 연결(Connect)' 버튼을 눌러 자신의 지갑을 연결한다.

유니스왑 웹 애플리케이션(app.uniswap.org) 메인 화면

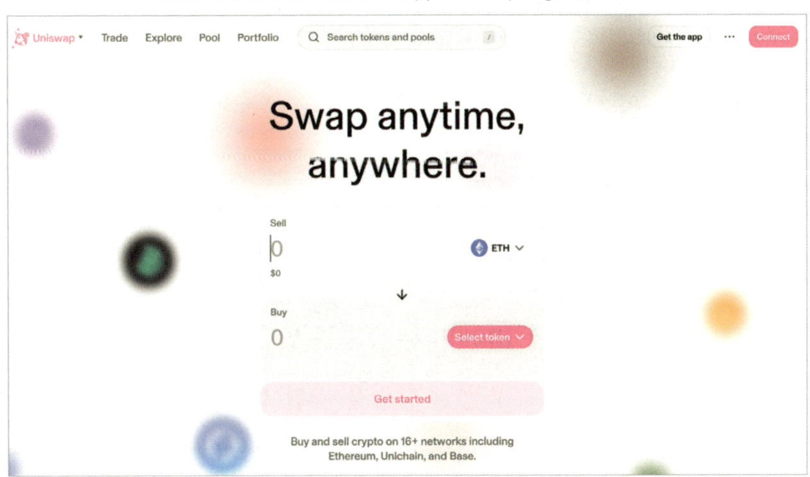

자료: Uniswap

화면 상단에 From/To 형태의 스왑 인터페이스가 나타난다. From
에는 USDC, To에는 ETH를 선택한다.

원하는 자산 선택 화면

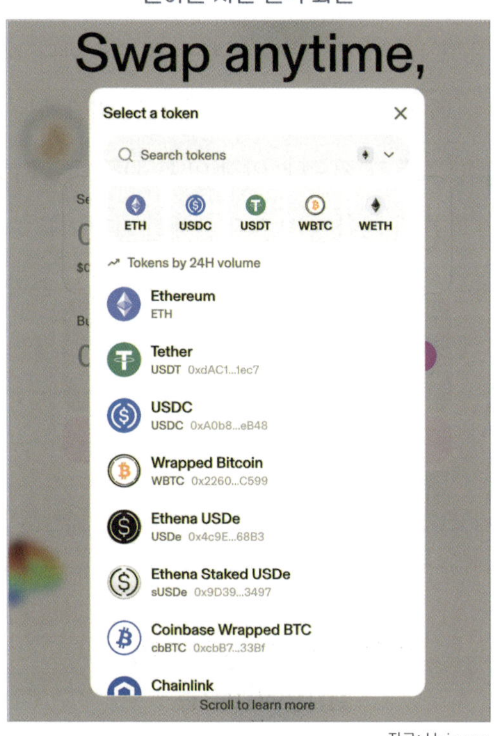

자료: Uniswap

그리고 From 입력란에 100이라는 숫자를 입력한다. 유니스왑은 현재
ETH/USDC 풀의 가격과 유동성 상황을 바탕으로 "100USDC를 내면
대략 몇 ETH를 받을 수 있는지" 즉시 계산하여 화면에 보여 준다. 예상
수령량, 수수료, 슬리피지 허용 범위 등이 함께 표시된다.

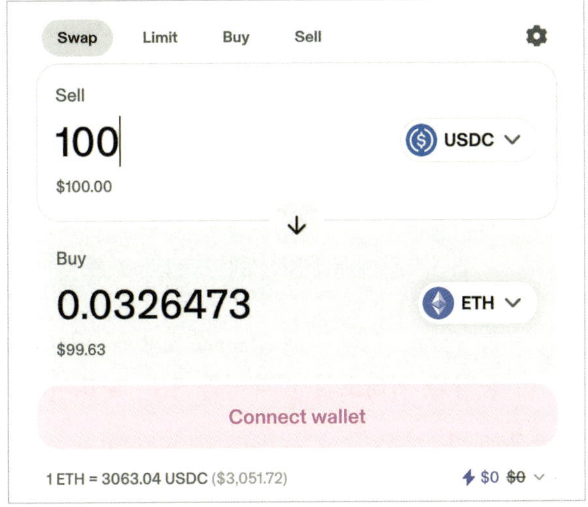

자료: Uniswap

사용자가 조건을 확인한 뒤 'Swap' 버튼을 누르면, 지갑이 팝업으로 열리며 한 번 더 승인을 요청한다. 이때 사용자는 이더리움 네트워크에 지불할 가스비도 함께 확인한다. 승인을 완료하면 트랜잭션이 전파되고, 몇 초에서 몇십 초 후 블록에 포함된다. 그 순간 유니스왑 ETH/USDC 유동성 풀에서는 사용자의 100USDC가 풀 안으로 들어가고, 그에 상응하는 양의 ETH가 풀에서 빠져나와 사용자의 지갑으로 이동한다.

이 과정 전체에서 눈에 띄는 점은 '상대방 트레이더'가 따로 등장하지 않는다는 사실이다. 사용자는 특정 사람으로부터 ETH를 사는 것이 아니다. 그 대신, 불특정 다수의 유동성 공급자가 미리 넣어 둔 ETH·USDC 풀과 직접 교환한다. 가격은 주문서가 아니라 풀의 잔고 비율과 $x \times y = k$ 공식으로 자동 계산되고, 유동성 공급자는 이 과정에서 발생하는 수수료 일부를 나누어 가진다. 사용자는 단지 지갑에서 100USDC를 내고,

몇 ETH가 지갑에 들어오는지만 확인하면 된다.

또 하나 주목할 점은 스테이블코인의 역할이다. 사용자가 경험하는 흐름을 다시 요약하면, 다음과 같은 직선 경로가 된다.

원화 → 거래소에서 USDC 매수 → 온체인으로 USDC 출금
→ 유니스왑에서 USDC를 ETH로 스왑

이때 USDC는 중앙화 거래소와 디파이를 잇는 다리이자, 읽기 쉬운 중간 통화 역할을 한다. 사용자는 "원화로 100달러어치 스테이블코인을 샀다"는 감각을 가지고 온체인으로 넘어오고, 유니스왑에서는 그 100USDC가 'ETH 몇 개'에 해당하는지 바로 확인할 수 있다.

이 단순한 한 번의 스왑 안에 디파이의 여러 요소가 응축되어 있다. 중앙화 금융에서 온체인으로 자산을 옮기는 온·오프램프, 지갑과 스마트 컨트랙트의 상호작용, AMM 기반 유동성 풀, 그리고 그 풀의 한 축을 담당하는 스테이블코인까지 모두 포함된다. "100USDC로 ETH를 산다"는 행위는 결국 스테이블코인이 디파이에서 환전 수단, 기준 단위, 유동성의 허브로 사용되는 방식을 가장 단순한 형태로 보여 주는 사례다.

유니스왑이 스테이블코인에게 남긴 흔적

유니스왑이 등장하기 전까지 스테이블코인은 주로 중앙화 거래소 안에 갇힌 "달러 비슷한 토큰"에 가까웠다. 거래소 계정 안에서만 입출금이

가능하고, 사람들은 그 안에서 비트코인이나 이더리움을 사고팔 때 잠시 거쳐 가는 단위 정도로 인식하였다. 유니스왑은 이 스테이블코인을 처음으로 퍼블릭 블록체인 위로 끌어올려 누구나 직접 교환하고 움직일 수 있는 온체인 자산으로 만들었다.

첫 번째 흔적은, 스테이블코인을 "언제든지 다른 자산으로 바꿀 수 있는 돈"으로 체감하게 만들었다는 점이었다. 사용자는 중앙화 거래소에서 USDC를 산 뒤, 이를 지갑으로 옮겨 유니스왑에서 바로 ETH·기타 토큰으로 바꿀 수 있었다. 상대방이 누구인지, 지금 누가 팔려고 나와 있는지 신경 쓸 필요가 없었다. 풀에 유동성만 충분하다면, 유니스왑은 항상 교환에 응답하였다. 이 경험을 통해 스테이블코인은 단순히 "거래소 잔고에 찍힌 숫자"가 아니라, 지갑에서 직접 꺼내 쓰는 디지털 달러라는 인식으로 바뀌었다.

두 번째 흔적은, 스테이블코인이 온체인 가격 체계의 기준 통화가 되었다는 점이었다. 'ETH/USDC' 'WBTC/USDT' '각종 토큰/DAI' 풀에서 스테이블코인은 항상 한 축으로 서 있었다. 사람들이 어떤 토큰의 가치를 이야기할 때 "이 토큰이 몇 USDC냐, 몇 USDT냐"를 기준으로 말하게 되었고, 유니스왑의 스테이블코인 풀 가격은 곧 온체인의 환율표 역할을 하였다. 이후 다른 디파이 프로토콜도 이 가격을 오라클로 참고하게 되면서, 스테이블코인은 디파이 전체에서 가치 측정의 기본 단위로 자리 잡았다.

세 번째 흔적은, 스테이블코인이 유동성의 허브가 되었다는 점이었다. 토큰 A에서 토큰 B로 바로 교환하는 대신, 많은 거래가 'A → 스테이블코인 → B'라는 경로를 거쳤다. 스테이블코인과 연결된 풀에는 항상 비교적 두터운 유동성이 쌓여 있었고, 슬리피지가 덜했기 때문이다. 그 결과 온체인 자산의 이동 경로를 그려 보면, 거의 모든 길이 한 번쯤 스테이블코인 풀을 지나가게 되었다. 스테이블코인은 이렇게 "디파이 자산들이 오갈 때 들르는 환승역" 역할을 하며 온체인 유동성의 중심에 섰다.

네 번째 흔적은, 유니스왑이 누구나 스테이블코인 시장의 '마켓 메이커'가 될 수 있는 구조를 열었다는 점이었다. 이전까지 스테이블코인 시장의 유동성은 소수의 기관·거래소에 의해 제공되는 경우가 많았다. 유니스왑에서는 개인도 USDC와 ETH를 같은 가치로 풀에 넣기만 하면, 자동으로 유동성 공급자가 되어 수수료를 받을 수 있었다. 물론 무위험은 아니었지만 "스테이블코인과 다른 자산을 동시에 보유하면서 수수료를 받는 전략" 자체가 소수 전문 플레이어의 영역에서 대중적인 디파이 전략으로 내려왔다. 이는 스테이블코인의 유통량뿐만 아니라, 그 유통을 지탱하는 참여자층을 넓히는 효과를 가져왔다.

다섯 번째 흔적은, 스테이블코인의 신뢰와 리스크가 온체인에서 투명하게 드러나는 장을 만들었다는 점이었다. 'USDC/USDT' 'USDC/DAI' 같은 스테이블코인 풀에서 가격이 1을 기준으로 어떻게 움직이는지 보면 시장이 어느 스테이블코인을 더 신뢰하는지, 페그가 흔들릴 때 사람들이 어떻게 반응하는지 실시간으로 관찰할 수 있었다. 특정 스테이블코인에 이슈가 생기면, 유니스왑 풀의 비율과 거래량이 즉시 그 사실을 반영하였다. 스테이블코인은 유니스왑 위에서 "투명하게 평가받는 자산"이 되었고, 이는 이후 규제 논의나 리스크 관리 논의에도 적지 않은 참고 자료가 되었다.

마지막으로, 유니스왑은 스테이블코인이 디파이 레고의 기본 블록이 되는 길을 열어 주었다. 유니스왑의 스테이블코인 풀에서 시작된 가격과 유동성은 아베의 대출·예치, 메이커다오의 DAI, 리도·아이겐레이어의 복합 전략까지 차례로 이어졌다. 유니스왑은 "스테이블코인이 디파이에서 실제로 어떻게 쓰이는지" 처음 보여 준 무대였고, 다른 프로토콜은 그 위에 새로운 금융 구조를 한 층씩 쌓아 올렸다.

정리하면, 유니스왑이 스테이블코인에 남긴 흔적은 단순히 "거래량이 많았다" 수준을 넘어섰다. 스테이블코인을 다음처럼 만들어 놓고 간 것이다.

- 지갑에서 직접 쓰는 돈
- 온체인 가격의 기준
- 유동성의 허브
- 누구나 참여할 수 있는 마켓 메이킹의 재료
- 리스크와 신뢰가 투명하게 드러나는 자산
- 다른 디파이 프로토콜을 잇는 기본 블록

디파이라는 토양에서 스테이블코인이 "실험용 토큰"을 넘어 "실제로 쓰이는 돈"으로 성장하는 과정의 한가운데는 항상 유니스왑이 있었다고 해도 과언이 아니었다.

아베, 스테이블코인
예금·대출이 이루어지는
온체인 은행

은행의 기능을 코드로 옮기다

아베는 한 번에 뚝 떨어진 이름이 아니다. 처음 시작은 2017년의 이더렌드ETHLend다. 핀란드의 법학도였던 스타니 쿨레초프Stani Kulechov의 "은행을 통하지 않고도 사람끼리 이더리움 위에서 직접 돈을 빌리고 빌려줄 수 없을까?"라는 질문에서 출발하였다.

ETHLend는 말 그대로 이더리움 기반 P2P 대출 플랫폼으로, 스마트 컨트랙트와 LEND 토큰을 이용하여 개별 대출자와 차입자를 일대일로 연결하는 구조였다.

하지만 곧 한계가 드러났다. 경기나 시장 상황에 따라 대출해 줄 사람과 빌리고 싶은 사람이 항상 딱 맞게 등장하지 않았다. 유동성이 부족할 때는 대출을 받고 싶어도 매칭이 되지 않고, 거래가 체결되기까지 시간이 오래 걸렸다. 2018년 약세장에서는 이런 비효율이 더 크게 드러났고,

결국 "개별 사람끼리 연결하는 P2P 방식" 대신 "모든 사람이 함께 쓰는 공동 자금 풀pool을 만들자"는 방향으로 발상을 전환하였다.

이 전환의 결과물이 2020년 초에 나온 아베 프로토콜이다. 아베는 핀란드어로 '유령'을 뜻하는데, 이 이름에는 "눈에 보이는 창구나 지점은 없지만, 보이지 않는 코드 뒤에서 조용히 금융 기능이 돌아가는 시스템"이라는 의미가 담겨 있다. ETHLend라는 P2P 대출 서비스는 사실상 문을 닫고, 대신 유동성 풀 기반의 오픈 소스 대출 프로토콜로 다시 태어난 것이다. 이제 사용자는 서로를 직접 찾을 필요가 없고, 모두가 하나의 풀에 자산을 넣거나 그 풀에서 자산을 빌리는 구조가 되었다.

아베가 겨냥하는 것은 웹2 세계의 은행이 하던 일을 그대로 스마트 컨드렉드 위로 옮기는 일이다. 사용자는 자산을 예치하여 이자를 받을 수 있고, 다른 자산을 담보로 맡기고 필요한 자산을 빌릴 수 있다. 이때 예치자는 "유동성을 공급하는 사람(서플라이어supplier)", 차입자는 "유동성을 가져가는 사람(바로우어borrower)"로 역할이 나뉘고 예치된 자산은 모두 비수탁non-custodial 유동성 풀에 들어가 스마트 컨트랙트에 의해 관리된다.

전통 은행과 다른 점은 이 모든 규칙이 코드로 고정되어 있고, 누구나 읽어 볼 수 있다는 것이다. 어떤 자산을 얼마나 담보로 맡겨야 하는지, 담보 가치가 어느 수준 아래로 떨어지면 청산이 일어나는지, 이자율은 어떻게 변하는지 등이 프로토콜에 명시되어 있으며 사람이 심사하거나 창구 직원이 버튼을 누를 필요가 없다. 이자율 역시 은행 임원이 회의해서 정하는 것이 아니라 각 풀의 여유 유동성, 대출 수요 등에 따라 실시간으로 변하는 알고리즘에 의해 자동으로 조정된다.

또 하나 중요한 특징은 스테이블코인을 핵심 자산으로 삼는 구조에 가깝다는 점이다. 예치할 수 있는 자산 목록에는 ETH 같은 변동성 자산도 있지만, USDC·USDT·DAI 같은 스테이블코인이 빠지지 않는다. 많은 사용자가 "가격이 출렁이는 코인 대신 달러 가치에 고정된 자산을 예치하거나 빌리려는 수요"를 가지고 있고, 아베는 이러한 수요를 받아들여 스테이블코인을 예금·대출의 중심에 둔다. 국내 기사에서도 아베는 종종 "은행처럼 암호자산을 예치하고 대출받는 서비스"로 소개되고, 예치자·차입자의 구조가 전통 은행과 유사하다고 설명된다.

이처럼 아베의 등장은 "은행 기능을 코드로 옮기는 실험"이자 "스테이블코인을 예금 통화이자 대출 통화로 사용하는 온체인 은행"의 탄생이었다. 이후 버전 2, 3으로 업그레이드되면서 격리 모드, 효율 모드, 멀티체인 지원, 자체 스테이블코인 GHO 발행 등 기능이 계속 추가되었다. 하

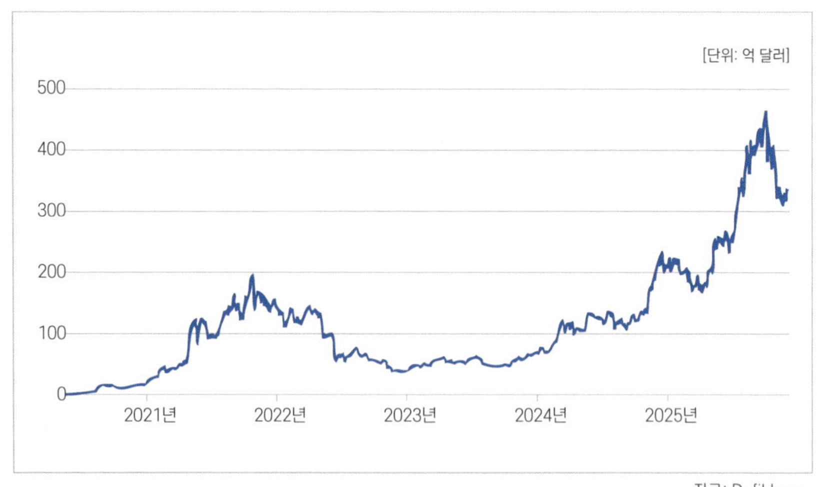

아베의 TVL

자료: DefiLlama

지만 그 출발점에는 항상 같은 질문이 있다. "은행이 하던 일을, 사람 대신 스마트 컨트랙트와 스테이블코인을 중심으로 다시 설계하면 어떤 모습일까?"

바로 그 질문에 대한 첫 번째 답이 아베다. 여기에서는 이러한 구조 속에서 스테이블코인이 어떤 방식으로 예금과 대출의 핵심 통화로 자리 잡는지 계속 살펴본다.

예치·차입 구조와 a토큰의 의미

아베를 이해히는 가장 쉬운 방법은 "은행 창구는 사라졌지만 예금과 대출의 기본 원리는 그대로 남아 있다"라고 생각하는 것이다. 다만 아베에서는 창구 직원 대신 스마트 컨트랙트가, 통장 대신 토큰이 그 역할을 담당한다. 그중에서도 핵심은 '예치supply·차입borrow·유동성 풀·a토큰aToken', 이 네 가지가 어떻게 맞물리는지다.

먼저 예치 구소부터 살펴보자. 사용자가 USDC 같은 자산을 아베에 "넣는다"는 것은 사실상 그 자산을 아베 유동성 풀에 예치한다는 뜻이다. 이때 예치된 자산은 아베가 가져가서 쓰는 것이 아니라, 스마트 컨트랙트 주소에 안전하게 묶여 있다. 그렇다고 이 자산이 놀고 있는 것은 아니다. 다른 차입자들에게 대출되는 데 사용된다. 은행이 고객 예금을 모아서 대출 재원으로 쓰는 것과 같은 원리다.

예치를 마치면, 사용자의 지갑 안에는 조금 낯선 토큰 하나가 들어온다. 예를 들어 USDC를 예치하였다면 aUSDC라는 토큰을 받는다. 이 토큰이 바로 아베에서 발행하는 a토큰이다. a토큰은 예치 증서인 동시에 이자가 반영된 예금통장 역할을 한다. 겉으로 보기에는 그냥 또 하나의 ERC-20 토큰일 뿐이지만, 그 안에는 다음과 같은 의미가 담겼다.

- 나는 아베 풀에 USDC를 예치한다.
- 언제든지 aUSDC를 아베에 돌려주면, 그에 해당하는 '원금+이자'를 USDC로 돌려받을 수 있다.

즉, a토큰은 아베 예금 잔고를 온체인에서 토큰 형태로 들고 다니는 방식이다.

이자가 붙는 방식도 흥미롭다. 전통 은행에서는 통장에 찍힌 숫자는 그대로 있고, 월말이나 만기 때 이자가 한 번에 추가된다. 아베에서는 반대로, 예치한 원금과 이자가 a토큰의 잔고 변화에 반영된다. 시간이 흐르면서 이자율에 따라 aUSDC 잔고가 아주 조금씩 늘어나는 식이다. 표면상 '1aUSDC≒1USDC' 비율은 유지되지만, 사용자의 aUSDC 수량 자체가 늘어나거나 내부적으로 교환 비율이 조정되도록 설계되어 있다. 사용자는 복잡한 계산을 하지 않고도 "예전에 예치한 것보다 지금 상환 시 더 많은 USDC를 돌려받는다"는 결과만 확인하면 된다.

차입 구조는 그 반대편에 있다. 차입자는 먼저 자신의 자산, 예를 들어 ETH나 stETH를 아베에 담보로 예치한다. 이 담보는 "대출받을 수 있는 한도"를 결정하는 기준이 된다. 전통 은행에서 신용도·소득을 보고 대출 한도를 정했다면, 아베에서는 담보 가치와 담보 비율이 이 역할을 대신하였다. 예를 들어 담보 비율이 70퍼센트인 자산 1,000달러어치를 맡겼다면, 최대 700달러어치 정도의 스테이블코인을 빌릴 수 있는 식이다.

이때 차입자가 실제로 빌리는 대상도 대부분 USDC, USDT, DAI 같은 스테이블코인이다. 변동성 자산을 담보로 잡고, 상대적으로 안정적인 "달러 역할"의 토큰을 대출 통화로 선택하는 것이 일반적이다. 차입이 실행되면 차입자는 자기 지갑에서 바로 스테이블코인을 받아 다른 디파이 프로토콜에 투자하거나, 중앙화 거래소로 보내 현금화하는 등 원하는 용도로 쓸 수 있다. 반대로 아베 유동성 풀 입장에서는 예치된 자산 일부가 "대출 잔액"으로 이동한 것이다.

예치자와 차입자를 연결하는 중간 허브가 바로 유동성 풀이고, 이 풀에 대한 예치 지분을 나타내는 것이 a토큰이었다.

예치자

USDC를 넣고 aUSDC를 받는다.

→ 시간이 지나면 aUSDC 가치가 불어 있다.

→ 다시 USDC로 돌려받는다.

차입자

ETH 등을 담보로 맡긴다.

→ 그 가치를 바탕으로 USDC를 빌린다.

→ 이자를 내면서 나중에 상환한다.

여기서 중요한 점은 예치자는 자신이 "어느 차입자에게 얼마가 나갔는지"를 전혀 알 필요가 없다는 것이다. 모든 자산은 풀 단위로 운영되고, 개별 상대방이 아니라 프로토콜 전체를 상대로 예금·대출을 하는 구조다. 그 결과 유동성은 흩어지지 않은 채 한곳에 모이고, 누군가 대출을 상환하면 그 이자는 다시 예치자 전체의 몫으로 돌아간다.

스테이블코인 관점에서 보면, 이 구조는 스테이블코인을 사실상 온체인 예금 통화이자 대출 통화로 만들어 준다. 사용자는 스테이블코인을 아베에 예치해 "달러 예금"처럼 이자를 받을 수 있고, 반대로 담보를 맡기고 스테이블코인을 빌려 레버리지나 차익거래를 시도할 수도 있다. 그리고 이 모든 과정에서 자신의 예금 잔고를 나타내는 지표가 바로 a토큰이다.

정리하면, 아베의 예치·차입 구조는 다음의 세 축으로 돌아간다.

- 자산을 풀에 넣고, 그 대가로 a토큰을 받는 예금자
- 담보를 맡기고 스테이블코인을 빌리는 차입자
- 예금자와 차입자를 연결하는 유동성 풀과 이자율 알고리즘

a토큰은 이 구조의 한가운데에서 "예금 잔고를 나타내는 영수증"이자 "시간이 지날수록 조용히 이자가 반영되는 토큰 통장" 역할을 하며, 스테이블코인이 온체인 은행 속에서 어떻게 굴러다니는지 잘 보여 주는 도구가 되었다.

스테이블코인의 두 얼굴, 예금 통화이자 대출 통화

아베 안에서 스테이블코인은 항상 두 가지 얼굴을 동시에 가지고 있다. 하나는 예금 통화이고, 다른 하나는 대출 통화다. 겉으로 보기에는 그냥 "1달러에 고정된 토큰"이지만, 어디에 서 있느냐에 따라 완전히 다른 역할을 한다.

먼저 예금 통화로서의 얼굴이다. 사용자는 시장이 불안하거나 단순히 "코인을 들고 있기보다는 달러를 들고 이자를 받고 싶다"고 생각할 때 USDC·USDT·DAI 같은 스테이블코인을 아베에 예치한다. 이 스테이블코인은 아베 유동성 풀에 들어가고, 사용자는 그 대가로 aUSDC·aUSDT·aDAI 같은 a토큰을 받는다. 이러한 구조는 전통 금융에서 말하는 달러 예금 계좌에 가깝다. 예치자는 가격이 크게 출렁이지 않는 자산을 들고 있으면서, 그 자산을 빌려주는 대가로 이자를 받는다.

반면에 차입자 입장에서 보면 스테이블코인은 대출 통화다. 차입자는 ETH, stETH, WBTC처럼 변동성이 큰 자신을 담보로 예치해 두고 담보 가치의 일정 비율 안에서 스테이블코인을 빌린다. 이렇게 빌린 스테이블코인은 온체인에서 다른 투자에 쓰거나, 중앙화 거래소로 보내 현금화해 생활비·운영비로 쓰는 등 여러 용도로 활용된다. 이때 대출 통화가 스테이블코인이라는 사실이 중요하다. 담보는 오르락내리락하지만 빌린 쪽은 "달러 단위"로 고정되어 있기 때문에, 차입자는 자신의 부채 규모를 직관적으로 계산할 수 있다.

이 구조를 간단한 예로 풀어 볼 수 있다. 예를 들어 한 사용자가 10ETH

를 들고 있고, ETH 가격 상승을 기대한다고 하자. 이 사용자는 다음과 같은 전략을 쓸 수 있다.

① 10ETH를 담보로 아베에 예치
② 담보 가치의 일부에 해당하는 5,000USDC 대출
③ 5,000USDC로 유니스왑에서 ETH를 추가 매수

이 경우 스테이블코인은 "ETH를 더 사기 위해 잠시 빌리는 달러"다. 스테이블코인이 없었다면 변동성 높은 토큰으로 빌리고 변동성 토큰으로 다시 사는 구조가 되어 리스크가 훨씬 복잡해졌을 것이다.

반대로 보수적인 사용자는 ETH 같은 자산을 팔고 스테이블코인으로 바꾼 뒤, 그 스테이블코인을 아베에 예치하여 이자를 받는다. 이때 스테이블코인은 "위험자산을 팔고 옮겨 온 안전자산＋예금 통화"라는 의미를 가진다. 한쪽에서는 스테이블코인을 빌려서 레버리지를 거는 사람이 있고, 다른 쪽에서는 스테이블코인을 맡기고 이자를 받는 사람이 있는 셈이다.

아베의 효율 모드E-mode 같은 기능은 이 두 얼굴을 더 뚜렷하게 보여준다. 스테이블코인끼리는 서로 1달러 주변에서 움직인다는 가정을 두고, 스테이블코인 담보로 스테이블코인을 더 많이 빌릴 수 있게 해주는 모드다. 이 경우 스테이블코인은 담보이자 예금 통화인 동시에 대출 통화까지 겸한다. 디파이 사용자 입장에서는 "달러 예금을 담보로 잡고 달러를 더 빌려 쓰는" 구조와 유사하다.

정리하면, 아베에서 스테이블코인은 다음의 역할을 한다.

- 예치자에게는 달러 예금 통화
- 차입자에게는 달러 대출 통화
- 프로토콜 전체 입장에서는 유동성을 공급하고 또 끌어다 쓰는 기본 단위

이 두 얼굴 덕분에 스테이블코인은 아베 안에서 단순한 "가격이 안 흔들리는 코인"을 넘어선다. 예금과 대출, 레버리지와 헤지, 수익 추구와 리스크 관리가 모두 스테이블코인을 중심으로 설계되는 구조가 만들어지면서 아베는 그 구조를 코드로 구현한 온체인 은행이 된다.

효율 모드와 스테이블코인 전용 위험관리

아베 v3에서 도입된 E-modeEfficiency mode는 이름 그대로 '효율 모드'다. 구조 자체는 단순하다. 서로 가격이 거의 같이 움직이는 자산들만 따로 묶어, 그 안에서는 담보 한도를 더 높게 쓰도록 해 주는 모드다. 대표적인 예가 스테이블코인끼리의 묶음이다.

USDC, USDT, DAI처럼 모두 1달러 근처에서 움직이는 자산에 대해서는 "이들끼리는 가격이 크게 벌어지지 않는다"는 전제를 두고 더 높은 담보 비율을 허용한다.

기본 모드는 모든 자산을 "섞어서" 취급한다. ETH를 담보로 잡고 USDC를 빌리든, USDC를 담보로 잡고 다른 코인을 빌리든, 각 자산의 변동성을 고려한 보수적인 담보 비율이 적용된다. 반면에 E-mode를

켜면, 프로토콜은 "지금 이 사용자의 포지션은 스테이블코인끼리의 조합이다"라는 사실을 인지하고 같은 스테이블코인 카테고리 안에서 더 높은 LTV(담보인정비율)와 청산 한도를 적용한다. 예를 들어 일반 모드에서는 스테이블코인 담보에 대해 75퍼센트까지만 빌릴 수 있다고 가정하면, E-mode에서는 같은 자산 조합에 대해 90퍼센트 수준까지 허용하는 식이다. 숫자는 시장 상황과 거버넌스governance 설정에 따라 달라지지만 "같은 계열 자산끼리라면 더 빡빡하게 자본을 쥐어짜서 쓸 수 있게 해 준다"는 방향성은 같다.

스테이블코인 입장에서 보면 E-mode는 상당히 매력적인 놀이터다. 예를 들어 사용자가 USDC를 아베에 예치하고 E-mode 스테이블코인 카테고리를 활성화하면, USDC를 담보로 더 많은 USDT나 DAI를 빌릴 수 있다. 그리고 빌린 스테이블코인을 다시 예치하여 a토큰을 더 받는 "루프 전략"을 여러 번 반복할 수 있다. 이렇게 하면 스테이블코인 예금 이자를 여러 겹으로 쌓는 효과가 생긴다. 물론 이자는 그만큼 줄어들 수 있고 프로토콜 차원에서 루프를 제한하는 장치도 두지만, 기본 발상은 "스테이블코인끼리라면 변동성이 적으니 조금 더 공격적으로 레버리지를 허용하자"이다.

그렇다고 해서 무작정 담보를 풀어 주는 것은 아니다. E-mode는 애초에 "같은 카테고리 자산끼리만" 적용된다. 스테이블코인 E-mode를 켠 상태에서, 담보가 스테이블코인인데 갑자기 변동성이 큰 자산을 빌리려고 하면 제한을 받는다. 효율성을 높이는 대신 구조를 단순하게 유지하여 리스크를 통제하려는 의도다. 또한 스테이블코인 카테고리에 들어갈 수 있는 자산 자체도 거버넌스에서 엄격하게 고른다. 가격 오라클,

유동성 규모, 준비자산 투명성 등을 감안해서 "정말로 1달러 근처에서 안정적으로 움직이는지" 확인한 뒤에야 E-mode 대상에 편입한다.

E-mode의 핵심은 "높은 효율"과 "스테이블코인 전용 위험관리"가 세트로 묶여 있다는 점이다. 스테이블코인이 서로 1달러 근처에서 움직인다는 전제 덕분에 더 높은 LTV를 허용하지만, 동시에 이 전제가 깨질 수 있다는 리스크를 항상 의식한다. 특정 스테이블코인이 디페깅을 일으키면, E-mode로 인해 레버리지가 더 크게 걸려 있는 포지션이 연쇄 청산될 수 있기 때문이다. 이 가능성을 줄이기 위해 아베는 스테이블코인 E-mode에 대해 공급·대출 상한, 청산 보너스, 담보 비율 등을 평상시보다 더 세밀하게 관리한다. 필요하다면 거버넌스 투표를 통해 특정 스테이블코인의 E-mode 지원을 중단하거나, 비율을 조정하는 식으로 대응한다.

사용자 관점에서 보면, E-mode는 스테이블코인에게 두 가지 메시지를 던진다. 첫째, "너희는 서로 거의 같은 값에 움직이니, 담보로 쓸 때 더 효율적으로 써도 된다". 둘째, "대신, 그만큼 너희의 안정성이 중요하기 때문에 진용 위험관리 틀 안에서 다룰 것이다".

정리하면, E-mode는 스테이블코인이 아베 안에서 단순히 안전한 자산으로 "조금 보수적으로 예치하는 통화"가 아니라 효율을 극대화하기 위해 별도의 구역을 배정받은 핵심 담보·대출 통화라는 점을 보여 준다. 스테이블코인의 안정성을 신뢰하는 만큼 레버리지를 더 허용하고, 동시에 그 신뢰가 깨질 경우에 대비한 위험관리 장치를 따로 두는 것이 E-mode가 보여 주는 스테이블코인 전용 설계다.

5ETH로 레버리지 롱 포지션 만들기

아베에서 스테이블코인이 어떻게 "대출 통화"로 쓰이는지 가장 잘 보이는 장면이 레버리지 롱 전략이다. 예를 들어 5ETH만 가지고 있는 사용자가 ETH 가격 상승을 강하게 기대해서 노출을 더 키우고 싶다고 해 보자. 이때 아베와 유니스왑, 스테이블코인을 함께 사용하면 온체인에서 직접 레버리지 롱 포지션을 만들 수 있다.

아베 공식 사이트(app.aave.com)의 예치 화면(테스트넷)

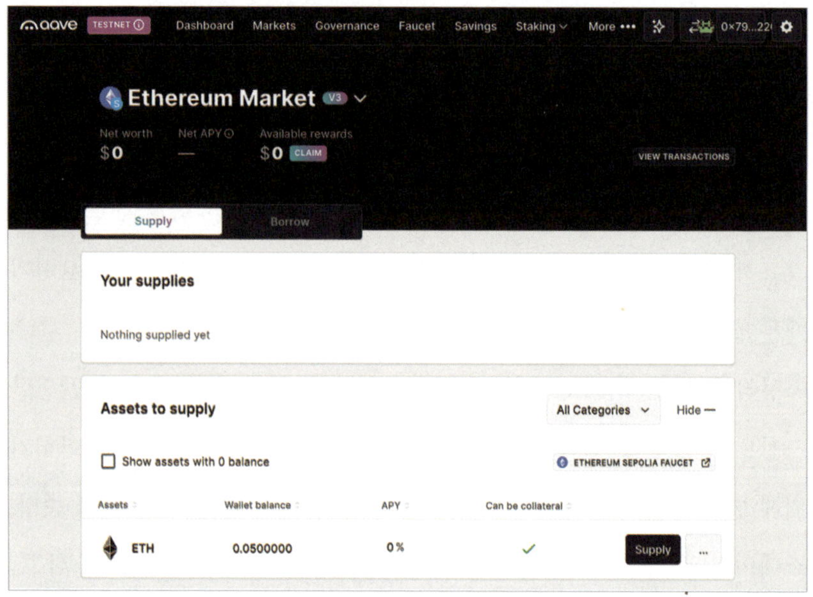

자료: Aave

1단계: 5ETH를 아베에 예치

사용자는 먼저 자신의 지갑에서 5ETH를 아베에 예치한다. 이 순간 5ETH는 아베 유동성 풀에 담보로 묶이고, 사용자의 대시보드에는 "담보 가치"와 "대출 가능 한도"가 표시된다. LTV가 예를 들어 70퍼센트라고 가정하면, 5ETH의 달러 환산 가치의 70퍼센트까지 스테이블코인을 빌릴 수 있다.

실제 ETH 공급 화면

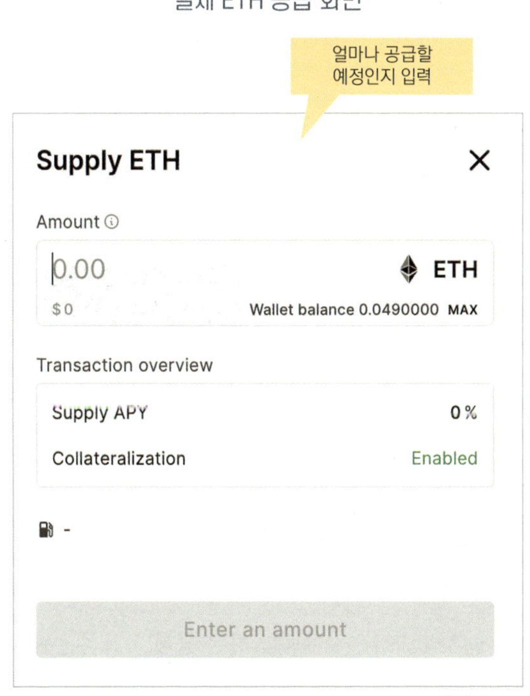

자료: Aave

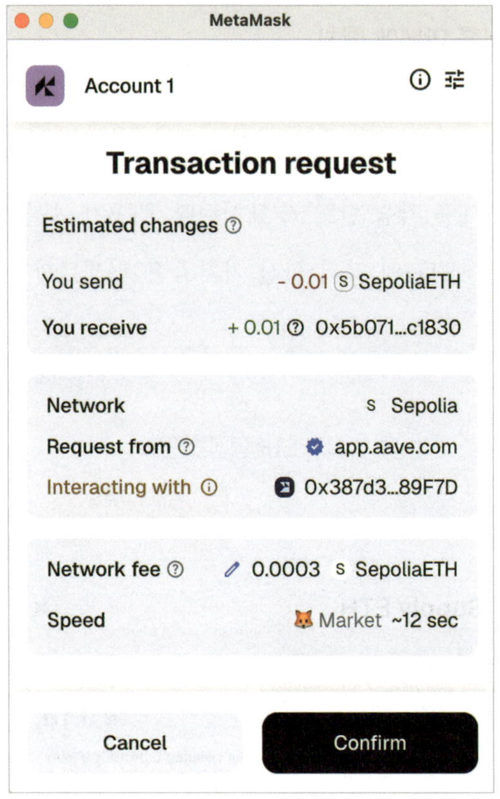

자료: MetaMask

2단계: 스테이블코인을 대출받는다

사용자는 대출 자산으로 USDC를 선택하고, 여유를 두고 담보 한도보다 적은 금액(예: 3ETH~4ETH에 해당하는 달러 가치 수준)을 빌린다. 아베는 담보와 LTV를 기준으로 "건강도health factor"를 계산하고, 그 수치가 1 이상인 한 포지션을 유지하게 한다. 이때 사용자의 포지션을 단순화해 보면 다음과 같다.

- 담보: 5ETH

- 부채: nUSDC(달러 표시 부채)

3단계: 빌린 USDC로 다시 ETH를 산다

이제 사용자는 지갑에 들어온 USDC를 들고 유니스왑 같은 DEX로 간다. ETH/USDC 풀에서 스왑을 실행하여 빌린 USDC를 전부 ETH로 교환한다.

- 아베에 담보로 예치한 5ETH

- 스왑을 통해 새로 산 ETH(예: 2ETH 정도)

그러면 사용자의 총 ETH 노출은 위의 둘을 합쳐 7ETH 수준이 된다. 실제 손익은 '7ETH 가격 변화−USDC 부채 및 이자'로 결정되므로, 실질적으로 레버리지 롱 포지션이 형성된다.

4단계: 가격이 움직일 때 일어나는 일

ETH 가격이 상승하면, 담보로 넣어 둔 5ETH와 새로 산 ETH의 가치가 함께 오르기 때문에 사용자의 자산 가치는 부채보다 빠르게 불어난다. 일정 수준 이상 이익이 났다고 판단되면 사용자는 일부 ETH를 시장에서 팔아 USDC를 마련하고, 아베에 빌린 USDC와 이자를 상환한 뒤 나머지 ETH를 회수한다. 반대로 ETH 가격이 떨어지면 상황이 반대로 전개된다. 담보 가치가 떨어지면서 헬시 팩터가 1에 가까워지거나 1 아래로 내려가면, 아베는 프로토콜 규칙에 따라 담보의 일부를 자동으로 청산해 부채를 갚는다. 이때 사용자는 레버리지 효과만큼 손실도 확대해서 떠안게 된다.

이 구조를 스테이블코인 관점에서 다시 보면, 스테이블코인은 여기서 두 가지 역할을 동시에 수행한다.

- 아베 안에서는 대출 통화로, "ETH 담보를 바탕으로 빌리는 달러 단위 자산"
- 유니스왑 안에서는 환전 수단으로, "다시 ETH를 사기 위해 거쳐 가는 중간 통화"

사용자는 'ETH → 아베 담보 → USDC 대출 → 유니스왑에서 다시 ETH 매수'라는 경로를 통해, 전통 금융에서 증권사 마진 계좌를 쓰는 것과 비슷한 레버리지 롱 전략을 온체인에서 구현한다. 이때 스테이블코인이 없었다면 담보도 변동성 자산, 대출도 변동성 자산, 환전 경로도 복잡한 토큰 조합으로 이루어졌을 것이다. 스테이블코인이 있었기에 다음의 설계가 가능하였다.

- 부채 규모를 달러 기준으로 직관적 계산
- 레버리지 비율과 청산 리스크를 상대적으로 명확하게 관리
- 다른 디파이 프로토콜과의 연계(예: 다시 예치, 파생상품 거래 등)

결국 "5ETH로 레버리지 롱 포지션을 만든다"는 사례는 아베와 유니스왑이라는 인프라 위에서 스테이블코인이 레버리지 설계의 기준 통화

이자, 자산 이동의 허브 역할을 어떻게 수행하는지 보여 주는 대표적인 장면이다.

디파이 은행과 전통 은행의 공통점과 차이점

아베 같은 디파이 프로토콜을 설명할 때 사람들은 자주 "온체인 은행"이라는 표현을 쓴다. 실제로 구조를 뜯어보면 은행과 겹치는 부분이 많고, 동시에 완전히 다른 지점도 분명하다. 스테이블코인을 예금 통화이자 대출 통화로 쓴다는 점까지 포함하여 두 시스템의 공통점과 차이점을 정리해 보자.

먼저 공통점부터 살펴보면, 가장 기본적인 공통점은 '예금과 대출'이라는 기능이다.

- 자산을 맡기면 이자를 준다.
- 담보나 신용을 바탕으로 돈을 빌려준다.

아베 같은 디파이 은행과 전통 은행 둘 다 '싼 가격에 자금을 조달해 더 비싼 가격에 빌려주고, 그 차이를 마진으로 먹는 구조'를 가진다. 은행에서는 이게 예금 금리와 대출 금리의 차이고, 디파이에서는 예치 이자와 차입 이자의 차이다.

두 번째 공통점은 담보와 리스크 관리다. 전통 은행은 주택담보대출, 마이너스 통장 등에서 LTV를 정하고 부동산 가격이 떨어지면 추가 상환을 요구하거나 경매를 진행한다. 아베도 마찬가지다. 담보로 맡긴 ETH·stETH 등의 가치가 떨어져서 담보 비율이 기준 아래로 내려가면 자동 청산이 일어난다. "담보 가치가 빚보다 충분히 커야 한다"는 원칙은 두 시스템이 똑같이 공유하는 금융의 기본 원리다.

세 번째 공통점은 스테이블한 단위를 중시한다는 점이다. 전통 은행은 최종적으로 "원화·달러"라는 명목화폐를 기준으로 자산·부채를 관리한다. 아베를 포함한 디파이 은행들도 스테이블코인(USDC, USDT, DAI 등)을 중심 통화로 삼는다. 예금 통화이자 대출 통화로 스테이블코인을 쓰면서, 변동성 큰 자산보다 리스크를 관리하기 쉽게 만든다.

하지만 겉으로는 비슷해 보여도 구조를 따라가다 보면 차이점이 더 많다.

첫째, "누가 시스템을 운영하는가"라는 부분에서 차이가 크다. 전통 은행은 회사고, 이사회·경영진·직원이 있다. 내부 전산 시스템은 외부에서 볼 수 없고, 규정과 심사 기준도 상당 부분 "내부 문서"다. 반면 아베 같은 디파이 은행은 프로토콜이다. 스마트 컨트랙트가 규칙을 집행하고, 담보 비율·이자율 모델·청산 로직이 코드로 공개되어 있다. 거버넌스 토큰 보유자가 파라미터를 바꾸긴 하지만, 일단 적용된 규칙은 누구에게나 동일하게 작동한다.

둘째, 계좌 개설 방법과 접근성에 차이가 있다. 은행 계좌를 만들려면 신분증 제출, KYC, 주소·직장 정보, 심지어 국가별 제재 리스트까지 통과해야 한다. 특정 국가는 아예 계좌 개설이 불가능하기도 하다. 디파이 은행에는 이런 절차가 없다. 지갑을 만들고, 온체인에 접속할 수만 있으면 국적·직업·소득과 상관없이 예금·대출 기능을 이용할 수 있다. 이 점이 "금융 포용" 측면에서 장점이지만, 동시에 규제 입장에서는 자금세탁·불법 자금 흐름에 대한 우려로 이어지기도 한다.

셋째, 자산 보관 방식과 책임 소재가 다르다. 전통 은행에서는 예금을 은행이 대신 보관하고, 예금자 보호 제도 등이 작동한다. 은행이 망해도 일정 한도까지는 국가가 보호한다는 암묵적·명시적 안전망이 있다. 반면 디파이에서는 사용자가 직접 지갑을 관리하고, 자산은 스마트 컨트랙트 주소에 잠겨 있다. 단 이 방식의 경우 "카운터파티counterparty 리스크를 줄인다"는 장점과 "내가 잘못하면 누구도 대신 책임지지 않는다"는 단점이 동시에 존재한다. 개인키를 잃어버리면 되찾을 방법이 없고, 스마트 컨트랙트에 취약점이 있으면 해킹으로 자산을 잃을 수 있으며, 예금자 보호 제도도 없다.

넷째, 이자율이 결정되는 방식이 다르다. 은행에서는 기준금리, 내부 ALM 위원회, 규제기관의 가이드라인 등이 복합적으로 작용하여 예금·대출 금리가 정해진다. 디파이 은행에서는 각 자산 풀의 수요·공급이 이자율을 직접 움직인다. 예치된 자산은 적은데 빌리려는 사람이 많으면 대출 이자가 올라가고, 반대로 여유 유동성이 넘치면 이자가 내려간다. 알고리즘이 자동으로 곡선을 따라 이자율을 조정하므로, 사용자는 "지금 이 풀은 자금이 부족한지, 넘치는지" 이자율에서 바로 읽을 수 있다.

다섯째, 투명성 차이가 나고 정보 비대칭이 있다. 전통 은행의 대차대조표, 유동성 포지션, 스트레스 테스트 결과는 규제기관과 일부 이해관계자만 자세히 볼 수 있다. 일반 고객은 공시와 언론 보도를 통해 간접적으로만 파악한다. 반면 디파이 은행의 상태는 대부분 온체인에 그대로 드러난다. 어떤 자산이 얼마나 예치되어 있는지(TVL), 각 풀에서 얼마나 대출이 나가 있는지, 담보 비율이 어떤 분포를 지니고 있는지, 전부 블록 탐색기나 대시보드에서 조회할 수 있다. "정보 접근성" 측면에서는 디파이가 훨씬 개방적이다. 다만, 이 정보를 해석할 능력이 있는지는 또 다른 문제다.

여섯째, 규제와 거버넌스의 방향성이 다르다. 은행은 중앙은행, 금융 감독기관, 예금보험기관의 규제를 받으면서 영업허가를 유지한다. 디파이 은행은 아직 규제 틀이 확립되지 않은 상태로 "코드가 법이다code is law"에 가깝게 돌아간다. 프로토콜 업그레이드, 파라미터 조정, 새로운 자산 상장은 거버넌스 투표를 통해 이뤄지는데 이 과정에서 토큰 보유자의 이해관계가 그대로 반영된다. 규제 당국이 개입하는 통로는 점차 만들어지고 있지만, 여전히 전통 은행과는 전혀 다른 속도로 움직인다.

스테이블코인까지 포함해 보면, 두 시스템은 이렇게 요약할 수 있다.

전통 은행

원화·달러 예금을 받아, 같은 통화 단위로 대출을 내보낸다.

디파이 은행

스테이블코인 예치를 받아, 같은 스테이블코인을 중심으로 다양한 레버리지·투자 구조를 만들어 낸다.

겉으로 보면 메커니즘은 매우 비슷해 보이지만, 다음 세 가지 축에서 완전히 다른 풍경을 만든다.

- 누가 운영하는가? (회사 vs 프로토콜)

- 누가 자산을 보관하는가? (은행 vs 사용자·컨트랙트)

- 누가 리스크를 떠안는가? (예금보험·국가 vs 사용자·거버넌스)

그래서 아베 같은 디파이 프로토콜을 "은행이 아니다"라고 말하기 어렵고, "은행과 똑같다"고 말하기도 어렵다. 다만 분명한 것은 스테이블코인을 중심으로 돌아가는 이 온체인 은행들이 예금·대출·이자·담보라는 전통 금융의 언어를 그대로 가져오면서도 그 규칙을 코드와 지갑, 퍼블릭 블록체인 위에 다시 쓰고 있다는 전이다.

메이커다오,
초과 담보 스테이블코인 발행과
온체인 중앙은행 역할

스스로 담보를 넣고
스테이블코인을 발행하는 DAI의 구조

메이커다오는 "스테이블코인을 어떻게 쓸 것인가"보다 한 단계 앞선 질문, 즉 "스테이블코인을 어떻게 만들 것인가"에 집중하는 프로토콜이다. 여기서 만들어지는 스테이블코인이 바로 DAI이다. DAI는 은행 계좌에 쌓인 예금이나 국채를 준비자산으로 두는 법정화폐형 스테이블코인과 달리, 온체인 담보를 기반으로 사용자가 스스로 발행하는 초과 담보 스테이블코인이다. 핵심 아이디어는 단순하다.

내가 담보를 넣고, 그 담보를 기반으로
내가 쓸 스테이블코인을 직접 찍어 낸다.

메이커 프로토콜Maker Protocol 안에서 사용자는 은행에 가서 달러 예금을 받는 대신, 자신이 들고 있는 ETH나 다른 자산을 담보로 맡기고 그 위에 DAI를 "대출받듯이" 새로 발행한다. 이때 담보를 넣는 그릇이 바로 볼트vault다. 볼트는 개인별 금고라고 보면 된다. 사용자는 지원되는 담보자산(ETH, wstETH, USDC, 각종 RWA 토큰 등)을 자신의 볼트에 예치하고, 그 담보 가치의 일정 비율 안에서 DAI를 생성한다. 이때 나오는 DAI는 누군가가 들고 있던 DAI를 빌려 오는 것이 아니라, 메이커 시스템이 새로 민팅minting하는 DAI이다.

사용자의 재무 상태를 단순히 정리하면 볼트 안에는 담보자산이 잠겨 있고, 지갑에는 새로 발행된 DAI가 들어오며, 동시에 "발행한 DAI만큼의 부채"가 생긴다. 담보는 자산, DAI는 부채인 셈이다. 나중에 사용자가 이 부채를 갚으면 담보를 다시 꺼내 갈 수 있다.

메이커다오의 중요한 원칙은 초과 담보다. 담보 비율이 100퍼센트를 겨우 넘는 수준으로는 허용하지 않는다. 담보 비율은 "담보 가치 ÷ 부채(발행된 DAI)"로 정의하고, 각 담보 유형마다 최소 비율을 정해 둔다. 예를 들어 어떤 ETH 담보 유형의 최소 담보 비율이 150퍼센트라면, 1,500달러 가치의 ETH를 넣었을 때 최대 1,000DAI 정도까지만 발행할 수 있다. 사용자는 이 한도 안에서 보통 조금 여유를 두고 DAI를 찍어 쓰고, 그만큼 자신의 볼트 안에 "초과 담보 버퍼"를 유지한다.

DAI를 발행한다는 것은 결국 메이커 프로토콜에서 스테이블코인을 빌려 쓰는 것과 같다. 그래서 여기에는 안정화 수수료stability fee라는 이자가 붙는다. 안정화 수수료는 담보 유형별 연 이자율로 설정되고, 사용자가 나중에 볼트를 정리할 때 "처음 발행했던 DAI＋그동안 쌓인 안정화 수수료만큼의 DAI"를 함께 상환해야 부채가 0이 된다. 이 안정화 수수료는 메이커 거버넌스가 조정하는 온체인 금리 역할을 한다. 수수료를 높이면 DAI를 빌려 쓰는 비용이 올라가서 공급 증가 속도가 느려지고, 수수료를 낮추면 발행이 촉진된다.

이렇게 금리를 조절하면서 DAI가 1달러 주변에서 거래되도록 통화량을 간접적으로 관리한다.

문제는 담보자산 가격이 항상 그대로 있지 않다는 점이다. ETH 가격이 크게 떨어지면 볼트 안의 담보 가치가 줄어들면서 담보 비율이 기준치 아래로 내려갈 수 있다. 메이커 프로토콜은 각 볼트의 담보 비율을 계속 추적하고 있다가, 담보 비율이 최소 비율 아래로 떨어지면 해당 볼트를 청산 대상으로 바꾼다. 청산이 일어나면 볼트에 잠겨 있던 담보 일부가 경매 등의 방식으로 시장에 팔리고, 그 대금으로 해당 볼트가 발행한 DAI가 상환된다. 볼트 주인은 페널티를 감수하고 남은 담보만 돌려받는다. 전통 금융의 마진콜·강제 청산과 비슷하지만, 이 과정 전체가 스마트 컨트랙트 규칙에 따라 자동으로 집행된다는 점이 다르다.

결국 DAI의 구조는 이렇게 정리할 수 있다.

- 사용자는 담보자산을 볼트에 넣는다.
- 담보를 바탕으로 자신이 쓸 DAI를 직접 발행한다. 발행한 순간 그 DAI는 부채가 되고, 나중에 DAI와 안정화 수수료를 함께 갚으면 담보를 되찾는다.
- 그사이에 담보 가격이 너무 떨어지면 청산 메커니즘이 작동해 시스템 전체의 건전성을 우선적으로 지킨다.

USDT·USDC처럼 중앙 발행사가 준비자산을 들고 일대일로 찍어 내는 구조와 달리, 메이커다오의 DAI는 "사용자가 직접 담보를 넣고, 직접 발행하는 초과 담보 스테이블코인"이라는 점에서 출발부터 차이가 있다. 이 설계 덕분에 메이커다오는 온체인에서 일종의 중앙은행과 비슷한 역할을 맡게 되고, DAI는 디파이 세계에서 "내가 담보를 넣고 내 통화를 찍어 쓰는" 대표적인 스테이블코인으로 자리 잡는다.

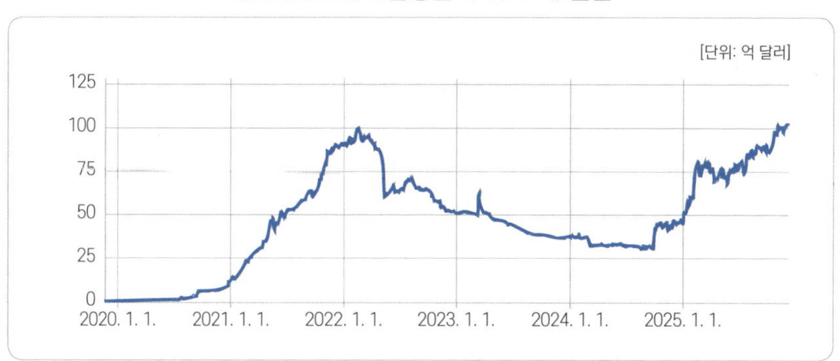

자료: RWA.xyz

DAI 세이빙 레이트와 온체인 통화정책

DAI의 구조가 "내가 담보를 넣고, 내 스테이블코인을 찍어 낸다"라면, 그다음 질문은 자연스레 이렇게 이어진다.

이 스테이블코인의 가치를 1달러 주변에서 어떻게 유지할 것인가?

메이커다오는 이 질문에 답하기 위해 온체인 버전의 통화정책 도구들을 설계한다. 그 가운데 가장 상징적인 장치가 DAI 세이빙 레이트Dai Savings Rate, DSR다. DSR의 기본 개념은 단순하다.

DAI 보유자가 원한다면,
DSR 컨트랙트에 DAI를 예치하고,
일정 비율의 이자를 온체인에서 자동으로 받는다.

전통 금융에 대입하면 'DAI 전용 적금 계좌'를 하나 만들어 놓고, 여기에 넣어 둔 DAI에만 별도의 예금 이자를 붙이는 셈이다.

여기서 중요한 것은 DSR이 단순한 혜택용 금리가 아니라, DAI 가격을 1달러 부근에 묶어 두기 위한 정책 레버라는 점이다. 메이커 거버넌스는 시장 상황에 따라 DSR을 올리거나 내린다.

DSR을 올리면, DAI를 들고 있고 싶은 사람이 늘고
DSR을 내리면, DAI를 굳이 들고 있을 이유가 줄어든다.

DAI 가격이 1달러 아래로 내려가려고 할 때는, DSR을 올려 "DAI를 사고 예치해 두면 꽤 괜찮은 이자를 준다"는 유인을 만든다. 그러면 시장에서 DAI를 사서 DSR 컨트랙트에 넣는 수요가 늘어나고, 그 과정에서 매수 압력이 생기면서 DAI 가격이 다시 1달러 쪽으로 올라오는 힘이 생긴다. 반대로 DAI 가격이 1달러 이상으로 올라가서 과열되면, DSR을 낮추거나 0에 가깝게 만들면서 "DAI를 들고 있어도 얻는 이득이

크지 않다"는 메시지를 보낸다. 그러면 굳이 DAI를 많이 들고 있을 이유가 줄어들고, 다른 자산으로 갈아타려는 움직임이 늘면서 가격이 식는다.

DSR은 단독으로만 작동하지 않는다. 메이커다오는 DSR과 함께 담보 유형별 안정화 수수료, 담보 한도, 청산 페널티 등 여러 파라미터를 동시에 조정하여 통화정책을 집행한다.

> 안정화 수수료를 올리면 DAI를 "찍어 쓰는" 비용이 올라가
> 공급이 줄어들고, DSR을 올리면 이미 발행된 DAI를 "들고
> 싶은" 수요가 늘어난다.

둘 다 DAI 공급·수요에 영향을 주지만 방향은 조금 다르다. 안정화 수수료는 "얼마나 많이 발행되는가"에, DSR은 "사람들이 발행된 것을 얼마나 오래 보유하려 하는가"에 더 가깝다. 메이커 거버넌스는 이 둘을 조합하여 DAI의 시가총액과 시장 가격을 조정하는 하나의 온체인 통화정책 세드를 만든다.

사용자 관점에서는 DSR이 훨씬 직관적이다.

- 지갑에 멍하니 있는 DAI를 DSR에 넣으면, 온체인에서 자동으로 이자가 붙는다.
- 금리가 높을수록 DAI를 그냥 들고 있는 것도 꽤 괜찮은 선택이 된다.

정책 관점에서는 다음과 같이 볼 수 있다.

- 중앙은행이 기준금리를 조정해 통화량과 물가를 조절하듯, 메이커다오는 DSR과 안정화 수수료를 조정해 DAI의 수요·공급과 가격을 조절한다.

차이점은 이 모든 것이 스마트 컨트랙트와 거버넌스 투표를 통해 공개적으로 이뤄진다는 점이다. 금리가 얼마인지, 언제 어떻게 바뀌었는지, DSR 컨트랙트에 총 몇 DAI가 예치되어 있는지 모두 온체인 데이터로 확인할 수 있다. 정리하면, DSR은 단순히 "DAI를 맡기면 이자를 주는 기능"이 아니다. DAI 보유자에게는 예금 수단이자 수익 기회이고, 메이커 프로토콜 입장에서는 DAI 수요를 조절하는 정책 금리이며, 전체 디파이 관점에서는 온체인에서 직접 구현된 통화정책 도구다.

앞서 본 담보·청산 구조가 "DAI를 어떻게 안전하게 만들 것인가"에 대한 답이라면, DSR과 각종 금리 파라미터는 "그 DAI를 어떻게 1달러 근처에서 안 흔들리게 운영할 것인가"에 대한 답이다. 이 두 층위를 합쳐 보면, 메이커다오는 단순한 대출 프로토콜을 넘어서 DAI를 매개로 작동하는 작은 온체인 중앙은행에 가까운 모습을 갖추게 된다.

담보가 코인에서 실물자산으로 확장되다

메이커다오의 담보 이야기를 시간 순서대로 살펴면, DAI가 왜 "온체인 중앙은행"에 가깝게 변해 갔는지 자연스럽게 보인다. 처음 DAI는 말 그대로 코인 담보 스테이블코인이었다. 초창기에는 ETH만 담보로 받는 구조에서 출발하여 이후 WBTC 같은 다른 크립토 자산들로 범위를 넓혀 왔다.

그런데 순수 크립토 담보만으로는 한계가 있었다. 시장이 크게 흔들릴 때 담보 가치 자체가 동시에 무너지는 구조였기 때문이다. 그래서 메이커다오는 다음 단계로, 법정화폐형 스테이블코인을 담보로 받아들이기 시작하였다. 특히 USDC를 페그 안정화 모듈Peg Stability Module, PSM을 통해 일대일로 교환하면서, DAI 공급의 상당 부분을 USDC 담보로 채우는 전략을 쓴 적도 있다. 이 시기에는 "DAI가 사실상 래핑된wrapped USDC 아니냐"는 비판이 나올 정도로 USDC 의존도가 높았다.

그다음 단계가 바로 실물자산(RWA)으로의 확장이다. 메이커다오는 단순히 USDC 같은 스테이블코인에 머무르지 않고, 다음과 같은 오프체인 자산을 토큰화하여 담보로 받기 시작한다.

- 미국 국채, 채권·단기 머니마켓펀드
- 은행 대출 채권
- 각종 인보이스, 프라이빗 크레딧

대표적인 사례가 MIP65로 알려진 모네탈리스 클라이즈데일Monetalis Clydesdale 거래(USDC를 단기국채·ETF에 투자), 펜실베이니아주 상업은행 헌팅턴 밸리 뱅크Huntingdon Valley Bank, HVB에 1억 DAI 신용 한도를 제공한 RWA 볼트, 블록타워BlockTower와의 미국 국채·크레딧 딜 등이다.

RWA를 온체인으로 끌어오는 과정은 단순히 "토큰 한 개 더 추가" 수준이 아니다. 메이커다오는 RWA 파운데이션RWA Foundation 같은 법인을 세워 전통 금융권에서 자산을 실제로 보유·운용하는 신탁사·은행과 계약을 맺고, 그 위에 온체인 볼트 구조를 얹는 방식을 사용한다. 온체인에서는 MKR 거버넌스가 파라미터와 한도를 결정하고 오프체인에서는 재단과 특수목적법인Special Purpose Vehicle, SPV이 그 결정을 집행하는 식으로, 온체인·오프체인 거버넌스가 연결된다.

메이커가 굳이 이런 복잡한 구조를 감수하면서까지 RWA를 담보로 들여오는 이유는 몇 가지로 정리할 수 있다.

- **안정적인 수익원과 페그 안정성:** 크립토 담보만으로는 시장이 침체할 때 수수료 수익이 급감한다. 반면 미국 국채나 은행 대출 채권은 비교적 안정적인 이자를 제공한다. 실제로 금리가 오른 이후 메이커 수익의 상당 부분이 국채·RWA 포트폴리오 이자에서 나오고 있으며, 이 수익의 일부는 DSR를 통해 DAI 보유자에게도 돌아간다.
- **담보 다각화와 시스템 리스크 분산:** ETH·BTC 같은 크립토만 담보로 두면, 온체인 시장이 한 번에 무너질 때 DAI도 같이 흔들린다. 반대로 모든 것을 USDC에 의존하면, 은행·발행사 리스크가 집중된다. RWA를 담보로 추가하면서, 크립토·법정화폐형 스테이블코인·오프체인 자산을 섞은 하이브리드 담보 구조를 만들려는 시도가 이어지고 있다.

물론 이런 확장은 트레이드오프tradeoff도 함께 가져온다. 메이커가 RWA 비중을 늘릴수록 오프체인 법인과 계약, 규제 환경, 은행·운용사

신용도에 대한 의존이 커지고 "완전 온체인, 완전 탈중앙"이라는 순수성은 일부 희석된다.

실제로 RWA 비중이 높아질수록 수익성은 좋아지지만, 온체인에서 바로 청산·아비트라지arbitrage를 하기 어려운 만큼 새로운 형태의 변동성과 거버넌스 리스크가 생길 수 있다.

그럼에도 불구하고 방향성은 분명하다. DAI는 다음과 같은 RWA가 뒤섞인 담보 바스켓 위에 서 있는 스테이블코인이 되었다.

- ETH·WBTC 같은 코인
- USDC 같은 법정화폐형 스테이블코인
- 미국 국채·프라이빗 크레딧·은행 대출 등

초기에는 "온체인 담보만 받는 실험적인 크립토 스테이블코인"이었다면, 지금의 DAI는 "온체인과 오프체인 자산을 함께 담보로 잡고, 양쪽 세계의 이자 수익과 리스크를 함께 관리하는 하이브리드 스테이블코인"에 더 가깝다. 이 변화가 바로, 메이커다오가 단순 대출 프로토콜을 넘어 실물자산을 끌어안은 온체인 중앙은행으로 진화하고 있다는 징후다.

스카이로 진화, 리브랜딩과 대형화 전략

메이커다오는 몇 년 전부터 '엔드게임Endgame'이라는 이름의 장기 계획을 추진해 왔다. 거버넌스가 복잡해지고, 브랜드는 개발자 중심으로 굳어지고, 사용자 경험(UX)은 점점 난해해지는 문제를 해결하겠다는 목표였다. 이 엔드게임 계획이 겉으로 드러난 결과가 바로 스카이 프로토콜Sky Protocol로의 리브랜딩과 DAI·MKR를 잇는 USDS·SKY 체계다. 2024년 8월 메이커다오는 공식적으로 스카이Sky라는 새 이름을 공표하였고, 같은 해 9월 새로운 스테이블코인 USDS와 거버넌스 토큰 SKY를 출시한다고 공식 발표하였다.

리브랜딩된 스카이 공식 웹사이트(sky.money)

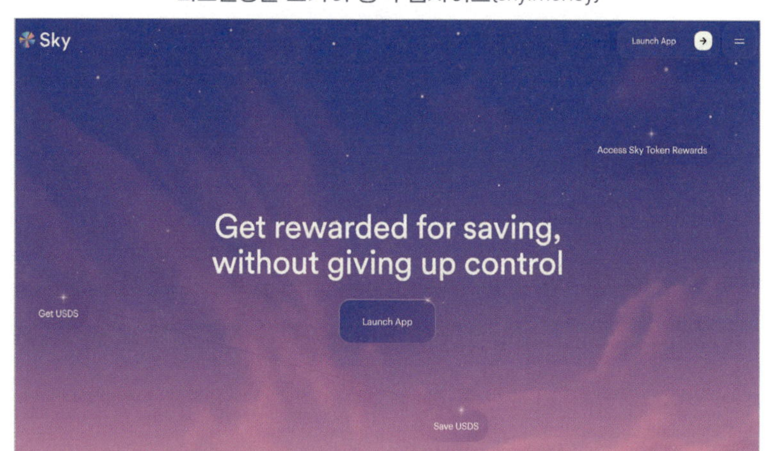

자료: Sky

이 과정에서 바뀐 것은 단순히 로고나 이름이 아니다. 스카이 체계의 핵심은 "같은 엔진＋다른 껍데기"에 가깝다. 기본적으로 메이커가 해오던 일, 즉 초과 담보 스테이블코인 시스템은 유지하되 바깥에서 보는 인터페이스와 브랜드와 토큰 구조를 전면 리뉴얼하는 방향이다. 그 상징적인 변화가 바로 다음의 업그레이드 경로다.

2024년 이후 DAI·MKR 보유자는 원하면 일대일로 DAI를 USDS로 업그레이드할 수 있고, MKR은 정해진 비율(1MKR=24,000SKY)에 따라 SKY 토큰으로 전환할 수 있도록 설계되었다. 업그레이드는 강제가 아니라 '선택'이라는 점도 강조된다.

SKY 스테이킹 후 USDS를 받는 화면

자료: Sky

USDS는 구조적으로 보면 "새로운 이름의 DAI"에 가깝다. 여전히 담보는 크립토 자산과 RWA를 섞어서 구성하고, 초과 담보·청산·수수료 구조도 메이커 시스템을 계승한다. 다만 스카이 측은 USDS를 대중 친화적인 브랜드로 포지셔닝하면서 "일반 사용자가 바로 이해할 수 있는 단순한 상품 표면"을 만들겠다고 강조한다. DAI라는 이름이 디파이 초창기에는 적합했지만, 이제는 "이게 뭔지 모르는 사람에게 설명하기 어렵다"는 판단이 깔려 있다.

통화정책 도구도 함께 새 이름을 얻는다. DAI 세이빙 레이트(DSR)는 스카이 세이빙 레이트Sky Savings Rate, SSR로 진화한다. DAI를 DSR 컨트랙트에 넣으면 이자가 붙었던 기존 구조가, 이제는 USDS를 SSR 모듈에 넣고 이자를 받는 구조로 옮겨 간다. 스카이 공식 웹사이트와 여러 분석 자료를 보면 SSR은 변동 금리로 운용되며, USDS 예치자는 sUSDS 형태의 토큰을 받으면서 시간에 따라 추가 USDS를 적립하는 방식이다.

여기에 더해 스카이 토큰 리워즈Sky Token Rewards 같은 보상 레일을 추가하여 USDS를 예치하면 SKY 보상, 기타 리워드 토큰 등을 함께 받을 수 있는 구조를 설계한다. SSR이 "이자"라면, 스카이 토큰 리워즈는 "장기 참여자에게 주는 인센티브" 성격이 강하다. 이는 단순히 스테이블코인을 발행하고 유지하는 수준을 넘어서, USDS를 중심으로 한 사용자 락인lock-in 구조를 만들겠다는 전략으로 읽을 수 있다.

대형화를 위한 전략도 명확하다. 스카이 측은 다음 사항을 동시에 추진하면서 "개발자만 쓰는 디파이 프로토콜"이 아니라 대중용 스테이블코인·저축 상품으로 확장하려고 한다.

- 멀티체인·L2 확장(스카이링크SkyLink 등으로 USDS를 여러 체인에 뿌리는 계획)

- RWA 기반 수익을 USDS·SKY 보유자에게 전달하는 구조

- 중앙화 거래소 상장(코인베이스, 주요 CEX 상장)

다만 2026년 시점에서 보면, 이 전략이 완전히 안착했다고 보기는 어렵다. USDS 유통량과 사용자 수가 스카이 측의 야심에 비해 다소 더디게 증가하고 있으며, 기존 DAI가 조용히 다시 쓰이기 시작하는 흐름도 포착되고 있다. 커뮤니티 내부에서도 리브랜딩과 새로운 토큰 구조가 혼란을 키웠다는 비판과 검열·규제 리스크에 대한 우려가 병존한다.

그럼에도 스키이(USDS)로의 전환은 분명한 방향성을 보여 준다. 메이커다오는 'DAI'라는 다소 개발자다운 이름에서 벗어나 보다 명확한 소비자용 브랜드(USDS, SKY)로 갈아타고, 기존 DSR·RWA 구조를 규모를 키우기 좋은 상품 표면 위에 다시 얹는 쪽을 선택한다.

초기 DAI가 "온체인 실험실에서 태어난 탈중앙 스테이블코인"이었다면, 스카이의 USDS는 같은 엔진을 기빈으로 "수조 단위까지 확장 가능한, 수익과 보상 레일이 붙은 대형 스테이블코인 시스템"을 지향한다. 이 리브랜딩과 토큰 개편은 단순한 이름 바꾸기가 아니라, 메이커다오가 다음 단계 도약을 전제로 설계한 대형화 전략의 공개 버전이라고 볼 수 있다.

리도, 스테이킹 자산과
스테이블코인을 잇는 다리

이더리움 스테이킹과 유동성 문제

이더리움이 지분증명Proof of Stake, PoS으로 전환되면서 "ETH를 스테이킹해서 보상받는다"는 개념은 이제 꽤 익숙한 표현이 되었다. 하지만 실제로 직접 스테이킹을 해 보려는 순간, 사용자는 여러 장벽을 마주하게 된다. 리도Lido가 등장하기 전에 먼저 이더리움 네이티브 스테이킹native staking이 어떤 구조이고, 왜 유동성 문제가 생기는지부터 짚고 넘어갈 필요가 있다.

가장 먼저 눈에 들어오는 장벽은 최소 32ETH라는 기준이다. 이더리움에서 직접 검증자validator를 운영하려면 32ETH 단위로 예치해야 하고, 각 검증자는 항상 온라인 상태로 블록 제안과 검증을 수행해야 한다. 오늘날 시세 기준으로 32ETH는 적지 않은 금액이다. 기술적으로도 항상 켜져 있는 노드, 클라이언트 업데이트, 키 관리 등을 감당해야 한다. 자본과 기술 역량을 모두 요구하는 구조라, "ETH는 조금 있는데 그냥 스테이킹으로 이자나 받고 싶다"는 다수의 개인에게는 맞지 않는 진입 장벽이다.

두 번째 문제는 유동성, 즉 자금을 묶어 둔다는 점이다. 네이티브 스테이킹을 하면 ETH는 검증자 예치deposit 컨트랙트에 들어가고, 검증 자가 언스테이킹 요청하기 전까지 자유롭게 쓸 수 없다. 상하이Shanghai 업그레이드 이후 출금이 가능해졌다고는 해도, 기본 전제는 "스테이킹된 ETH는 네트워크 보안을 위해 일정 기간 락이 걸려 있다"이다. 그동안 이 자산은 거래소에 보내서 매도하거나, 디파이에서 담보로 쓰는 것이 불가 능하다. 이더리움 커뮤니티에서도 이 지점을 "자본 효율capital efficiency" 의 문제로 자주 언급한다.

세 번째는 소액·중간 규모 보유자의 선택지가 애매하다는 점이다. 32ETH 미만을 가진 사용자는 직접 검증자를 돌릴 수 없으니 중앙화 거래소의 스테이킹 상품에 맡기거나, 여러 사람의 자금을 모아 검증자를 운영하는 풀에 참여해야 한다. 전자는 편하지만 완전한 수탁custodial 구조이고, 후자는 신뢰해야 할 운영 주체가 생긴다. 두 경우 모두 "내 ETH를 직접 온체인에서 컨트롤한다"는 감각에서는 멀어진다.

네 번째는 스테이킹된 자산을 다른 용도로 쓰지 못하는 기회비용이다. ETH를 스테이킹하면, 그 순간부터 그 ETH는 "네트워크 보안을 위해 묶인 자산"이 된다. 보상은 ETH로 쌓이지만 시장이 급등할 때 일부를 팔아 현금화하거나, 디파이 프로토콜에 담보로 넣고 스테이블코인을 빌리거나, 유동성 풀에 공급해 추가 수익을 얻는 것처럼 다양한 전략에 활용할 수 있는 "움직이는 돈"이 아니라 "잠자고 있는 채권"에 가까운 상태가 된다. 특히 디파이 사용자 입장에서는 이것이 상당한 제약이다. 담보로 쓸 수 없고, 교환도 안 되고, 거래도 안 되는 자산은 디파이 문법에서 보면 반쯤 밖에 나가 있는 셈이기 때문이다.

마지막으로 네이티브 스테이킹에는 기술 리스크와 슬래싱slashing 리스크도 따라붙는다. 검증자가 오랜 시간 오프라인 상태가 되거나 규칙을 어기는 방식으로 블록을 제안하면, 일부 지분이 잘려 나가는 슬래싱이 발생할 수 있다. 클라이언트를 잘못 설정하거나 키를 잘못 관리했을 때 생기는 리스크를 개인이 모두 떠안아야 한다. 이 역시 '그냥 ETH 들고 있는 사람'에게는 적지 않은 부담이다.

정리하면, 이더리움 네이티브 스테이킹은 다음 다섯 가지 축에서 제약을 가진다.

- 32ETH라는 자본 장벽
- 장기간 자산이 묶이는 유동성 문제
- 소액 투자자의 접근성 제한
- 스테이킹된 ETH를 다른 디파이 전략에 활용하지 못하는 비효율
- 기술 운영 부담과 슬래싱 리스크

리도가 등장하는 지점이 바로 여기다. 리도는 "스테이킹은 하되, 자산을 완전히 묶어 두지는 않을 수 없을까?" "32ETH가 없어도, 심지어 0.1ETH만 있어도 스테이킹에 참여하게 할 수 없을까?"라는 질문에서 출발한다. 이어서 리도가 이 문제를 어떻게 풀었는지, stETH라는 토큰을 통해 스테이킹 자산과 스테이블코인을 잇는 다리를 어떻게 만들었는지 살펴본다.

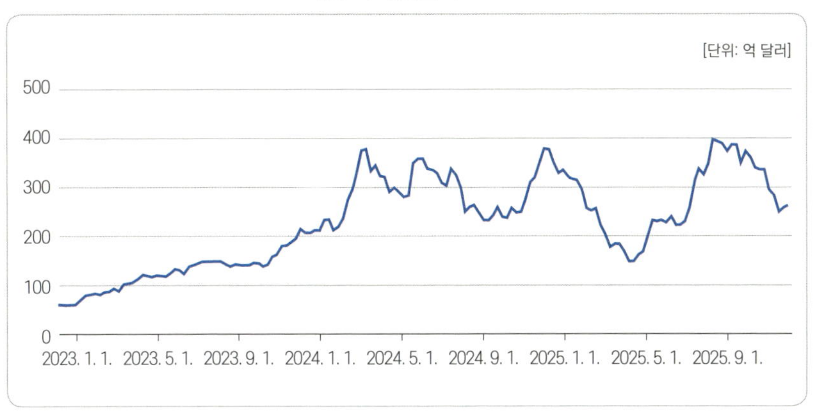

자료: TokenTerminal

stETH의 구조, 스테이킹 영수증이자 투자자산

리도가 풀고자 하는 문제는 간단하다.

ETH를 스테이킹해서 보상도 받고 싶은데,
굳이 자산을 꽁꽁 묶어두고 싶지는 않다.

여기서 등장하는 것이 stETH이다.

stETH는 "내가 리도에 맡긴 스테이킹 ETH에 대한 영수증"이면서,
동시에 "스테이킹 보상이 붙는 유동성 있는 투자자산"이다.

조금 더 순서대로 보면 이렇다. 사용자가 리도에 ETH를 예치하면, 리도는 이 ETH를 여러 검증자에게 나누어 스테이킹한다. 그 대신 사용자에게는 1ETH당 1stETH 비율로 토큰을 준다. 이 stETH는 단순히 "잘 받았습니다"라고 찍힌 종이가 아니라, "리도 풀 안에 들어 있는 전체 스테이킹 ETH 중에서 내가 차지하는 몫"을 보여 주는 토큰이다.

여기서 중요한 특징이 하나 더 있다. 스테이킹 보상이 stETH에 자동으로 반영된다는 점이다. 이더리움 검증자들이 블록을 제안하고 검증하면서 스테이킹 보상이 쌓이면, 리도는 일정 주기(보통 하루 단위)로 "이제 풀 안의 ETH가 조금 늘었다"는 사실을 반영한다.

사용자 입장에서 보면 결과는 아주 단순하다.

어제 지갑에 10stETH가 있었다면,

오늘 열었을 때 10.01stETH처럼 아주 조금 늘어나 있다.

따로 '보상받기' 버튼을 누르거나, 새로운 토큰을 청구하는 절차가 필요한 것이 아니다. 그냥 stETH를 들고 있기만 해도, 그 안에 스테이킹 보상이 서서히 쌓이는 구조다.

리도와 이더리움 커뮤니티는 stETH가 가능한 한 1ETH와 비슷한 가치를 유지하도록 설계한다. 기본적으로는 "1stETH ≈ 1ETH+그동안의 보상"이라는 감각을 지향한다. 다만 시장에서 거래될 때는 수요·공급에 따라 잠깐씩 할인(디스카운트)되거나 프리미엄이 붙을 수 있다. 그래도 큰 틀에서는 "ETH를 맡기면 stETH를 받고, 나중에 다시 ETH로 되돌릴 수 있다"는 흐름이 유지된다.

또 하나 중요한 점은 stETH가 그냥 평범한 토큰처럼 움직인다는 것이다.

- 지갑에서 친구 지갑으로 보낼 수 있다.
- 유니스왑 같은 DEX에서 사고팔 수 있다.
- 아베처럼 디파이 프로토콜에 담보로 넣을 수 있다.

이렇게 되면 stETH는 더 이상 단순한 '영수증'이 아니다. "스테이킹된 ETH+그 위에 자동으로 쌓이는 보상"을 합쳐서 하나의 유동성 있는 투자자산으로 만든 셈이다.

다만, stETH처럼 "잔고가 계속 조금씩 변하는 토큰"을 다루기 어려워하는 프로토콜도 있다. 그래서 리도는 stETH를 한 번 더 감싼 wstETH(래핑된 stETH)도 제공한다. wstETH는 양이 고정이고 안에서만 비율이 바뀌도록 만들어져 있어서, 숫자가 자꾸 바뀌면 곤란한 프로토콜에서는 주로 wstETH를 쓴다. 사용자는 필요에 따라 'stETH ↔ wstETH'를 서로 바꿔 가며 사용한다.

정리하면, stETH는 다음 세 얼굴을 동시에 가진다.

- 리도에 스테이킹한 ETH에 대한 지분 증명서
- 시간을 두고 보상이 자동 반영되는 수익형 토큰
- 디파이 여기저기를 돌아다닐 수 있는 유동성 있는 투자자산

바로 이러한 성격 덕분에, 다음에 살펴볼 'stETH + 스테이블코인' 조합이 다양한 디파이 전략의 기본 블록이 된다.

stETH와 스테이블코인의 조합

stETH의 진짜 재미는 이 토큰을 스테이블코인과 함께 쓸 때 드러난다. 스테이킹된 ETH를 나타내는 stETH는 "보상이 붙는 담보자산", 스테이블코인은 "가격이 고정된 대출 통화"라는 역할을 맡으면서 둘이 함께 디파이 전략의 기본 블록이 된다.

리도 공식 웹사이트(lido.fi) 메인 화면

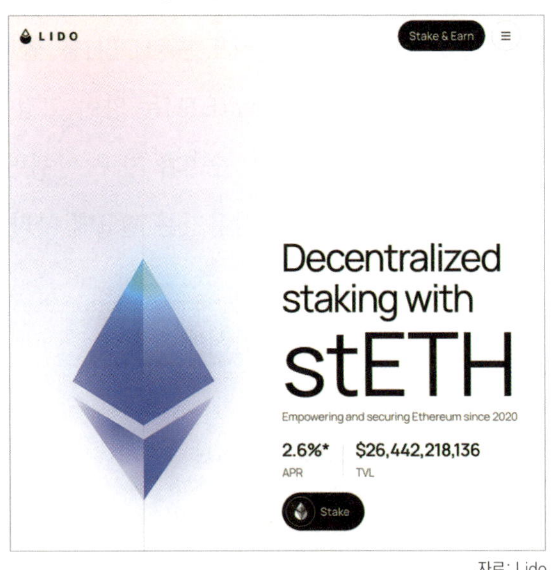

자료: Lido

가장 기본적인 조합은 "stETH를 담보로 스테이블코인을 빌린다"는 그림이다. 사용자는 ETH를 리도에 맡기고 stETH를 받은 뒤, 이 stETH를 아베 같은 렌딩 프로토콜에 예치한다. 그러면 이 stETH는 담보자산이 되고 그 위에서 USDC, DAI 같은 스테이블코인을 빌릴 수 있다. 중요한 점은 stETH가 담보로 묶인 동안에도 여전히 리베이싱rebasing을 통해 스테이킹 보상을 계속 받고 있다는 것이다. 즉, 사용자는 "ETH 가격 상승+스테이킹 보상"에 계속 노출된 상태에서, 스테이블코인이라는 대출 통화를 추가로 확보하여 다른 곳에 쓸 수 있다.

이 스테이블코인은 디파이 다른 풀에 예치할 수도 있고, CEX로 보내서 현금화할 수도 있고, 아예 다시 ETH를 사는 데 쓸 수도 있다.

리도의 실제 스테이킹 화면

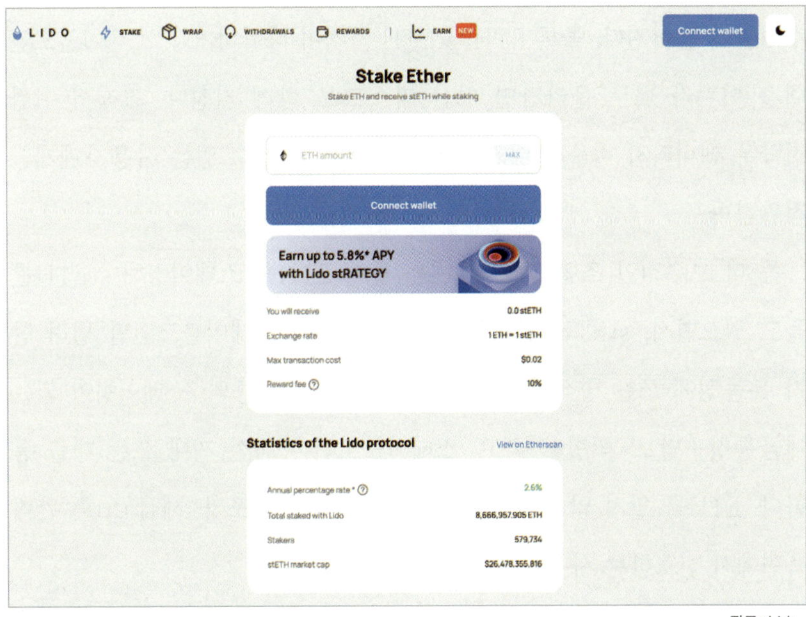

자료: Lido

조금 더 적극적인 사용자는 여기에 레버리지를 얹는다. 예를 들어 다음과 같은 루프를 생각할 수 있다.

① ETH를 리도에 스테이킹해서 stETH를 받는다.

② stETH를 아베에 담보로 예치한다.

③ 담보 가치의 일부만큼 ETH 또는 스테이블코인을 빌린다.

④ 빌린 ETH를 다시 리도에 맡겨 stETH를 더 받거나, 빌린 스테이블코인으로 ETH를 사서 다시 스테이킹한다.

⑤ 이 과정을 여러 번 반복한다.

이렇게 하면 "스테이킹 수익＋디파이 이자"가 여러 층으로 겹치면서 수익률이 높아진다. 물론 ETH·stETH 가격이 하락하거나, 스테이블코인 대출 이자가 너무 올라가면 청산 리스크도 함께 커진다. 그래서 이런 전략은 레버리지 비율과 마진을 신중하게 관리할 수 있는 사용자에게만 적합하다.

좀 더 보수적인 조합도 있다. 예를 들어 ETH를 스테이킹해 stETH를 들고 있으면서, stETH 일부를 담보로 소량의 스테이블코인만 빌려 단기 유동성에 쓰는 방식이다. 이 경우 stETH는 일종의 "스테이킹이 되는 예금통장＋담보" 역할을 하고, 스테이블코인은 잠깐 꺼내 쓰는 대출 통화다. ETH를 팔지 않고도 현금을 잠깐 만드는 구조라, 세금·노출 관리 측면에서 선호하는 사용자도 많다.

stETH와 스테이블코인의 조합을 요약하면 이렇게 정리할 수 있다.

- stETH는 "수익이 붙는 담보자산"
- 스테이블코인은 "그 담보를 담보로 빌리는 달러 통화"
- 두 자산을 연결하는 아베·유니스왑 같은 프로토콜은 다리 역할

리도 입장에서는 stETH가 디파이 곳곳에 퍼져 있을수록 ETH 스테이킹 풀의 영향력이 커지고, 디파이 입장에서는 "유동성이 묶이지 않는 스테이킹 담보" 덕분에 더 많은 전략이 가능해진다. 그리고 스테이블코인은 이러한 구조 안에서 대출 통화이자 레버리지 설계의 기준 단위로 다시 한번 중심에 서게 된다.

리도가 만들어 낸 새로운 리스크 지도

리도는 "스테이킹 자산을 유동화한다"는 문제를 상당 부분 해결했지만, 동시에 그진에는 없던 새로운 리스크 지도를 만들어 낸다. 이 리스크는 단순히 "이 서비스가 망하면 어떡하지?" 수준이 아니라, 이더리움 네트워크 전체와 스테이블코인·디파이까지 번질 수 있는 구조적 리스크라는 점에서 더 섬세하게 볼 필요가 있다.

첫 번째 축은 집중화 리스크다. 리도는 여러 검증자 세트를 묶어 풀을 구성하고, 누구나 ETH를 넣어 stETH를 받을 수 있게 만든다. 이 구조는 참여 문턱을 확실히 낮추는 장점이 있지만, 반대로 "리도를 통해 스테이킹되는 ETH 비중이 너무 커지는 것 아니냐"는 우려를 낳는다. 만약 이더

리움 전체 스테이킹 물량 중 리도가 차지하는 비율이 절반에 가까워진다면, 특정 거버넌스·정책 결정이 리도 풀에 과도하게 영향받거나 리도 내부 운영·오라클·업그레이드 문제 하나가 네트워크 전체 안정성에 영향을 줄 가능성까지 상상해야 한다. "개인 검증자 수천 명"으로 분산된 것 같지만, 그 위에 "리도"라는 공통 레이어가 한 겹 씌워지는 셈이다.

두 번째 축은 stETH 자체의 페그(가격) 리스크다. stETH는 설계상 "1stETH ≈ 1ETH + 보상"을 지향하지만, 시장에서 거래될 때는 수요·공급에 따라 괴리가 생길 수 있다. 2022년 약세장에서는 stETH가 한동안 ETH 대비 할인되어 거래되면서, 레버리지 전략을 크게 쓴 플레이어들이 청산 도미노를 맞기도 했다. 이때 드러난 리스크는 간단히 말하면 "언젠가 언스테이킹으로 1ETH를 돌려받을 수 있어도, 그 사이 시장에서 stETH를 팔 때는 손실을 볼 수 있다"는 점이다. 특히 stETH를 담보로 스테이블코인을 빌리고, 그 스테이블코인으로 다시 ETH를 산 뒤 재스테이킹하는 루프를 여러 번 돌린 상태라면 stETH 가격이 조금만 흔들려도 청산이 연쇄적으로 발생할 수 있다.

세 번째 축은 레버리지와 상호 연결 리스크다. 리도의 stETH는 단순히 '스테이킹 증서'에 그치지 않고 다음과 같이 쓰인다.

- 아베 같은 렌딩 프로토콜의 담보
- 유니스왑·커브 풀의 유동성 자산
- 리스테이킹 프로토콜(아이겐레이어 등)의 기초 자산

이 말은 곧, "하나의 자산(stETH)이 여러 레이어에서 동시에 레버리지의 기반이 된다"는 뜻이다. '스테이킹 → stETH → 디파이 담보 → 스테이블코인 대출 → 추가 투자 → 또 다른 레이어(리스테이킹 등)'로 이어지면, 어느 한 지점에서 문제가 생겼을 때 나머지 레이어로 충격이 전파되기 쉬운 구조가 된다. 디파이의 언어로 말하면 "합성된 리스크가 꼬리에 꼬리를 문 상태"다.

네 번째 축은 프로토콜·거버넌스·오라클 리스크다. 네이티브 스테이킹에서는 사용자가 직접 검증자를 운영하며 클라이언트 소프트웨어, 키 관리, 업그레이드 등을 책임지는 대신 중간 프로토콜 리스크는 적다. 리도 모델에서는 검증자 선정, 수수료 구조, 스테이킹 보상 분배, stETH 리베이스 로직, 오라클 업데이트 등 여러 화살표가 모두 "리도 프로토콜"을 통과한다. 거버넌스가 잘못된 결정을 내리거나, 오라클이 오류를 내거나, 컨트랙트 취약점이 발견될 경우 그 영향이 곧바로 수백만 개의 stETH와 그것을 담보로 대출된 스테이블코인 및 연동된 디파이 포지션으로 이어질 수 있다. 전통 금융에서 "대형 은행 하나가 시스템 리스크가 될 수 있다"는 말처럼, 디파이에서는 "리도 같은 대형 프로토콜 하나가 시스템 리스크를 기울 수 있다"는 것이다.

마지막으로 규제·정책 리스크도 무시하기 어렵다. 리도 자체는 탈중앙화를 지향하고 여러 나라에 흩어진 검증자 세트를 운영하지만, 실제 자금 흐름과 사용자 기반은 특정 관할권의 규제를 피할 수 없다. 만약 특정 국가나 규제기관이 "리도 기반 LST를 증권으로 본다"거나, 특정 주소·검증자를 제재 대상으로 올릴 경우 리도와 stETH를 받아들이는 디파이 프로토콜과 이를 담보로 스테이블코인을 빌려 가는 사용자 모두에게 파급 효과가 생길 수 있다.

정리하면, 리도가 만들어 낸 새로운 리스크 지도는 대략 이렇게 요약할
수 있다.

- 리도 비중이 커질수록 생기는 집중화 리스크

- stETH 가격과 페그에서 오는 시장 리스크

- stETH를 여러 레이어에서 레버리지의 기반으로 쓰면서 생기는 연쇄 청산·
  전이 리스크

- 리도 프로토콜 자체의 거버넌스·오라클·스마트 컨트랙트 리스크

- 규제 환경 변화에 따른 정책 리스크

그럼에도 많은 사용자가 리도를 선택하는 이유는 분명하다. "32ETH
가 없어도, 노드를 직접 돌리지 않아도, 스테이킹 보상을 받고 싶다"는 수
요가 그만큼 강하기 때문이다. 리도는 이 수요를 충족하는 동시에 디파
이 전반의 리스크 지형도 재구성한다. 스테이킹 자산과 스테이블코인을
잇는 다리를 만든 동시에 그 다리 위에 새로운 교통량과 정체, 그리고 사
고 가능성까지 함께 올려 둔 셈이다.

아이겐레이어, 리스테이킹 시대와 스테이블코인의 다음 단계

이미 맡겨 둔 신뢰를 한 번 더 쓰다

이더리움에서 스테이킹을 한다는 것은 "내 ETH를 네트워크 보안을 위해 맡기고 그 대가로 보상을 받는 계약"이다. 이미 한 번 '신뢰'를 예치한 셈이다. 아이겐레이어가 던지는 질문은 여기에서 출발한다.

이미 맡겨 둔 신뢰를, 이더리움 말고
다른 서비스 보안에도 같이 쓸 수는 없을까?

리스테이킹은 이 질문에 대한 답으로 등장한다. 사용자는 이더리움에 직접 스테이킹한 ETH나 리도 stETH 같은 LST를 들고 있는 상태에서, 이 자산을 다시 아이겐레이어 컨트랙트에 등록한다. 그러면 이 자산은 이더리움 합의 보안을 지키는 동시에, 아이겐레이어 위에 올라오는 여러 서비스(활성 검증 시스템Actively Validated Service, AVS)의 보안까지 함께 책임지는 담보가 된다. 오라클, 데이터 가용성 레이어, 롤업, 브리지* 같은 것이 여기에 해당한다.

대신 사용자는 보상도 한 층 더 쌓는다. 기본 이더리움 스테이킹 보상 위에 각 AVS가 지급하는 수수료·토큰·포인트 같은 추가 보상을 받는다. 같은 ETH 한 덩어리를 가지고 한 번은 이더리움에서, 또 한 번은 아이겐 레이어에서 두 겹으로 수익 흐름을 만드는 셈이다.

아이겐레이어가 노리는 방향은 수익 확대 하나만이 아니다. 새로운 서비스가 생길 때마다 그때그때 토큰을 만들어 "우리 토큰 스테이킹해 주세요, 검증자 세트 새로 꾸려 주세요"라고 하지 않고, 이미 거대한 규모로 존재하는 이더리움 스테이킹 자본을 공통의 보안 풀처럼 빌려 쓰게 하자는 발상이다. 이더리움이 만들어 놓은 신뢰를, 리스테이킹을 통해 여러 서비스가 공유하는 구조라고 보면 이해하기 쉽다.

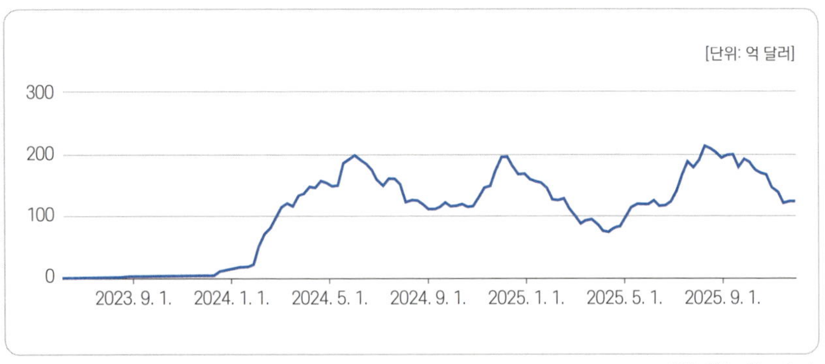

아이겐레이어의 TVL

자료: TokenTerminal

* 서로 다른 블록체인 간에 토큰이나 데이터를 이동시켜 주는 기술을 말한다.

다층 수익 파이프라인

리스테이킹이 디파이와 만나면, 자연스럽게 하나의 '파이프라인(LST → 리스테이킹 → 스테이블코인)' 그림이 그려진다. 출발점에는 LST가 있고, 그다음에 아이겐레이어, 그 위에 디파이, 마지막에 스테이블코인이 놓인다.

아이겐레이어 공식 웹사이트(app.eigenlayer.xyz) 메인 화면

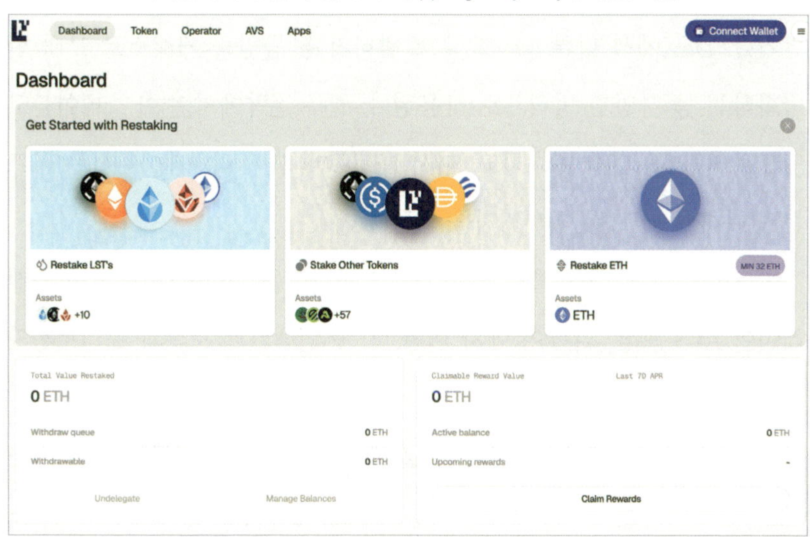

자료: Eigenlayer

우선 사용자는 리도의 stETH, 로켓풀Rocket Pool의 rETH 같은 LST를 보유한 상태에서 시작한다. 이 토큰은 이미 이더리움 스테이킹 보상이 반영되는 수익형 ETH다. 그다음 이 LST를 아이겐레이어, 혹은 아이겐레이어 위에 구축된 리퀴드 리스테이킹 프로토콜에 예치한다. 이때 "리스테

이킹 포지션"을 나타내는 새로운 토큰(LRT)을 발행하는 경우도 많다. 이렇게 되면 원래 한 번 스테이킹에 쓰이던 ETH가 이제 여러 AVS의 보안을 동시에 떠받치는 자산으로 재활용된다.

여기서 끝이 아니다. 사용자는 이 LST나 LRT를 다시 디파이 렌딩 프로토콜에 담보로 넣는다. 아베를 비롯하여 유사한 프로토콜들은 점점 더 이런 리스테이킹 토큰을 담보 리스트에 포함시키고 있다. 담보로 등록된 LST/LRT 위에서 사용자는 USDC, USDT, DAI 같은 스테이블코인을 대출받는다. 이 스테이블코인은 다시 다른 디파이에 예치하여 이자를 받거나, DEX에서 다른 자산으로 스왑하거나, 중앙화 거래소로 보내 현금화하는 등 다양한 방식으로 사용된다. 일부 전략에서는 이 스테이블코인으로 ETH를 다시 매수하고, 다시 LST로 바꾸어 리스테이킹하는 루프를 반복하여 더 높은 레버리지를 만든다.

한 덩어리의 ETH를 출발점으로 두고 이더리움 스테이킹 보상, 아이겐레이어 AVS 보상, 디파이 예치 이자, 각종 인센티브 토큰과 포인트까지 여러 층의 수익이 겹겹이 쌓인다. 그리고 이 모든 것을 비교·정산하는 기준은 결국 스테이블코인이다. 수익률을 말할 때도 "몇 퍼센트 APY, 몇 달러 수익"이라는 표현을 쓰고, 최종적으로 지갑에 남는 것도 대부분 스테이블코인이다.

이 파이프라인 안에서 스테이블코인은 대출 통화이자, 수익을 환산하는 기준 단위이고, 전략을 마무리할 때 들고나오는 최종 자산이다. 리스테이킹 구조가 복잡해질수록, 스테이블코인은 그 복잡한 수익 흐름을 "달러 기준으로" 단순하게 보여 주는 잣대가 된다.

연결이 길어질수록 커지는 시스템 리스크

리스테이킹은 자본 효율과 수익 측면에서는 매력적인 발상이다. 하지만 연결 고리가 길어지는 만큼 시스템 전체 리스크도 함께 커진다.

우선 슬래싱 리스크가 겹친다. 기존 이더리움 스테이킹에서는 특정 검증자가 장기간 오프라인이 되거나 규칙을 위반하면 그 검증자의 스테이크만 잘려 나간다. 리스테이킹 구조에서는 같은 스테이크, 같은 LST가 여러 AVS의 보안을 동시에 책임진다. 만약 어느 한 AVS에서 설계 미스, 버그, 공격 등으로 대규모 슬래싱이 발생하면 그 충격은 해당 AVS에만 머무르지 않고 그 위에 얹힌 리스테이킹 포지션 전체, 그리고 이를 담보로 삼고 있던 디파이 포지션에 그대로 전달된다.

여기에 LRT가 더해지면 이야기가 더욱 복잡해진다. 리스테이킹 포지션을 나타내는 LRT가 다시 디파이의 담보, 유동성 풀, 파생상품의 기초 자산으로 쓰이면서 하나의 원금 위에 여러 겹의 레버리지가 쌓인다. 어디까지가 "진짜 ETH"이고 어디까지가 그것을 여러 번 감싼 파생 토큰인지, 평소에는 구분하기 어렵다. 하지민 시장이 흔들리면 이 관계가 한꺼번에 드러난다. LST나 LRT 가격이 큰 폭으로 떨어지면 이를 담보로 잡고 발행된 스테이블코인 대출이 연속적으로 청산되고, 청산 물량이 시장에 쏟아지면서 다시 가격을 끌어내리는 식의 악순환이 일어날 수 있다.

스테이블코인은 이 사슬 안에서 항상 마지막에 등장한다. 담보 가치가 떨어지면 프로토콜은 담보를 팔아 스테이블코인 대출을 상환하고, 사용자의 포지션은 강제로 정리된다. 숫자상으로는 "스테이블코인 대출 포지션 청산"이지만, 실질적으로는 리스테이킹·LST·LRT 레이어에 걸쳐 있던 레버리지가 한꺼번에 줄어드는 디레버리징deleveraging이 일어나는 것이다.

또 다른 축에서는 거버넌스와 집중 리스크도 커진다. 아이겐레이어 자체의 설계나 정책, 특정 AVS에 대한 의존도가 커질수록 그 한 지점의 오류나 규제 이슈가 이더리움 스테이킹 풀과 디파이 전반에 파급될 가능성이 높아진다. 리스테이킹이 크면 클수록 "이더리움 합의 레이어가 외부 실패에 노출되는 면적" 역시 넓어진다는 지적이 나오는 이유가 여기에 있다.

정리하면, 리스테이킹과 아이겐레이어는 같은 스테이킹 자산으로 더 많은 수익과 유틸리티를 만들어 내는 구조인 동시에 스테이블코인·LST·LRT·AVS·디파이가 긴 사슬로 엮인 새로운 시스템 리스크 지도를 만들어 낸다.

스테이블코인 쪽에서 보면, 이 모든 사슬의 끝은 항상 "달러 표시 잔고"다. 수익도 손실도 청산도 결국 스테이블코인 숫자로 정리된다. 리스테이킹 시대에 스테이블코인은 단순히 변동성이 낮은 토큰이 아니라, 여러 레이어에 흩어진 수익과 리스크를 한눈에 계량하는 마지막 눈금 역할을 한다고 볼 수 있다.

'존재하는 토큰'에서
'실제 돈처럼 쓰이는 자산'으로

스테이블코인은 처음 등장했을 때만 해도 그저 "달러 가치에 연동된 토큰" 정도로 인식되는 경우가 많았다. 중앙화 거래소 내부에서만 쓰이는 숫자, 입출금을 편하게 해 주는 중간 매개체, 변동성이 큰 코인 사이에서 잠깐 피신해 있는 장소 같은 느낌에 가까웠다. 말 그대로 "존재는 하지만, 어디까지나 거래소 안에 갇혀 있는 토큰"이었다.

디파이가 등상하면서 이 위지가 딜라진다. 유니스왑에서 스테이블코인은 다른 자산과 교환되는 기본 환전 단위가 된다. 'ETH/USDC' 'WBTC/USDT' 같은 풀에서 스테이블코인은 온체인에서의 가격 기준점이 되고, 사용자는 "ETH가 몇 USDC인지"를 실시간으로 확인한다. 스테이블코인은 더 이상 "계정 잔고에 찍힌 숫자"가 아니라, 언제든지 다른 자산으로 바꿀 수 있는 교환 수단이 된다. 환전소 카운터 위에 올라온 달러 지폐에 가까운 역할이다.

아베에서는 스테이블코인이 한층 더 역할을 확장한다. 스테이블코인은 예금 통화이자 대출 통화로 쓰인다. 사용자는 USDC·DAI를 예치하고 이자를 받으면서 달러 예금을 굴리는 것과 비슷한 경험을 한다. 반대로 ETH·stETH 같은 자산을 담보로 맡기고 스테이블코인을 빌리면, 스테이블코인은 레버리지와 차익거래의 연료가 된다. "달러를 빌려 투자를 한다"는 전통 금융의 문장을 온체인에서는 "스테이블코인을 빌려 포지션을 만든다"는 문장으로 말하게 된다. 이 시점에서 스테이블코인은 단순 저장 수단을 넘어 대출과 투자 구조의 중심 통화가 된다.

메이커다오는 한발 더 나아가 "스테이블코인을 직접 만든다"는 차원에서 판을 넓힌다. 사용자는 ETH 등 담보를 넣고 스스로 DAI를 발행해 쓴다. 이는 중앙에서 준비금을 쌓아 두고 토큰을 찍어 내는 구조와 다르게, 사용자가 "내 담보를 기준으로 나만의 달러 토큰을 발행한다"는 경험이다. DAI는 이렇게 발행된 뒤 다시 유니스왑·아베 등 곳곳에서 사용되며 디파이 안에서 가치 저장, 교환, 단위의 기능을 동시에 수행하는 통화에 가까워진다. 스테이블코인은 이 과정에서 "그냥 달러를 흉내 낸 토큰"이 아니라, 담보와 통화정책까지 갖춘 온체인 화폐에 가까운 모습으로 성장한다.

리도와 아이겐레이어 같은 프로토콜이 등장하면서 스테이블코인은 또 다른 층위에 놓인다. stETH, LRT처럼 스테이킹·리스테이킹 자산이 디파이 곳곳에서 담보로 쓰일 때 그 위에 얹히는 대출 통화는 대부분 스테이블코인이다. 스테이블코인은 레버리지의 기준, 수익률을 계산하는 단위, 포지션을 청산할 때 남는 최종 잔고가 된다. 여러 레이어에 걸친 복잡한 전략도 결국 "달러·스테이블코인 기준으로 얼마나 벌었는가, 얼마나 잃었는가"라는 숫자로 정리된다.

이렇게 보면 디파이는 스테이블코인을 두 단계 변화시킨 토양이다.

처음에는 "그냥 존재하는 토큰"에 불과하던 것이 유니스왑에서는 교환 수단이 되고, 아베에서는 예금·대출 통화가 되고, 메이커다오에서는 스스로 발행하는 화폐가 되고, 리도·아이겐레이어와 결합하면서 복잡한 수익·리스크 구조를 측정하는 기준 통화가 된다.

정리하면, 디파이는 스테이블코인을 "있기만 한 토큰"에서 "실제 돈처럼 쓰이는 자산"으로 성장시킨 유년기의 놀이터다. 온체인 환전소, 온체인 은행, 온체인 중앙은행, 그리고 그 위에 쌓인 각종 프로토콜을 거치면서 스테이블코인은 단순한 달러 모사품이 아니라 디파이 경제 전체를 움직이는 기본 통화로 자리 잡는다. 디파이가 스테이블코인의 유년기라면, 이 유년기는 이미 "돈처럼 쓰인다"는 경험과 한께 성장을 끝내고 이제는 규제와 현실 금융을 향해 성인기로 나아갈 준비를 하고 있는 단계라고 볼 수 있다.

다음 3장에서는 중앙화 거래소를 통해 대중적 통화로 변모하는 과정을 이어서 설명하겠다.

청소년기를 맞은 스테이블코인: 거래소라는 중앙 무대에 진출하다

디파이에서 거래소로,
실험실을 벗어난 화폐

스테이블코인의 놀이터, 디파이

앞서 살펴본 것처럼 스테이블코인의 첫 무대는 탈중앙금융, 즉 디파이다. 디파이는 금융기관이나 정부가 개입하지 않는 상태에서 오직 스마트 컨트랙트라는 자동화된 코드에 의해 운영된다. 이 세계에서는 '신뢰'라는 개념을 사람이나 기관이 아닌, 알고리즘이 대신한다. 전통 금융에서는 거래를 승인하는 주체가 항상 존재한다. 은행 직원이 될 수도, 결제망 시스템이 될 수도 있고, 국가의 규제가 거래의 형태를 정의할 수도 있다. 하지만 디파이에서는 이러한 중개자 역할을 모두 코드가 대체한다. 따라서 디파이는 '중앙의 승인 없이도 스스로 작동하는 금융 실험실'이라고 할 수 있다.

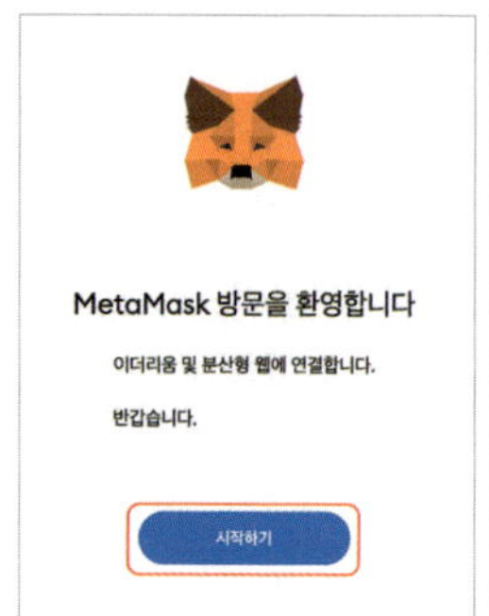

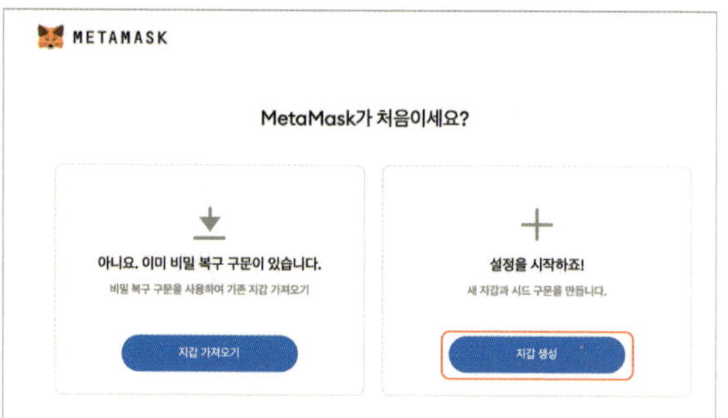

자료: MetaMask

디파이의 구조는 매우 매력적이지만 동시에 불친절하다. 사용자가 직접 암호화폐 지갑을 설치해야 하고, 지갑 설치 과정에서 생성되는 시드 문구는 오프라인에 백업해야 하며, 이 문구를 잃으면 영구적으로 자산을 잃을 수 있다. 지갑을 애플리케이션에 연결할 때마다 서명 요청이 반복되고, 트랜잭션을 전송할 때마다 가스비를 계산해야 한다. 이 과정은 마치 스스로 자산을 관리하는 것처럼 보이지만, 실제로는 높은 기술적 이해를 요구한다. 한 번의 실수로 트랜잭션을 잘못 보내거나 피싱 사이트에 지갑을 연결하기만 해도 자산이 순식간에 사라질 수 있다.

그럼에도 불구하고 디파이는 전통 금융이 제공할 수 없었던 혁신을 가능하게 만든다. 커브Curve의 스테이블코인 풀은 서로 다른 USD 기반 스테이블코인(USDT, USDC, DAI 등)을 거의 슬리피지 없이 교환할 수 있도록 설계되고, 이는 사용자에게 "현실에서는 어려운 완벽한 환전"경험을 제공한다. 메이커다오의 DAI는 담보를 예치해서 스스로 발행할 수 있는 구조로, 탈중앙 은행 모델의 초기 실험에 해당한다. 디파이가 제공한 자유로운 환경 덕분에 이런 모든 실험이 가능하였다.

디파이의 가장 큰 한계는 '대중성'이다. 아무리 구조가 뛰어나도 일반 사용자가 접근하기 어렵다면 화폐로서 기능하기 어렵다. 디파이는 실제 돈과 연결되어 있지 않고, 사용자 기반은 기술적 이해도가 높은 특정 집단에 머문다. 자유는 강력하지만, 소수에게만 주어진 자유다.

결국 스테이블코인이 더 큰 역할을 하기 위해서는 실제 금융 사용자 경험이 존재하는 곳으로 이동해야 한다. 바로 그 지점에서 스테이블코인이 마주한 두 번째 세계가 등장한다. 그것은 기술의 실험실이 아닌 사회적 공간이며, 전 세계 수천만 명이 매일 자산을 사고파는 무대, 바로 '거래소'다.

스테이블코인의 다음 무대, 거래소

스테이블코인은 디파이에서 설계되고 시험되지만, 화폐로서 성장하기 위해서는 '사람들이 실제로 사용하는 공간'으로 이동해야 한다. 거래소는 바로 그런 공간이다. 기술적 진입 장벽이 낮고, 원화·달러 같은 실물 화폐와 직접 연결되어 있으며, 대규모 유동성이 빠르게 형성된다.

첫째, 거래소는 대중성을 제공한다. 디파이에서는 지갑 설치와 가스비 계산 같은 과정이 필수지만, 거래소에서는 은행 계좌만 있으면 누구나 USDT를 매수할 수 있다. '로그인 → 입금 → 매수'까지 몇 번의 단계만 거치면 된다. 실제로 스테이블코인을 처음 사용하는 사람은 대부분 디파이가 아닌, 거래소에서 스테이블코인을 처음 만난다.

둘째, 거래소는 스테이블코인을 실물 화폐와 연결하는 유일한 관문이다. 디파이 안에서 얻은 수익을 원화나 달러로 바꾸기 위해서는 반드시 거래소를 거쳐야 한다. 즉 스테이블코인이 실생활 경제에 연결되는 첫 고리가 거래소라는 뜻이다.

셋째, 거래소는 압도적인 유동성을 제공한다. 디파이의 유동성 풀은 프로토콜마다 분산되지만, 거래소는 중앙 집중된 유동성 덩어리다. 스테이블코인이 거래소로 들어온 순간 가격의 기준 통화로 자리 잡는 것도 이 때문이다. 'BTC/USDT' 'ETH/USDT' 같은 거래쌍(페어)은 스테이블코인이 암호화폐 시장의 '가격 언어'를 담당하게 되었음을 보여준다.

이처럼 스테이블코인은 디파이의 실험실을 떠나 거래소라는 사회적 무대를 밟으며 본격적인 청소년기를 시작한다. 실험용 도구에서 대중적 화폐로 성장하는 과정이 이 무대에서 이루어진다.

디파이의 한계와 스테이블코인의 이동

디파이는 자유롭고 혁신적이었지만 스테이블코인이 더 큰 기능을 수행하기에는 여러 한계가 있었다. 첫째, 사용자 경험의 복잡성이다. 지갑 연결, 가스비 계산, 서명 과정 등은 초보자에게 난관이다. 이 구조는 기술적으로는 우수하지만, '화폐'로 사용되기에는 지나치게 어려운 방식이다.

둘째, 디파이는 실물 화폐와 연결되지 않는다. 디파이에서 얻은 수익을 원화·달러로 바꾸려면 결국 거래소를 거쳐야 한다. 즉 디파이는 스스로 완전한 화폐 생태계를 제공할 수 없다.

스테이블코인은 결국 하나의 결론에 도달한다.

기술의 세계에 머무를 것인가,
사람들의 세계로 나아갈 것인가.

스테이블코인은 후자를 선택한다. 그리고 선택의 순간부터 스테이블코인의 청소년기가 열리고, 거래소라는 사회적 공간에서 본격적인 구조적 성장이 시작된다.

스테이블코인이 디파이의 실험실을 떠나 처음으로 본격적인 사회 경험을 시작한 무대는 글로벌 중앙화 거래소다. 실제로 전 세계 현물 거래량과 방문자 수 기준 상위 거래소들은 공통적으로 스테이블코인을 핵심 기축통화로 사용하며 시장 구조를 설계해 왔다. 바이낸스Binance, 코인베이스, OKX, 바이비트Bybit는 글로벌 유동성과 이용자를 담당하는 대표적인 플랫폼이고, 한국에서는 업비트와 빗썸이 원화 기반 시장을 중심으로 독자적인 생태계를 구축해 왔다.

거래소별 전략과 규제 환경, 기축통화 구성은 서로 다르지만 상위 거래소들은 공통적으로 "스테이블코인을 기준 자산으로 삼는 구조"를 채택한다. 글로벌 거래소는 USDT·USDC를 중심으로 달러 기반 스테이블코인 마켓을 키워 왔고, 한국 거래소는 원화 마켓을 중심에 두면서 제한적 방식으로 스테이블코인을 도입하였다. 이 차이는 스테이블코인이 청소년기에 어떤 기능을 우선하여 배우는지, 그리고 성인기에 어떤 역할을 하게 되는지를 가르는 중요한 분기점이 된다.

여기에서 다룰 주요 거래소를 정리하면 다음과 같다.

거래소별 규모(사용자 기반, 자산, 시장점유율 반영)
(2025. 11. 30. 기준)

거래소	24시간 거래량	시가총액(추정)	주요 강점
바이낸스	66억 9,000만 달러 (19.16%)	1,203억 1,000만 달러 (BNB)	글로벌 점유율, 최대 사용자층
코인베이스	10억 1,000만 달러 (2.89%)	735억 6,000만 달러 (COIN)	미국 상장사, 높은 신뢰도
바이비트	14억 6,000만 달러 (4.19%)	200억~300억 달러	파생상품 강세, 기관 서비스
업비트	3억 3,763만 달러 (0.97%)	12조 3,000억 원	절대적인 국내 시장점유율
빗썸	2억 327만 달러 (0.58%)	7,000억 원	국내 점유율 2위, 공격적인 마케팅

자료: Cryptorank, CoinMarketCap

3장의 구성은 이 표에 따라 진행된다. 먼저 바이낸스·코인베이스·바이비트를 통해 글로벌 거래소가 스테이블코인의 청소년기에 어떤 역할을 했는지 살펴보고, 이어서 업비트와 빗썸의 사례를 통해 동일한 자산이 한국 시장이라는 특수한 울타리 안에서 어떻게 전혀 다른 성장 경로를 밟게 되었는지 분석한다. 글로벌 무대와 한국 무대의 차이는 이후 성인기(각국 규제와 제도권 편입)를 이해하는 데 중요한 전제 조건이 된다.

글로벌 거래소의 세계에
등장한 스테이블코인

바이낸스, 유동성의 제국

바이낸스는 스테이블코인이 청소년기에 경험한 여러 무대 가운데 가장 거대한 영향력을 발휘한 공간이다. 스테이블코인은 디파이라는 실험실에서 탄생하였지만, 바이낸스라는 대규모 시장 구조 속에서 비로소 '가격의 언어' '유동성의 의미' '금융상품으로서의 가능성'을 학습하였다. 바이낸스는 단순히 스테이블코인을 지원한 거래소가 아니라, 스테이블코인의 사회적 역할과 실질적 기능을 확장한 플랫폼이었다. 스테이블코인이 청소년기에 어떤 문화를 배우고, 어떤 행동 양식을 익혔는지 분석할 때 바이낸스를 중심에 두지 않고는 그 서사가 성립되지 않는다.

바이낸스가 스테이블코인을 성장시킨 가장 중요한 요소는 그 압도적인 거래량과 사용자 기반이다.

코인마켓캡 바이낸스 거래량 및 방문 수
(2025. 11. 22. 기준)

최고의 암호화폐 현물 교환

CoinMarketCap은 트래픽, 유동성, 거래량 및 보고된 거래량의 정당성에 대한 신뢰도를 기준으로 거래소의 순위를 매기고 거래량을 파악합니다. 더 읽기

스팟   파생상품   DEX (현물)   DEX (파생상품)   Deposit/Withdrawal   Fiat Supported

#	거래소	Trading volume(24h)	평균 유동성	주별 방문	페어 수	# 순위	지원 화폐	거래량 그래프 (7일)
1	Binance	₩30,259,988,949,419	897	10,992,352	2239	607	ARS, AUD, BRL and +86 more	
2	Coinbase Exchange	₩5,547,302,280,948	790	37,251	479	348	USD, AED, ARS and +61 more	
3	Upbit	₩4,949,712,417,879	504	1,780,385	659	300	KRW	
4	Bybit	₩5,397,795,785,955	686	3,298,429	1253	717	BRL, CHF, CZK and +72 more	
5	OKX	₩4,128,403,900,703	758	4,617,692	989	358	EUR, BRL, AUD and +3 more	

자료: CoinMarketCap

코인마켓캡에 따르면, 바이낸스는 전 세계에서 가장 많이 방문하는 암호화폐 거래소다. 새로운 화폐가 신뢰를 얻는 데 중요한 요인 중 하나는 '이용자 수'다. 바이낸스는 스테이블코인을 수억 명의 사용자에게 반복적으로 노출하였고, 이 과정은 스테이블코인을 '디지털 달러'처럼 인식하게 하는 강력한 사회적 학습 효과를 만들어 냈다.

바이낸스가 USDT를 도입한 첫 거래소는 아니다. USDT는 2015년 비트파이넥스에서 처음 상장되었다. 그러나 바이낸스는 2017년 USDT 거래쌍을 도입한 이후 스테이블코인 거래를 폭발적으로 확장한 대표적인 거래소다. 특히 바이낸스는 BTC·ETH·BNB 마켓을 유지하면서도 스테이블코인 거래쌍을 대거 늘려 자연스레 사용자에게 스테이블코인을 '가격의 기본 단위'로 인식시키는 구조를 만들었다. 글로벌 데이터업체 카이코Kaiko는 2023년 보고서에서 바이낸스 현물시장에서 스테이블코인 기반(특히 USDT 기반) 거래쌍이 매우 높은 비중을 차지한다고 분석하였다.

이는 특정 코인의 인기 때문이 아니라, 바이낸스가 시장 설계를 스테이블코인 중심으로 재편해 온 구조적 결과다. 사용자는 자동으로 BTC 가격을 USD나 원화로 환산해 보는 대신, 'BTC/USDT'라는 표기 체계 속에서 가격을 이해하게 된다. 가격 언어 자체가 스테이블코인으로 정렬된 것이다.

바이낸스는 단순히 스테이블코인을 많이 상장한 플랫폼이 아니라, 시장 구조 전체를 스테이블코인 기준으로 재정렬한 거래소다. 사용자가 가격을 인식하는 방식, 거래를 체결하는 방식, 포트폴리오를 구성하는 방식, 위험을 관리하는 방식 모두가 스테이블코인 중심으로 변화한다.

바이낸스가 스테이블코인을 시장 구조 중심에 배치한 또 다른 영역은 파생상품이다. 파생상품 시장은 현물시장보다 거래량이 훨씬 크고, 시장 전체의 가격 형성에 미치는 영향도 깊다. 글로벌 분석기관 CC데이터CCData는 최신 보고서에서 "바이낸스는 파생상품과 현물시장을 모두 합친 총거래 점유율에서 장기간 1위를 차지하는 플랫폼"이라고 밝히기도 하였다. 파생상품 시장에서 어떤 자산이 기준 통화를 맡느냐는 시장 전체의 구조를 좌우하는 문제인데, 비이낸스는 이 자리를 스테이블코인에게 맡겼다.

바이낸스 선물거래 인터페이스에 들어가면 'USDT-M'이라는 표기가 가장 먼저 눈에 띄는데, 여기서 M은 "마진드Margined(증거금 기반 거래)"을 의미한다. 사용자는 포지션을 열 때 USDT를 증거금으로 예치하고, 이익과 손실(PNL)도 USDT로 계산된다. 전통 금융에서 이런 역할을 수행하는 자산은 보통 현금 또는 국채였다. 그런데 바이낸스는 스테이블코인을 표준으로 사용하였고, 사용자들은 이를 자연스럽게 받아들였다. 스테이

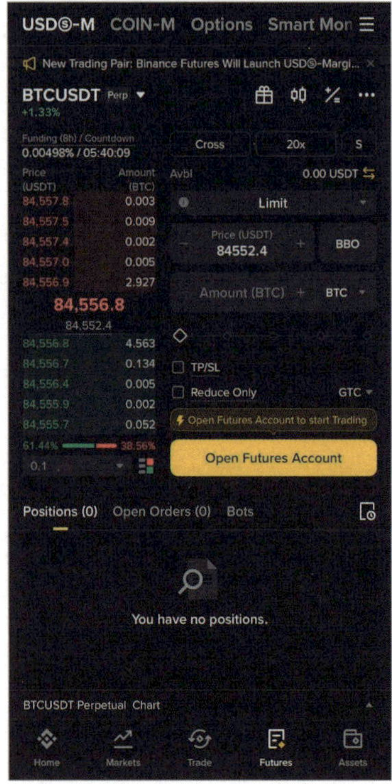

바이낸스 선물거래 화면

자료: Binance

블코인은 단순히 안전자산이나 회피 수단이 아니라, 금융상품의 핵심 기능을 수행하는 기초 자산으로 성장한다.

바이낸스가 스테이블코인을 파생상품의 중심에 둔 이유는 단순한 기술적 편의성을 넘는다. 파생상품 시장의 구조는 유동성 공급자(마켓 메이커), 거래자, 헤지펀드, 펀딩레이트 알고리즘 등 다양한 요소가 결합하여 만들어지는데 이 구조가 스테이블코인으로 정렬되면 시장 내부의 위험관리 방식이 통일된다. 이는 결과적으로 거래소 전체의 가격 안정성을 높인다. 비트코인을 증거금으로 사용하면 가격 변동성이 청산과 손실을 유발할 수 있지만, 스테이블코인을 사용하면 이러한 위험이 크게 줄어든다. 이처럼 바이낸스는 스테이블코인을 중심에 둔 시장 구조를 만들면서 스테이블코인이 '금융 안정성'이라는 새로운 기능을 갖게 하는 데 기여한다.

바이낸스의 '심플언Simple Earn' 상품을 통해서도 사용자는 스테이블코인을 단순히 보관하는 자산이 아니라 '수익을 주는 디지털 현금'처럼 이해하기 시작한다. 심플언은 '바이낸스 언Binance Earn' 안에 포함된, 간편하고 자동화된 금리 상품이다. 예금과 유사한 구조를 제공하는데, USDT나 USDC를 예치하면 일정 비율의 수익을 받을 수 있는 방식이다. 현재 바이낸스 공식 페이지에 공개된 금리를 보면 연 야 4~8퍼센트 수준

바이낸스 심플언

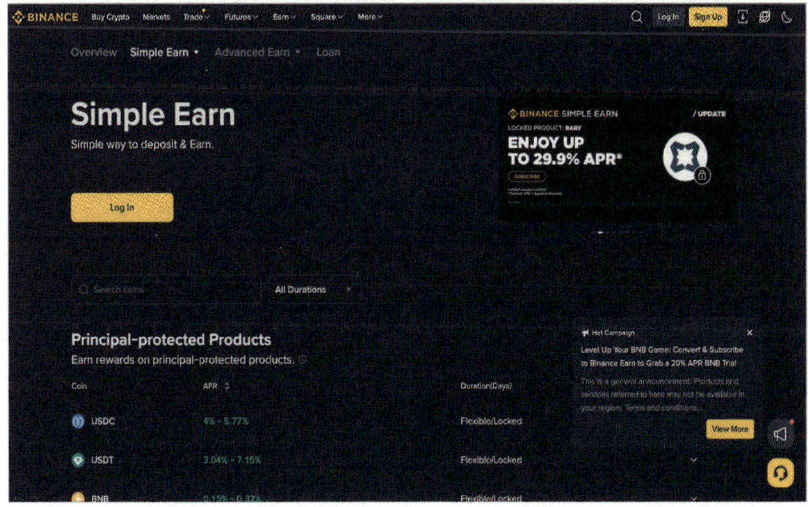

자료: Binance

의 변동 금리를 제공한다. 사용자가 감내해야 할 기술적 복잡성은 오히려 줄고, 스테이블코인은 '쉬운 금융상품'으로 인식된다.

　스테이블코인이 바이낸스에서 경험한 가장 혁신적인 변화는 RWA 기반 스테이블코인의 등장이다. 바이낸스는 2025년 RWUSD라는 새로운 개념의 스테이블코인을 출시하였는데, 이는 기존의 "1달러 가치 고정형" 스테이블코인과 달리 미국 단기국채(T-Bill)에 기반한 수익형 구조를 가진다. RWUSD 공식 페이지에는 '원금 보호principal protected' '일일 수익 지급' '참고 수익률(APR)' 같은 문구가 명확하게 제시된다.

바이낸스 RWUSD 화면

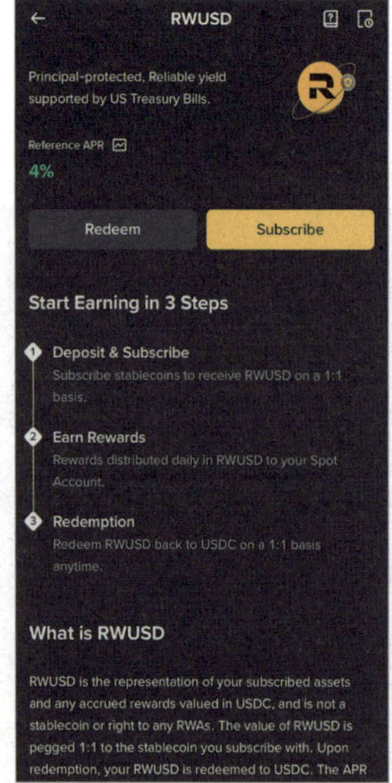
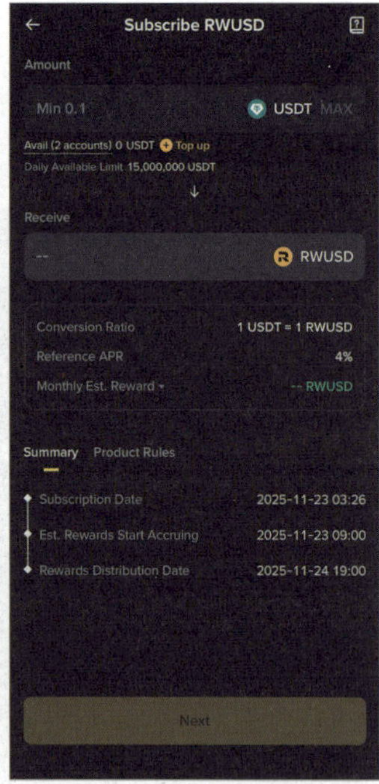

자료: Binance

이 구조는 전통 금융의 머니마켓펀드(MMF)와 유사한 기능을 수행하지만, 접근성과 사용성이 훨씬 좋다. 사용자는 국채를 직접 매수할 필요 없이 그냥 RWUSD를 보유하기만 해도 자동으로 국채 기반 수익을 받는다.

스테이블코인을 중심으로 한 결제·송금 기능을 강화한 '바이낸스 페이Binance Pay'는 또 다른 중요한 변화로, 스테이블코인이 '생활 경제'로 넘어갈 가능성을 보여 준다. 바이낸스 페이는 온체인 전송이 아닌 내부 장부 기반의 즉시 송금 기능을 제공하는데, 이는 은행의 계좌 이체와 동일한 구조다. 수수료는 0이고, 전송 속도는 몇 초 이내이며, 국경의 제약도 없다. 바이낸스는 사용자들에게 이 기능을 활용하여 일상에서 스테이블코인을 결제수단처럼 사용할 수 있도록 한다. 이것은 스테이블코인이 단순

바이낸스 페이, 전국 가맹점 2,000만 개 돌파
(2025. 11. 17. 기준)

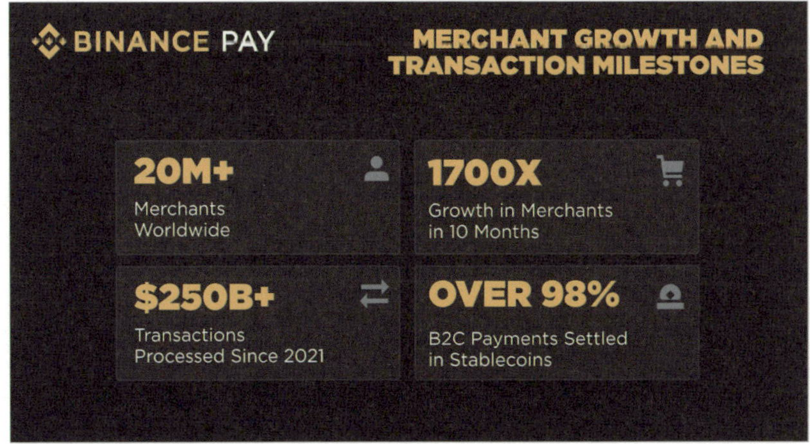

자료: Binance

한 투자 수단을 넘어 결제수단으로 확장될 수 있음을 보여 주는 지표다.

바이낸스가 스테이블코인을 중심으로 시장을 재편한 결과, 스테이블코인은 이제 암호화폐 시장의 기본 언어가 되었다. 이는 디파이 생태계에서는 불가능했던 수준의 사회적 학습을 가능하게 한다. 스테이블코인이 청소년기에서 한 단계 더 성숙하는 데 필요한 금융적 기반·사용성 기반·유동성 기반·사회적 기반은 모두 바이낸스에서 형성되었다고 해도 과언이 아니다.

동시에 바이낸스의 이 구조는 규제 측면에서 중요한 질문을 던지기도 한다. 스테이블코인이 시장의 기준 자산이 되면서 발생하는 시스템 리스크가 그중 하나다. 만약 USDT 준비금에 문제가 생긴다면, 바이낸스 시장 전체가 즉각적으로 영향받을 수 있다. 이는 시장의 안정성 측면에서 스테이블코인이 갖는 가장 강력한 그림자다. 미국과 유럽의 규제기관이 스테이블코인의 준비금 구성과 투명성을 강하게 요구하는 이유는 바로 이 부분과 관련된다. 바이낸스는 이러한 위험을 분산하기 위해 FDUSD, USDC, RWUSD 등 다양한 스테이블코인을 상장하고 있지만, 시장의 중심축은 여전히 USDT다. 스테이블코인이 청소년기에서 겪는 이 위험은 성인기의 규제 환경에서 해결해야 할 중요한 과제가 될 것이다.

스테이블코인은 바이낸스라는 무대에서 다양한 능력을 갖추었고, 이제 다음 단계로 넘어가야 한다. 바이낸스는 스테이블코인의 청소년기를 가장 역동적으로 만든 무대였으며, 스테이블코인이 성인기로 넘어가기 직전 가장 중요한 배움의 공간이다.

코인베이스, 신뢰를 배우는 학교

코인베이스는 스테이블코인이 사회로 나아가기 위해 반드시 거쳐야 하는 '신뢰의 학교'다. 바이낸스가 스테이블코인에게 속도와 유동성을 가르친 곳이라면 코인베이스는 스테이블코인에게 규칙, 투명성, 그리고 "믿을 수 있는 돈처럼 보이는 법"을 가르치는 공간이다. 돈은 기술보다 신뢰를 통해 확산한다. 사람들은 안정감을 느끼지 못하는 돈을 일상에서 쓰지 않는다. 그러므로 스테이블코인이 사회적 화폐로 성장하기 위해서는 누군가 신뢰의 기반을 만들어 줘야 한다. 그 역할을 가장 일관되고 세련된 방식으로 수행하는 곳이 코인베이스다.

코인베이스는 미국 사용자들이 중요하게 생각하는 '신뢰 우선' 문화를 기반으로 성장하였다. 미국의 암호화폐 사용자는 단순히 빠른 거래나 높은 수익보다 규칙을 준수하고, 자산을 안전하게 보관하며, 투명하게 운영되는 플랫폼을 우선시한다. 코인베이스는 초창기부터 미국의 주요 라이선스를 확보하며 "규칙을 지키는 거래소"라는 정체성을 구축하였다. 이러한 운영 철학은 사용자에게 코인베이스를 '암호화폐 은행'처럼 느끼게 만든다. 스테이블코인이 사회적 신뢰를 배우는 과정에서 코인베이스는 교사가 된다.

특히 코인베이스는 스테이블코인 중에서도 USDC의 성장을 돕는 핵심적 존재다. 서클은 매달 외부 회계법인의 검증 보고서를 공개하며 준비금 구성을 투명하게 밝힌다. 초보자는 "은행 계좌에 현금과 국채가 그대로 있다"는 설명만으로도 안정성이 직관적으로 이해된다. 이러한 구조는 USDC를 '가장 투명한 출생을 가진 스테이블코인'으로 인식하게

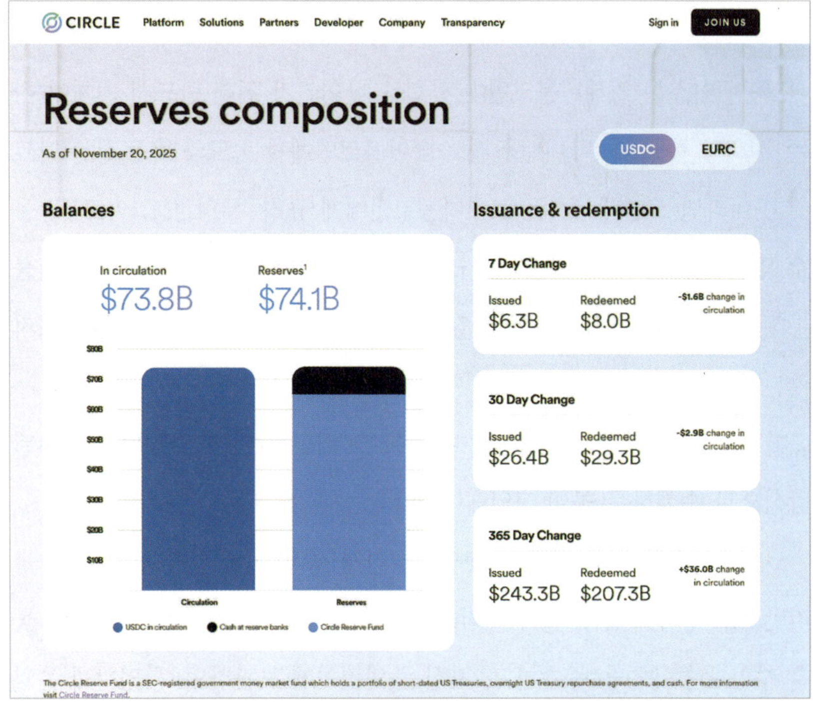

자료: Circle

하고, 코인베이스는 그 인식을 사용자 경험에 그대로 반영한다.

코인베이스가 스테이블코인을 대중에게 아주 자연스럽게 소개하는 방식은 '단순함'이다. 디파이에서는 스테이블코인을 사용하기 위해 지갑 연결, 네트워크 선택, 가스비 지불 같은 단계를 거쳐야 한다. 초보자에게는 이러한 과정이 장벽이다. 그러나 코인베이스는 복잡성을 제거한다. 'Convert to USDC' 기능이 대표적이다. 사용자는 USD를 입금한 후 클릭 한 번만으로 USDC로 전환할 수 있다. 가스비도 없고, 네트워크도 선택하지 않는다. 이 기능은 스테이블코인을 처음 접하는 사용자를 자연

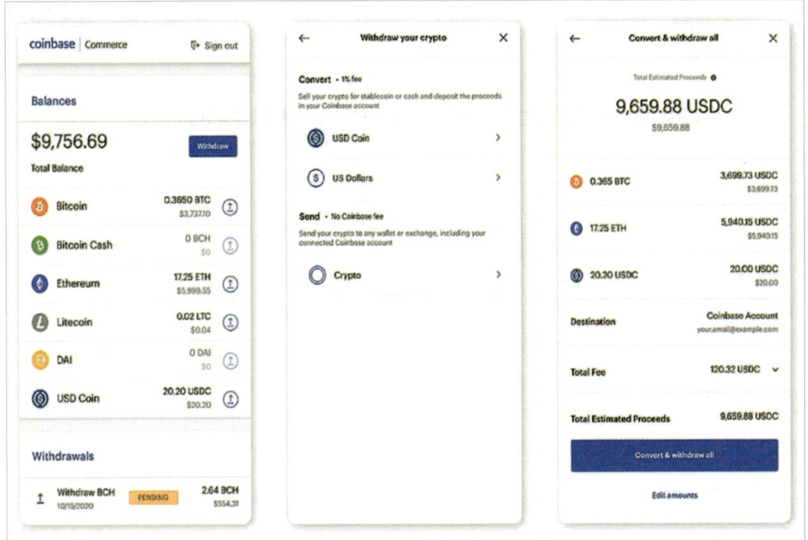

자료: Coinbase

스럽게 유도하는 진입로이며, 스테이블코인을 일종의 '디지털 은행 잔액'처럼 느끼게 만든다.

코인베이스의 또 다른 특징은 사용자의 불안 심리를 줄이는 방식으로 설계된 UX(사용자 경험)다. 스테이블코인을 처음 접하는 사람은 '이 디지털 돈이 정말 안전한가?'라는 의문을 품기 마련인데, 코인베이스는 이러한 불안을 최소화하는 방향으로 화면 구성·기능 동선·정보 제공 방식을 설계한다. 이는 단순히 보기 좋다는 의미가 아니라, 스테이블코인의 안정성을 사용자의 눈으로 직접 확인할 수 있게 만드는 디자인 철학이다.

예를 들어 코인베이스는 USDC를 보유할 때 가장 먼저 보이는 화면에 가치 변동 차트를 크게 띄워 두지 않는다. 대신 "USDC = 1USD"라

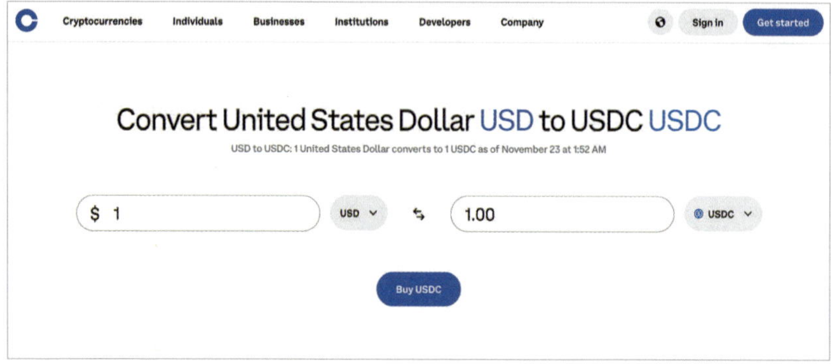

자료: Coinbase

는 고정성을 전면에 띄우고, 그 아래에서 가격 변동 기록을 확인할 수 있도록 구성한다. 이는 초보 사용자가 가격 변동이라는 '암호화폐 특유의 불안정성'을 USDC와 연결 짓지 않도록 돕는 심리적 장치다. 스테이블코인은 '달러처럼 안정적인 자산'이라는 메시지를 시각적으로 전달하는 것이며, 사용자는 이 경험을 통해 스테이블코인에 대한 직관적인 신뢰감을 형성한다.

코인베이스의 UX는 스테이블코인의 입출금이 쉽다는 감각을 심어 준다. 종종 스테이블코인은 "블록체인 기반이라서 복잡할 것 같다"는 인식이 있는데, 코인베이스는 입금·출금·송금 기능을 모두 은행 앱 수준으로 단순화하였다. 특히 USDC의 즉시 출금 기능은 사용자가 자산을 플랫폼 밖으로 이동시키는 과정에서 불편함을 최소화하며, 이는 사용자에게 "언제든지 꺼낼 수 있다"는 심리적 안전감을 제공한다. 돈을 보관하는 시스템에서 가장 중요한 것은 '이탈의 자유'인데, 코인베이스는 이를 누구나 사용할 수 있는 수준으로 설계하였다.

또한 코인베이스는 스테이블코인의 기능적 일관성을 중요하게 생각한다. 사용자가 USD를 입금하고, 필요할 때 USDC로 전환하고, 다시 USD로 되돌리는 과정은 항상 동일한 동선으로 설계되어 있다. 복잡한 금융상품이나 여러 단계의 확인 절차가 없다. 이는 스테이블코인을 '한 번 익히면 항상 같은 방식으로 쓸 수 있는 자산'으로 인식하게 해 준다. 사람들은 변화가 많은 시스템보다 예측할 수 있는 시스템을 신뢰하는데, 코인베이스는 이 점을 정확히 이해하고 구현한다. 이러한 예측 가능성은 스테이블코인의 사회적 수용성을 높이는 핵심 요인이다.

코인베이스는 2019년 10월부터 2025년 12월까지 스테이블코인을 단순한 보유 자산에서 '이자를 주는 자산'으로 확장시키는 혁신적인 기능을 운영하였다. 이 프로그램은 사용자가 별도의 언Earn 상품에 가입하지 않아도 USDC 보유만으로 이자를 자동으로 지급하는 방식이었다.

USDC 보유로 보상을 받을 수 있다는 코인베이스 안내

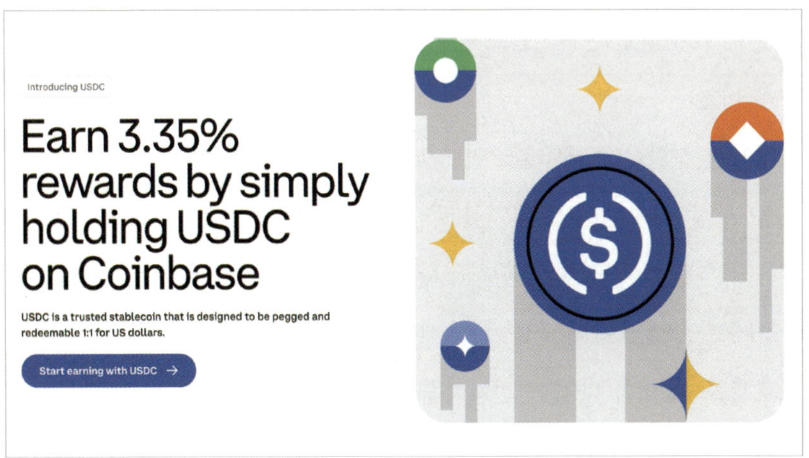

자료: Coinbase

단순히 USDC를 보유하는 것만으로도 매일 보상이 쌓이고, 매주 금요일에 계정에 반영되었다. 바이낸스처럼 예치 버튼을 누를 필요도, 수익률을 선택할 필요도 없었다. 초보자에게는 "그냥 들고만 있어도 이자가 들어오는 디지털 달러"라는 간단하고 직관적인 경험을 제공하였다. 프로그램 기간에는 최대 4.1퍼센트까지 APY가 제공되기도 하였다.

이 자동 이자 지급은 사용자에게 단순한 편의성을 넘어 스테이블코인의 작동 원리에 관한 호기심을 불러일으켰다. 실제로 사용자들은 "지급액에 특정 이벤트(예: 모나드 세일)와 관련된 보상이 포함된다"고 분석하기도 하였다. 이는 스테이블코인이 단순히 '쓰는 돈'이 아니라 '이해하고 싶은 돈'으로 확장되는 지점이었다.

그러나 2025년 12월 15일 이후, 코인베이스는 무료 보상 프로그램을 종료하고 월 4.99달러의 '코인베이스 원Coinbase One' 구독 모델로 전환하였다. 이는 초기 사용자 확보를 위한 인센티브 전략에서 지속 가능한 수익 모델로 전환하는 과정을 보여 준다. 연방준비제도의 금리 인하(2025년 12월 3.50~3.75퍼센트) 같은 거시경제 환경 변화도 정책 조정에 영향을 미쳤다.

이러한 전환은 스테이블코인 생태계의 성숙을 의미한다. 초기의 무료 자동 보상 시스템은 스테이블코인을 "이해하고 싶은 돈"으로 만드는 교육적 역할을 충실히 수행하였다. 현재 사용자들은 바이낸스 언(최대 6.5퍼센트 APR), 아베 v3(3.63퍼센트 APY)를 비롯하여 다양한 디파이 프로토콜 등 더욱 다양한 선택지를 통해 스테이블코인 수익 전략을 직접 설계할 수 있게 되었다.

코인베이스는 '스테이블코인의 생활 확장'이라는 중요한 목표를 추진하기도 하였다. 2025년 7월 29일 삼성페이는 코인베이스와 협력하여 USDC를 포함한 암호화폐 결제를 공식 지원할 계획을 발표한다. 이에 따라 미국 내 약 7,500만 명의 갤럭시 스마트폰 사용자가 코인베이스 앱 내에서 삼성페이로 간편하게 법정화폐를 입금하고 손쉽게 USDC를 포함한 암호화폐를 구매할 수 있게 되었다. 이는 스테이블코인 접근성을 높이는 중요한 과정이다. 매장에서 USDC로 직접 커피를 사는 수준까지는 아니지만, 모바일 지갑 생태계 안으로 스테이블코인 진입로를 확장하였다는 점에서 의미가 있다. 암호화폐 구매가 앱 전환 없이 삼성페이라는 익숙한 인터페이스를 통해 가능해지면서 '코인 판에서만 쓰는 디지털 달러'를 넘어 '일상 금융 앱 안의 선택지'로 한 걸음 다가섰다.

코인베이스-삼성페이 USDC 결제 협업

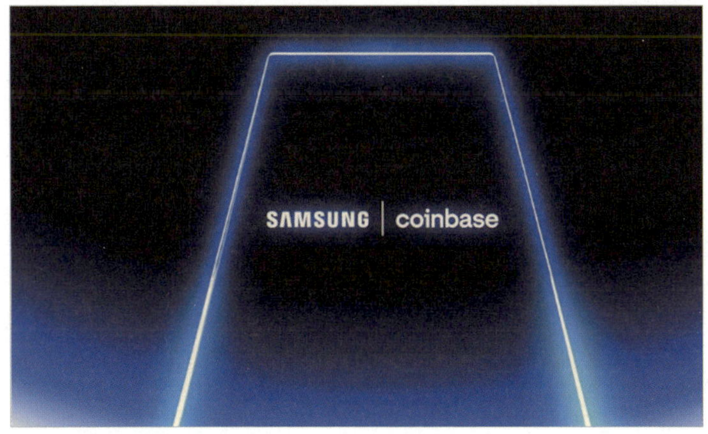

자료: Coinbase

코인베이스가 스테이블코인의 청소년기에서 수행하는 역할은 결국 '자신감'을 심어 주는 것이다. 바이낸스가 스테이블코인에게 힘과 속도를 가르쳤다면 코인베이스는 규제 준수(KYC·AML, 준비금 공시, 연방 감독), 투명성, 사용성, 그리고 신뢰라는 보이지 않는 근육을 키워 준다. 이 두 가지 역량이 균형을 이룰 때 스테이블코인은 성인기로 진입할 수 있다. 코인베이스는 스테이블코인의 성장 여정에서 '제도적 안정감'을 담당하는 축이며, 이는 시장 전체가 스테이블코인을 받아들이기 위한 기반이 된다. 스테이블코인에게 코인베이스는 단순한 거래소가 아니라 "규칙과 책임을 배우는 학교"다.

바이비트, 스테이블코인의 종합 금융 실험실

바이비트는 스테이블코인이 청소년기를 지나며 사회 경험을 넓혀 가는 과정에서 만나는 가장 역동적인 실험실이다. 바이낸스가 시장의 언어와 규모를 가르친 무대였고, 코인베이스가 신뢰와 예측 가능성을 알려 준 학교였다면, 바이비트는 스테이블코인에게 '세상 곳곳에서 어떤 방식으로 쓰이는지' '기술이 어떤 식으로 연결되는지' '전통 금융과 실생활은 어떻게 만나는지' 경험하게 하는 활동반 같은 공간이다. 스테이블코인이 사회의 여러 장면을 체험하는 과정이 바로 바이비트에서 펼쳐진다.

상품 유형	거래 페어 예시	최대 레버리지	특징
메이저 코인	BTC/USDT, ETH/USDT, SOL/USDT	최대 100배	높은 유동성, 낮은 스프레드
알트코인	LINK/USDT, XRP/USDT, DOGE/USDT	25~50배	중간 유동성
신규 상장	MMT/USDT, AT/USDT, BEAT/USDT	20~25배	높은 변동성

바이비트는 631개의 USDT 무기한 선물, USDT 옵션, USDC 기반 파생상품 등 다양한 스테이블코인 기반 파생상품을 제공한다. 또한 스테이블코인을 단순한 거래용 토큰으로 취급하지 않는다. 스테이블코인을 생태계의 중심 자산으로 바라보며, 서로 다른 담보 구조를 가진 스테이블코인이 한 무대에서 공존한다. 현재 바이비트는 10개 이상의 주요 스테이블코인을 지원한다. 대표적인 법정화폐 담보형 스테이블코인 중 달러 페그 스테이블코인으로는 USDT, USDC, PYUSD, RLUSD, USD1, XUSD가 있다. 암호화폐 담보형 스테이블코인으로는 DAI, USDE, FRAX가 있으며 상품 담보형 스테이블코인으로는 XAUt와 PAXG가 있다. 이 소합은 스테이블코인이 단순히 1달러에 고정된 디지털 현금을 넘어, 담보 구조와 목적에 따라 확연히 다른 성격을 가진 금융상품임을 보여 준다.

바이비트의 가장 큰 특징은 이처럼 다양한 스테이블코인을 하나의 플랫폼에서 원스톱으로 비교하고 거래할 수 있다는 점이다. 법정화폐 기반 스테이블코인과 암호화폐 기반 스테이블코인, 그리고 금과 같은 실물자산 기반 스테이블코인이 어떤 차이를 가지고 움직이는지 실제 거래 환경에서 확인할 수 있다. 스테이블코인은 청소년기에 다양성과

적응력을 배워야 하는데, 바이비트는 이 학습을 가장 직관적으로 체험할 수 있는 공간이다.

특히 상품 담보형 스테이블코인은 흥미로운 개념이다. XAUt(테더 골드)나 PAXG는 1토큰이 실물 금 1온스ounce(또는 그에 해당하는 가치)와 연동되는 형태로 설계된다. 이는 스테이블코인이 실물 경제와 디지털 경제를 잇는 다리가 될 수 있음을 보여 준다. 예를 들어 전통 금융에서는 금 투자를 할 때 복잡한 절차를 요구하지만, 상품 담보 스테이블코인은 금을 디지털 토큰 형태로 단순화하여 접근성을 극적으로 높인다. 바이비트는

바이비트 XAUt 화면

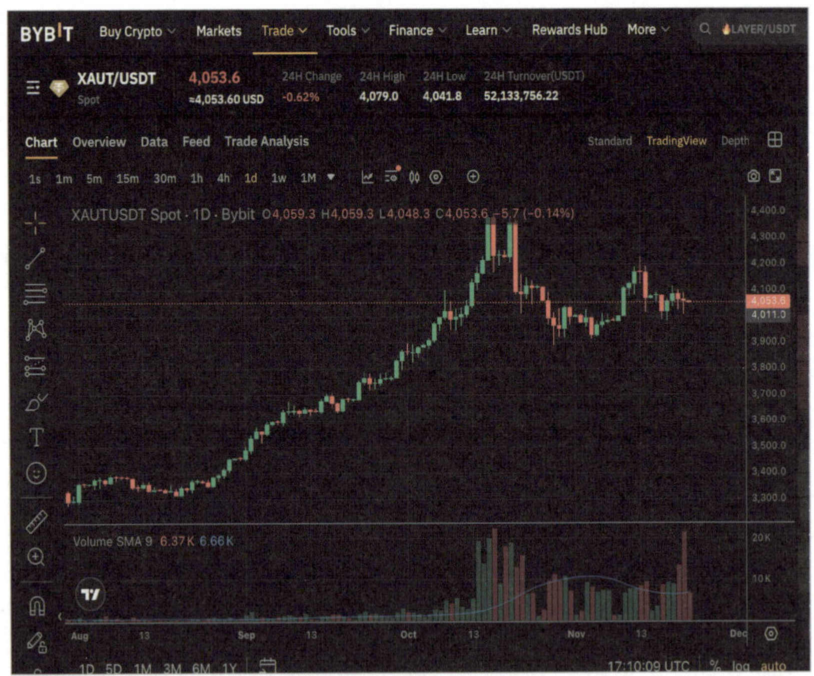

자료: Bybit

이러한 실험적인 스테이블코인이 거래될 수 있는 대표적 플랫폼이다.

바이비트에서 제공하는 다채로운 스테이블코인은 사용자가 스테이블코인의 정체성을 자연스럽게 이해하도록 만든다. USDT와 USDC 같은 법정화폐 담보형 스테이블코인은 안정성과 접근성이 가장 큰 장점이다. 암호화폐 담보형 스테이블코인은 온체인 금융의 구조를 이해하는 데 도움을 준다. 금 기반 스테이블코인은 실물 경제와의 연결성을 보여 준다. 이 세 종류의 스테이블코인이 자연스럽게 거래되며 서로 다른 목적을 가진 사용자에게 알맞게 사용되는 모습은, 스테이블코인이 어떻게 기능적으로 분화되고 있는지 잘 보여 준다.

바이비트는 전통 금융과의 연결에서도 새로운 장면을 만든다. 2025년 10월, 바이비트는 블랙록의 BUIDL 펀드와 연계된 USDtb 스테이블코인을 플랫폼에 상장하였다. USDtb는 전통 금융권 자산운용사인 블랙록의 국채 기반 토큰화 펀드 구조에서 발행되는 스테이블코인으로, 이는 암호화폐 산업과 전통 금융의 경계가 빠르게 사라지고 있음을 상징한다. 바이비트가 USDtb를 상장했다는 사실은 스테이블코인이 단순한 코인 생태계를 넘어서 기관 중심 금융상품으로 확상하고 있다는 의미이며, 스테이블코인이 성인기로 성장할 준비가 되었음을 보여 주는 중요한 징후다.

전통 금융에는 CMA나 MMF처럼 자금을 넣어 두기만 해도 이자가 붙는 계좌가 존재한다. 그런데 이 구조가 이제는 스테이블코인을 통해 그대로 구현되고 있다. USDtb는 지갑에 보유하고 있기만 해도 매일 일정한 수익이 발생하는데, 이는 단순한 언 상품이 아니라 스테이블코인의 설계 자체에서 비롯된 특성이다.

USDtb를 보유한 사용자는 별도의 스테이킹이나 예치 계약을 하지

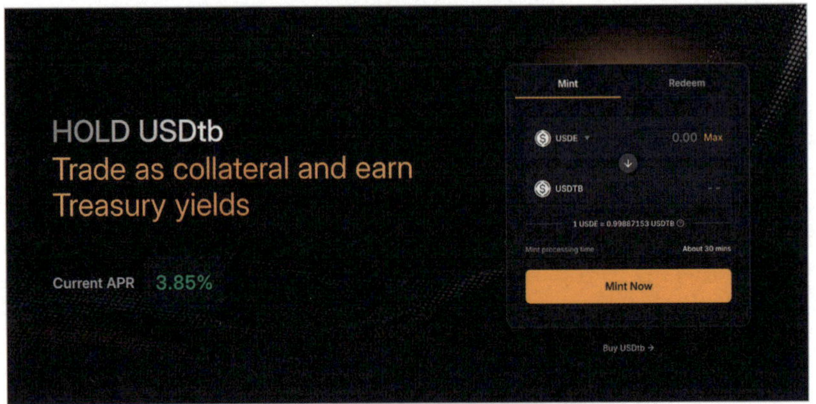

자료: Bybit

않아도 된다. KYC 인증을 완료하고 최소한의 USDtb를 계정에 보유하는 것만으로 자동 참여가 이루어진다. 바이비트는 시간마다 스냅샷을 기록해서 각 계정에 보유된 USDtb의 잔액을 확인하고, 하루 중 가장 낮은 잔액을 기준으로 이자를 계산한다. 즉, 사용자가 중간에 일부를 이동하거나 매도하더라도 그날 기록된 최저 보유량이 이자의 기준이 된다. 다음 날이면 계산된 이자가 메인 계정으로 자동 지급된다.

이 모델이 갖는 의미는 단순히 수익을 준다는 것에 머물지 않는다. USDtb는 블랙록의 BUIDL 펀드를 기반으로 발행되며, 그 기초는 미국 단기국채다. 즉, USDtb를 보유하는 순간 사용자는 간접적으로 미국 단기국채의 이자를 받는 셈이다. 전통 금융의 수익 구조가 탈중앙화된 스테이블코인의 모습으로 넘어온 것이다. 이는 스테이블코인이 단순히 교환의 매개나 가격 표시 통화에 머무르지 않고, 실제 수익을 만들어 내는 '금융상품'으로 기능할 수 있다는 가능성을 보여 준다.

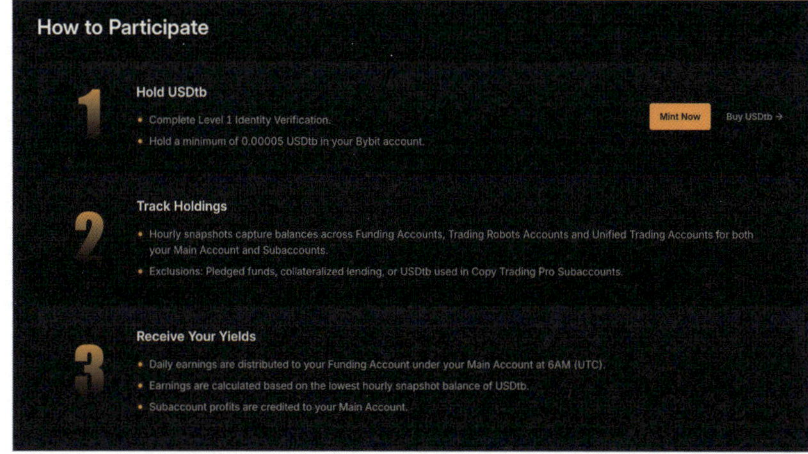

자료: Bybit

바이비트는 2025년 2월부터 USDC 기반 옵션과 직선만기형 선물 상품의 신규 출시를 종료하고, 플랫폼의 모든 파생상품을 USDT 기반으로 통합하는 전략을 채택하였다. 이는 스테이블코인이 단순히 변동성을 피하기 위한 토큰에서 벗어나 시장 구조를 떠받치는 핵심 통화로 자리 잡는 변화였다. 청소년기의 스테이블코인은 이곳에서 가격 기준, 위험관리, 헤지 전략, 포트폴리오 조정 등을 배우며 성숙한 금융 언어를 습득한다.

파생상품 시장은 대규모 유동성과 빠른 반응 속도가 필수적인 공간이다. 이러한 환경에서 기준 통화로 작동한다는 것은 스테이블코인의 경제적 기능이 크게 확장되고 있음을 의미한다. 스테이블코인은 여기서 시장의 안전판이자 기준점 역할을 수행한다. 가격이 크게 움직이는 시장에서도 스테이블코인은 안정적인 중간 지대를 제공하여 트레이더가 변동성을 관리하는 데 사용된다. 이 경험은 스테이블코인이 성인기에서 금융 시스템의 기초 자산으로 사용되기 전에 반드시 익혀야 하는 고급 역량이다.

바이비트는 스테이블코인이 시장에서 경험해야 하는 고급 금융 기능을 가장 직접적으로 체험할 수 있는 환경을 제공한다. 스테이블코인이 사회에서 통용되는 자산으로 성장하기 위해서는 단순 결제나 단순 교환을 넘어, 위험관리와 전략적 거래의 중심축으로 사용되는 경험이 필요하다. 이러한 기능은 자신의 역할을 넓혀 가는 청소년기의 과정이며, 바이비트의 파생상품 시장은 이 과정을 가장 잘 보여 주는 공간이다.

바이비트 사용자들은 레버리지, 헤지, 옵션 전략 같은 고급 금융 전략을 일상적으로 사용한다. 이때 스테이블코인은 가격 기반이자 리스크 관리의 주요 수단으로 자리한다. 시장이 급등하거나 급락할 때 트레이더는 포지션을 정리하거나 신규 포지션을 잡기 위해 스테이블코인으로 이동한다. 이는 스테이블코인이 단순히 변동성을 피하는 회피 자산이 아니라, 시장에서 행동을 결정하는 기준 자산으로 작동한다는 점을 보여 준다.

파생상품에서 사용되는 USDT는 이러한 역할을 가장 잘 수행한다. 바이비트는 USDT 기반 선물과 옵션을 통일적으로 제공하며, 트레이더가 어떤 자산을 거래하더라도 동일한 기준 통화로 포트폴리오를 구성할 수 있게 한다. 이는 트레이더들이 시장의 여러 자산을 넘나드는 과정에서 스테이블코인을 중심에 두고 전략을 설계하게 만든다. 스테이블코인은 이 과정에서 시장의 기준점이 되는 법을 자연스럽게 익힌다.

2025년 10월에 바이비트는 XRP, MNT, DOGE의 선물 및 옵션 상품을 모두 USDT 기반으로 출시하며 파생상품 포트폴리오를 크게 확장한다. 옵션 상품은 유럽형 현금결제 방식으로 설계되어 만기일에만

행사할 수 있고, 모든 결제가 USDT로 이루어진다. 이는 거래자가 기초 자산을 실제로 보유하지 않아도 가격 변동성과 리스크를 효율적으로 관리할 수 있도록 설계된 구조다. 이러한 특징은 스테이블코인이 파생상품 시장에서 실질적인 기축통화 역할을 한다는 점을 명확히 보여 준다.

스테이블코인이 위험관리에서 차지하는 비중은 특히 유럽형 현금 결제 옵션 구조에서 두드러진다. 바이비트가 2025년 10월에 도입한 XRP·MNT·DOGE 옵션 상품은 모두 USDT로 결제된다. 옵션은 만기 시점에만 행사되기 때문에, 옵션거래 과정에서는 기초 자산보다 USDT의 역할이 훨씬 중요하다. 사용자는 포지션을 구성하는 과정에서, 그리고 만기 후 결제받는 과정에서 모두 USDT를 기준으로 전략을 세운다. 이 구조는 스테이블코인이 시장의 위험을 이해하는 능력을 키우는 데

바이비트 USDT 기반 파생상품 강화

자료: Bybit

중요한 배경이 된다.

스테이블코인이 청소년기에 배워야 하는 중요한 능력 중 하나는 바로 이러한 유동성과 전략적 쓰임새다. 결제와 송금만 할 수 있다면 편리한 교환 수단에 머물지만, 위험관리와 투자 전략의 중심에서 사용되기 시작하면 금융 생태계에서 훨씬 더 큰 영향력을 가지게 된다. 바이비트는 이 과정을 가장 빠르게 보여 주는 거래소이며, 스테이블코인은 이곳에서 시장의 고급 언어를 습득한다.

파생상품 시장에서 스테이블코인이 중심축으로 자리 잡는다는 것은, 스테이블코인의 성숙을 상징한다. 이제 스테이블코인은 단지 변동성을 피하려는 사람들이 사용하던 '안정적인 토큰'이 아니다. 오히려 변동성을 다루고 위험을 관리하는 전문가들이 가장 먼저 찾는 기준 자산이 되고 있다. 이러한 변화는 스테이블코인이 성인기로 진입할 때 금융 시스템의 핵심 기반으로 작동할 수 있음을 보여 준다.

바이비트는 스테이블코인이 시장에서 익혀야 하는 고급 기능뿐 아니라, 일상적 금융 생활과 새로운 산업 영역과 만나며 자신의 가능성을 확장하는 장면도 보여 준다. 스테이블코인의 성장은 단순히 거래 규모가 커지는 과정이 아닌, 다양한 분야에서 실제로 쓰이며 새로운 가치를 만들어 내는 과정이다. 바이비트는 이 확장을 결제, 금융 인프라, 신흥 시장, 그리고 커뮤니티 문화에서 동시에 실험하고 있다.

바이비트가 만든 가장 대표적인 변화 중 하나는 실생활 결제 환경의 등장이다.

바이비트 카드는 사용자가 USDT나 USDC를 보유하고 있으면 실시간으로 이를 법정화폐로 변환해서 결제에 사용할 수 있도록 설계되었다. 이

카드는 비자와 마스터카드 브랜드를 기반으로 하며 애플페이, 구글페이, 삼성페이 같은 모바일 결제 시스템도 동일하게 지원한다. 사용자는 별도의 전환 절차 없이 POS 단말기에 카드를 사용하거나 휴대폰을 인식시키면 된다. 바이비트는 이러한 구조를 통해 스테이블코인을 실물 경제의 지불 수단으로 연결하며, 스테이블코인이 더 이상 거래소 내부에서만 머물지 않는다는 사실을 보여 준다.

바이비트 카드는 현재 200만 명 이상의 사용자를 보유하고 있으며, 결제가 가능한 지역도 빠르게 늘어나고 있다. 이는 스테이블코인이 실물 경제에서 자연스럽게 사용될 수 있는 기반을 갖추고 있음을 의미한다. 과거 스테이블코인은 디지털 환경에서만 쓰일 수 있는 제한적 자산이었지만 바이비트 카드는 스테이블코인을 실제 생활비, 식비, 온라인 쇼핑 등 일상적인 지출에 사용할 수 있도록 만들었다. 이 과정에서 청소년기의

바이비트 카드

자료: Bybit

스테이블코인은 '집 안에서만 쓰던 디지털 돈'에서 벗어나 '현실 세계에서 스스로 걸어 다니는 돈'으로 변모한다.

바이비트에서의 스테이블코인 확장은 온체인 데이터에서도 확인된다. 2025년 10월부터 11월까지 집계된 바이비트의 스테이블코인 유입·유출 데이터를 보면 USDT는 약 52억 달러가 유입되고 51억 달러가 유출되었으며, USDC는 약 28억 달러의 유입과 27억 달러의 유출이 발생하였다. 이러한 흐름은 스테이블코인이 거래소를 단순히 들르는 자산이 아니라, 지속적으로 순환하며 트레이더·결제·송금·파생상품 등 다양한 목적에 의해 사용되고 있음을 보여 준다. 스테이블코인은 이 과정에서 거래소 내부의 자산을 넘어, 경제 활동의 핵심 동력으로 자리 잡는다.

새로운 스테이블코인의 상장 역시 바이비트의 중요한 특징이다. RLUSD나 XUSD 같은 스테이블코인은 각각 리플Ripple·스트레이츠엑스StraitsX 네트워크 기반으로 발행된 새로운 형태의 스테이블코인으로, 지역적 특성이나 법적 구조가 서로 다르다. 바이비트는 이처럼 다양한 스테이블코인을 상장함으로써 사용자가 여러 유형의 스테이블코인을 직접 비교하고 선택할 수 있는 환경을 마련한다. 스테이블코인은 이곳에서 지역별·산업별로 분화된 스테이블코인이 어떻게 등장하는지 경험하며, 세계가 요구하는 다양한 기능을 익힌다.

실생활 결제, 전통 금융과의 연결, 파생상품 중심 전략까지 바이비트에서의 여러 장면은 스테이블코인이 청소년기에 반드시 경험해야 하는 다양한 구성 요소를 담고 있다. 스테이블코인은 이 공간에서 복잡하고 다양한 환경을 경험하며, 성인기로 넘어가기 위한 준비를 마친다.

결국 바이비트는 스테이블코인이 사회 속에서 어떻게 기능할 수 있는지를 보여 주는 가장 풍부한 실험장이며, 스테이블코인이 미래의 금융 인프라로 성장할 수 있다는 가능성을 입증하는 공간이다.

한국 가산자산 시장의
고유한 성장 조건

한국에서 스테이블코인의 청소년기는 해외와 전혀 다른 환경에서 시작된다. 미국이나 글로벌 거래소에서는 스테이블코인이 기본 화폐처럼 사용되며, 가격 단위·거래쌍·파생상품·결제 서비스 등 성장의 무대가 넓었다. 그러나 한국 시장은 스테이블코인이 처음 등장했을 때부터 완전히 다른 조건을 가지고 있었다. 바로 '원화(KRW) 기반 시장'이라는 출발점 때문이다. 한국에서는 가상자산 시장을 이용하기 위해 은행 실명 계좌가 필요하며, 거래는 원화로 시작해서 원화로 끝난다. 사용자는 은행 계좌에서 원화를 입금하고, 원화 마켓에서 비트코인이나 이더리움을 매수한 뒤, 다시 원화로 되돌리는 구조에 익숙하다. 이 구조는 한국 가상자산 산업의 성장을 이끌어 온 안정 기반이지만, 동시에 스테이블코인의 등장을 어렵게 만든 성장 조건이기도 하다. 한국 시장에서 스테이블코인이 경험한 첫 번째 제약은 "출발할 수 있는 문이 하나뿐"이라는 점이었다.

해외에서는 지갑만 있으면 스테이블코인을 송금하고 결제하고 거래할 수 있지만 한국에서는 KYC, 원화 입출금 은행 연동, 실명 계좌 요건 등 여러 단계의 관문을 지난 뒤에야 거래소 서비스에 접근할 수 있다. 해외 거래소를 이용하는 국내 투자자들은 보통 전송 속도가 빠른 리플(XRP), 트론(TRX) 등을 사용한다. 그러나 해당 가상자산들은 스테이블코인에 비해 변동성이 크기 때문에 김치프리미엄(김프, 국내에서 거래되는 암호화폐 가격이 해외 시세보다 높게 형성되는 현상)에 취약하다. 국내 투자자가 해외 거래소를 이용할 경우 가격 측면에서 손해를 볼 수밖에 없었다.

스테이블코인은 블록체인 위의 달러지만, 한국 시장에서는 그 달러로 직접 들어오는 방법이 거의 없었다. 해외와 달리 한국 거래소는 스테이블코인 기반 마켓을 사실상 운영하지 않았기 때문이다. 이에 따라 한국의 스테이블코인은 청소년기 초입부터 '경험할 기회'를 크게 제한받았다.

사용자가 실제로 스테이블코인을 사용해 보려고 하면 이 차이는 더 명확하게 드러난다. 해외 거래소에서는 로그인 후 바로 USDT/USDC 서래쌍이 보이지만, 한국의 주요 거래소에서는 원화 마켓이 모든 화면을 차지한다.

사용자에게 스테이블코인은 존재하지 않는 선택지에 가깝고, 거래 화면 어디에서도 USDT/USDC 페어를 찾기 어렵다. 스테이블코인이 스스로 성장해 갈 수 있는 접점이 거의 없었던 셈이다.

물론 최근에는 일부 거래소에서 제한적인 방식으로 스테이블코인을 입출금할 수 있게 되었지만, 특정 네트워크나 특정 조건에서만 가능하며 자유로운 해외 이체나 대규모 유동성 이동 같은 글로벌 방식의 사용

바이비트 마켓 UI   업비트 KRW 마켓 메인 UI

자료: Bybit   자료: 업비트

은 여전히 쉽지 않다. 스테이블코인은 안정적 자산을 표방하지만, 한국 시장에서는 그 안정성을 시험해 볼 경험 자체가 제한적이었다. 한국 시장의 고유한 조건은 스테이블코인에게 '자유롭게 뛰어다니는 청소년기'가 아니라 '신중하게 움직여야 하는 집안 환경'을 제공한 것이다.

한국 시장의 또 다른 고유 조건은 '외화에 대한 보수성'이다. 스테이블코인은 달러 기반 자산이라는 특성이 있는데, 한국 금융당국은 오랫동안 외화 기반 디지털 자산을 민감하게 다루어 왔다. 이는 스테이블코인이 거래소에서 쉽게 상장되거나 거래쌍을 만들기 어려운 이유 중 하나다. 원화 마켓 중심 구조는 단지 편의성 문제가 아니라, 제도적 구조가 만들어 낸 스테이블코인 성장 제한선이었다.

이런 환경은 스테이블코인이 한국 시장에서 자연스럽게 성장할 수 있는 단계들을 사실상 건너뛰게 하였다. 해외에서는 '지갑 → 스왑 → 디파이 → 거래 → 결제 → 송금'으로 이어지는 확장형 청소년기를 보냈지만, 한국에서는 처음부터 원화라는 울타리 속에서 조심스럽게 시작해야 했다. 그 결과 스테이블코인은 한국에서 성장하는 동안 경험의 폭이 제한되었고, 이 제약은 이후 업비트와 빗썸의 성장 경로에도 각기 다른 방식으로 흔적을 남긴다.

이제 스테이블코인의 청소년기가 업비트와 빗썸에서 어떻게 서로 다른 길을 만들어 냈는지 살펴보자. 같은 울타리, 같은 조건 속에서도 두 거래소는 서로 다른 성장의 방향을 향한다.

업비트, 안정적인 보호막이 만든 제한된 경험

한국에서 스테이블코인이 성장하는 과정은 해외와 전혀 다르게 전개된다. 미국에서는 USDC가 결제 서비스와 금융 API에 연결되며 빠르게 확장되었고, 아시아에서는 USDT가 사실상의 디지털 달러처럼 작동하며 송금·파생상품 시장의 핵심 자산이 되었다. 그러나 한국에서 스테이블코인의 성장 속도는 매우 느렸고, 특정 시기에는 아예 "존재하지 않는 것처럼" 취급되기도 하였다. 이 지연된 청소년기의 중심에는 한국 시장의 절대적 플랫폼인 업비트가 있다.

업비트는 한국에서 가상자산 투자를 시작하는 대부분의 사용자가 처음 접하는 거래소이자, 한국의 시장 구조 자체를 규정해 온 핵심 플랫폼이다. 사용자가 업비트 앱을 실행하면 가장 먼저 마주하는 화면은 KRW 마켓이다. 비트코인은 "원(₩)" 단위로 표시되고, 모든 주요 코인은 원화 기준으로 정렬된다. 해외 거래소에서 'BTC/USDT' 'ETH/USDT' 같은 스테이블코인 기축 거래쌍이 기본 화면을 차지하는 것과는 극명하게 대비된다.

이 UX 구조는 한국 사용자에게 익숙함과 단순함을 제공했지만, 스테이블코인의 성장에는 제약으로 작용하였다. 해외에서는 스테이블코인이 가격 기준 단위이자 거래·송금·담보·파생상품의 핵심 도구이지만, 업비트 안에서는 원화가 그 모든 역할을 수행한다. 즉, 한국에서는 스테이블코인이 "필요한 이유"를 체감할 기회조차 거의 없었다.

이러한 구조가 만들어진 이유는 한국의 금융 규제 환경 때문이다. 원화 거래소를 운영하려면 반드시 은행 실명 계좌와 연동해야 하고, KYC·AML 요건을 충족해야 한다. 스테이블코인은 달러와 일대일로 연동된 만큼 사실상 외환적 성격을 갖는데, 외환 거래는 기본적으로 금융기관의 고유 업무로 분류된다. 금융당국은 스테이블코인을 통한 불법 해외 송금·자금세탁 가능성을 우려하였고, 이 때문에 스테이블코인 상장을 장기간 보수적으로 다루어 왔다.

업비트는 특히 이러한 규제 환경을 가장 엄격하게 반영해 온 거래소였다. 사용자는 '원화 입금 → KRW 마켓 거래 → 원화 출금'이라는 단순한 흐름 속에서 안전한 경험을 누렸다. 한국 시장이 2020년 이후 빠르게 성장하며 업비트가 70~85퍼센트 수준의 절대적 점유율을 기록할 수 있었던 이유도 이 안정적 구조에 있다. 그러나 이 선택은 스테이블코인의 성장 경험을 지연시키는 결과를 낳는다.

스테이블코인을 직접 경험하려는 사용자는 복잡한 경로를 거쳐야 한다. 업비트에서 원화로 비트코인을 구매하고, 외부 지갑으로 전송한 뒤, 다시 해외 거래소로 이동하여 USDT로 교환하는 방식이다. 이 과정에는 네트워크 수수료, 지연, 오입금 위험 등 여러 장벽이 존재한다. 그 결과 한국 사용자는 스테이블코인의 본래 기능(국경 간 송금, 디파이 참여, 파생상품 담보)을 자연스럽게 학습할 기회를 얻지 못하였다.

이 상황이 바뀌기 시작한 것은 2024년이다. 업비트는 2024년 6월 7일, 오랜 금기를 깨고 USDT를 KRW 마켓과 BTC 마켓에 상장한다. 상장 직후 테더 거래액은 비트코인의 약 3분의 1 수준까지 치솟았다.

그러나 테더 상장이 업비트 시장 구조를 근본적으로 바꾸지는 않았다. 업비트의 중심 언어는 여전히 KRW이며, 스테이블코인은 서브 마켓의 역할을 한다. 한국 사용자가 스테이블코인을 경험할 수 있게 되었지만, 그 범위는 제한적이다. 이는 스테이블코인에게 안정적인 보호막인 동시에 성장을 억제하는 울타리이기도 하다. 해외 시장에서 다양한 무대를 경험한 스테이블코인이 한국에 들어오면, 마치 교환학생으로 온 학생처럼 단일한 시스템 안에서 제한된 방식으로만 기능하게 되는 셈이다.

업비트가 스테이블코인을 도입한 이후에도 시장 구조는 크게 달라지지 않는다. 업비트의 핵심은 여전히 KRW 마켓의 절대적 지위에 있다. 한국 사용자 대부분은 테더를 사고 싶을 때조차 먼저 원화를 입금하고, 그 원화로 스테이블코인을 매수한다. 해외 거래소의 기본 UX(지갑 연결, USDT 충전, USDT 기축 거래)와 비교하면, 한국 UX는 근본적으로 "원화를 중심으로만 움직이도록 설계된 생태계"라 볼 수 있다.

가령 한국 사용자들이 스테이블코인을 처음 접할 때 가장 먼저 부딪히는 것은 입출금 절차다. 업비트는 암호화폐 입금 수수료가 0원이다. 사용자는 외부 지갑에서 네트워크만 정확히 선택하면 쉽게 USDT·USDC를 업비트로 보낼 수 있다. 하지만 출금 단계에서 이야기는 달라진다.

업비트 USDT 출금 화면(네트워크 선택)

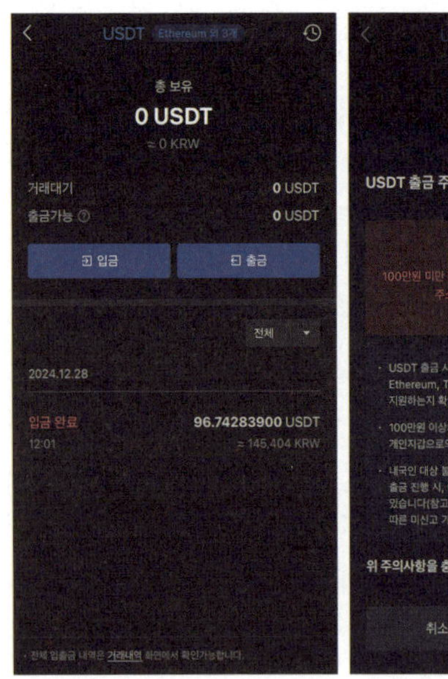
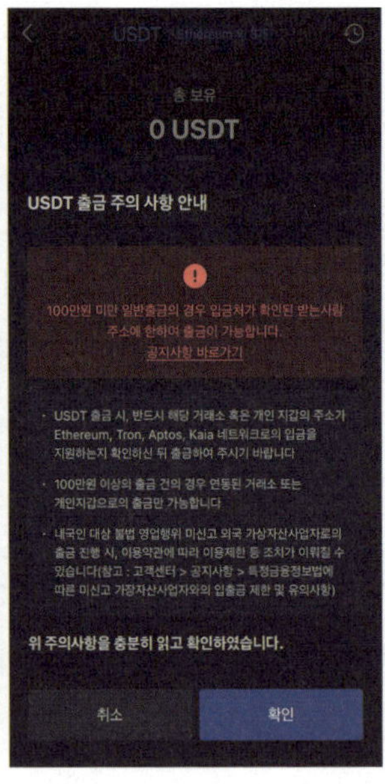
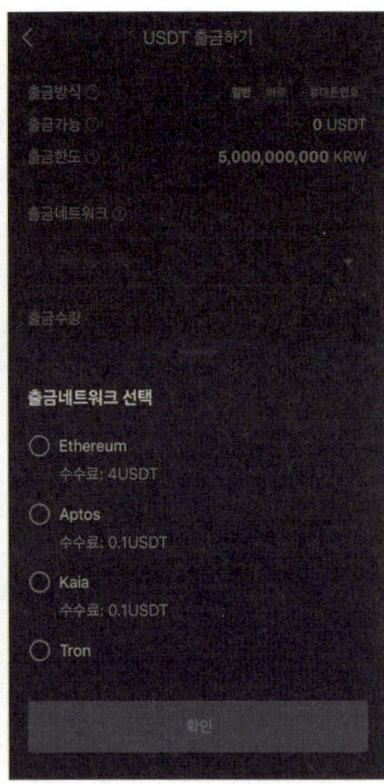

자료: 업비트

스테이블코인을 입출금할 때 가장 중요한 규칙은 '네트워크 일치'다. 예를 들어 바이낸스가 TRC-20(트론 네트워크) 주소를 선택했다면 업비트에서도 반드시 TRC-20으로 출금해야 하며, ERC-20 주소라면 ERC-20으로 출금해야 한다. 네트워크가 다르면 자산은 복구 불가능한 상태로 소실된다. 한국 사용자들은 수수료 절감을 위해 주로 TRC-20을 선호한다. TRC-20은 현재 업비트에서 출금 수수료가 무료이기 때문이다.

이 구조는 한국 사용자에게 스테이블코인을 '하나의 투자자산'으로 인식하게 만든다. 해외에서는 USDT 보유 자체가 달러 보유와 유사한 의미를 가지지만, 한국에서는 USDT를 보유하는 행위가 단순히 특정 코인을 편입하는 것처럼 보인다. 업비트가 KRW 기반을 유지하는 한, 스테이블코인은 시장의 기본 구조를 흔들 수 없다. 이것이 한국 스테이블코인의 청소년기가 해외보다 늦게, 그리고 더 제한된 방식으로 열릴 수밖에 없었던 결정적 이유다.

그런데 흥미롭게도 업비트 사용자들은 스테이블코인을 통해 시장의 새로운 가능성을 느끼기 시작하였다. 테더 상장 직후 나타난 거래량 폭승은 스테이블코인에 대한 억눌린 수요를 보여 주는 대표적 사례다. 특히 차익거래 기회가 열리면서, 기존에는 해외 거래소를 통해서만 가능했던 '원화-USDT 프리미엄 거래'가 국내에서 부분적으로 실행될 수 있게 되었다. 한국 시장에서 가장 활성화된 거래 전략 중 하나가 김프를 이용한 차익거래였는데, 이전에는 이를 수행하기 위해 해외 거래소에서 반드시 USDT가 필요했다. 그러나 업비트의 테더 상장 이후 일부 전략은 국내에서도 단순화된 형태로 실현 가능해졌다.

또한 스테이블코인의 존재는 한국 사용자에게 처음으로 "가격이 고정된 가상자산"이라는 개념을 제공하였다. 변동성이 큰 알트코인 중심의 시장에서 경험하지 못하던 안정감을 USDT가 제공하면서, 일부 사용자는 급격한 변동성이 발생할 때 원화를 포기하지 않고도 '디지털 달러'로 이동하는 전략을 시도하게 되었다. 그동안 한국 사용자는 급격한 변동성이 오면 원화로 회귀하는 방식밖에 없었는데, 테더는 새로운 대안이 되었다.

하지만 스테이블코인이 한국 시장에서 기능하는 범위는 여전히 제한적이다. 국내에서는 스테이블코인을 활용한 디파이나 담보 활용 같은 기능을 바로 사용할 수 없다. 해외에서 사용하는 스테이블코인의 핵심 기능은 대부분 "자산 이동·수익 창출·담보 활용"인데, 업비트 안에서 스테이블코인은 "가격이 고정된 거래용 코인"으로만 활용되며 금융 인프라의 성격은 발현되지 못한다.

이 구조는 사용자의 행동에도 영향을 준다. 한국 사용자들은 스테이블 코인을 '보유하는 자산'이 아니라 '필요할 때 잠깐 사용하는 도구'로 받아 들인다. 예를 들어 해외 거래소로 자산을 보내고 싶을 때, 혹은 변동성을 피하고 싶을 때만 일시적으로 활용한다. 이는 스테이블코인을 "일상적 기축 자산"으로 받아들이는 해외 사용자들과는 근본적으로 다른 인식이 다. 해외 사용자에게 USDT는 투자 시작 단계부터 자연스럽게 사용되는 자산이지만, 한국에서는 원화가 절대적 기준이기 때문에 스테이블코인의 입지는 항상 보조적이다.

그럼에도 업비트의 테더 도입은 한국 가상자산 시장에서 중요한 변화의 신호탄이다. 한국은 오랫동안 스테이블코인에 대해 가장 보수 적인 국가 중 하나였고, 그 결과 스테이블코인은 한국 사용자에게

낯설고 접근하기 어려운 자산이었다. 하지만 국내 원화 거래소 중 마지막으로 업비트가 테더를 상장한 것은 이 금기를 공식적으로 해제하는 사건이었고, 그 자체로 한국 스테이블코인의 청소년기를 "처음 본격적으로 시작하게 한 순간"이었다.

업비트가 스테이블코인을 제한적 구조 속에서 도입한 것은 스테이블코인의 성장 가능성을 완전히 차단했다기보다 "안정적인 울타리 안에서 조심스럽게 성장시키는 방식"으로 이해할 수 있다. 이는 업비트의 정체성과도 맞닿아 있다. 업비트는 규제 준수와 사용자 보호를 최우선 원칙으로 삼아 왔고, 이 전략 덕분에 한국 시장에서 압도적 점유율을 확보할 수 있었다. 이러한 선택은 스테이블코인의 활동 범위를 좁히는 결정처럼 보이지만, 규제 불확실성이 큰 한국 시장에서는 오히려 '생태계의 지속 가능성'을 위한 가장 현실적인 방식이었다.

결과적으로 업비트의 스테이블코인 도입은 단순한 상장을 넘어, 한국 디지털 자산 시장에 새로운 질서를 만들었다. 스테이블코인은 한국에서 이제 겨우 '첫 실제 경험'을 시작한 단계이며, 그 성장의 폭과 깊이는 여전히 제한적이지만 확실한 변화의 흐름이 시작되있다는 짐만은 분명하다.

업비트의 스테이블코인 도입은 한국 시장의 구조적 변화라기보다 "새로운 질서의 시작을 알리는 조심스러운 신호"였다. 실제로 업비트의 테더 상장 이후에도 한국 시장의 지배적 구조는 빠르게 바뀌지 않았다. 그러나 스테이블코인이 제공하는 새로운 가능성과 사용자 경험의 확장은 분명하게 나타나기 시작하였다. 스테이블코인이 한국 시장에서 어떻게 자리 잡을지, 그리고 스테이블코인이 성인기로 넘어가는 과정에서 어떤 역할을 담당하게 될지는 업비트의 구조적 선택과 밀접하게 연결되어 있다.

스테이블코인은 업비트 안에서 제한된 형태로 도입되었지만, 그 존재 자체가 사용자 경험과 시장 흐름을 변화시키는 계기가 되었다. 가장 뚜렷한 변화는 "변동성 관리 전략의 다양화"다. 과거 한국 사용자가 변동성을 피하는 방법은 원화로 회귀하는 것밖에 없었다. 그러나 스테이블코인이 등장하면서 사용자는 원화를 건드리지 않으면서도 변동성을 회피할 수 있는 수단을 가지게 되었다. 해외에서는 당연했던 '디지털 달러 이동'이, 비록 제한적이지만 국내 플랫폼에서도 가능해진 것이다.

또한 스테이블코인은 한국 사용자에게 새로운 투자 전략 학습의 계기를 제공하였다. 스테이블코인의 가격이 1달러에 고정된다는 특성을 이해하면서, 사용자는 "시세 자체를 예측하는 자산"과 "가격이 고정된 자산"의 역할 차이를 처음으로 느끼게 되었다. 이는 투자 기초 교육 측면에서 매우 큰 변화를 만든다. 이전까지 한국 시장은 "모든 자산의 변동성이 높다"라는 전제 아래 학습이 이루어졌지만, 스테이블코인을 통해 처음으로 '안정적 가치 저장 수단'이라는 개념이 도입된 것이다.

그러나 업비트에서 스테이블코인이 더 깊이 있는 기능을 갖기 위해서는 구조적 변화가 필요하다. 업비트는 현재까지도 스테이블코인의 활용을 거래 중심 기능에만 제한하고 있으며, 스테이블코인을 활용한 금융 서비스(예치·대출·스테이킹 등)는 제공하지 않는다. 해외에서는 스테이블 코인 기반 수익형 상품이 보편화되어 있고 USDT·USDC는 디파이 프로토콜에서 가장 기본이 되지만, 업비트의 규제 환경에서는 이러한 확장이 어렵다. 결국 스테이블코인은 업비트 안에서 여전히 "거래를 위한 도구" 수준에 머무른다.

업비트가 이러한 방식을 선택한 배경에는 규제 리스크뿐 아니라, 한국 시장의 사용자 특성이 있다. 한국 투자자들은 상대적으로 보수적이며, 원화 중심의 자산 관리 방식을 선호한다. 실명 계좌 기반 구조는 사용자에게 심리적 안전감을 주고, 원화로 모든 것을 처리할 수 있는 UX는 초보자 중심의 시장에서 매우 효과적인 방식이었다. 업비트는 스테이블코인을 급격하게 확장하기보다, 기존의 안정된 UX 속에 스테이블코인을 서서히 스며들도록 만드는 방식을 선택하였다. 이는 해외 거래소의 공격적 확장과는 다른, 한국형 성장 전략이다.

이런 관점에서 보면 업비트가 스테이블코인에게 제공한 것은 "규제와 인정이라는 울타리 안에서의 첫 단계"였다. 해외에서 이미 활발히 활동하던 스테이블코인이 한국 시장에 들어와 보니, 환경이 훨씬 더 통제되고 안정적이었으며 경험할 수 있는 기능은 제한되어 있었다. 이는 능력이 충분해도 부모의 규칙 안에서만 행동할 수 있는 청소년과도 같은 모습이다. 하지만 이러한 환경은 스테이블코인에게 위험이 적은 초기 경험을 제공하였고, 한국 사용자에게는 안전하고 점진적인 학습 환경을 만들었다.

업비트의 스테이블코인 구조는 향후 한국형 스테이블코인이 등장할 때 더욱 중요한 의미를 갖는다. 업비트는 이미 원화 기반 디지털 자산 시장을 안정적으로 운영해 온 경험이 있으며, 사용자가 KRW 기반 UX에 익숙한 구조는 '국가 기반 스테이블코인(KRW 스테이블코인)'이 등장할 때 자연스럽게 연결될 수 있다. 업비트가 해외형 스테이블코인을 적극적으로 확장하지 않은 이유는 단순히 보수성 때문이 아니라, 향후 원화 기반 디지털 금융 생태계로 나아가는 발판을 다지는 과정으로 해석할 수도 있는 것이다.

스테이블코인은 이제 막 한국에서 "청소년기"를 시작하였다. 해외에 비해 늦었지만, 안정적인 환경에서 첫걸음을 내디뎠고, 한국 사용자들은 비로소 스테이블코인이 제공하는 안정성과 기능을 경험할 준비를 갖추기 시작하였다. 업비트는 이 성장을 제한하는 동시에 보호하였다. 앞으로 스테이블코인이 성인기의 역할(결제, 송금, 금융 인프라)을 수행할 수 있을지는 업비트가 어떤 방향으로 시장 구조를 확장하느냐에 달려 있다.

이어서 같은 규제 환경 속에서도 전혀 다른 선택을 한 빗썸의 사례를 살펴본다. 더 공격적이고 실험적인 전략을 선택한 빗썸은 스테이블코인이 한국 시장에서 처음으로 "경험의 폭을 넓혀 본 무대"가 되었다.

빗썸, 울타리 안에서 최대한 멀리 뛰어 보려 한 시도

스테이블코인이 한국의 제한된 환경 속에서 조심스럽게 성장해 가는 동안, 업비트와는 다른 선택을 하며 보다 활발한 경험을 시도한 거래소가 있었다. 바로 빗썸이다. 빗썸은 동일한 규제 울타리 안에서도 스테이블코인과 새로운 시장 구조를 적극적으로 탐색하였고, 이는 스테이블코인의 청소년기에 중요한 전환점을 만들어 낸다.

빗썸은 업비트보다 먼저 스테이블코인 시장의 기회를 보았다. 2023년 말부터 2024년 사이, 국내 5대 거래소 중 가장 빠르게 USDT 거래를 재개하고 상장 폭을 확대한 거래소가 바로 빗썸이다. 2023년 12월,

빗썸은 업비트보다 약 반년 앞서 테더 거래를 전면 재개하며 시장에서 스테이블코인을 필요로 하는 사용자층을 선제적으로 흡수한다. 당시 업비트가 스테이블코인에 보수적인 관점을 유지하고 있었기 때문에, 빗썸의 결정은 시장의 큰 관심을 받았다.

빗썸 USDT 마켓 안내

자료: 빗썸

이후 2025년 9월, 빗썸은 테더 마켓을 확장하며 국내 최초로 글로벌 거래소와 오더북을 공유하는 방식을 도입한다. 오더북 공유는 국내 거래소 단독 유동성으로는 확보하기 어려운 깊은 호가와 거래량을 외부와 연결하여 제공할 수 있는 구조였다. 특히 빗썸은 호주 기반의 스텔라 익스체인지Stellar Exchange(스텔라)와 오더북을 공유하며 더 풍부한 깊이를 확보하고, 이를 통해 "국내에서 해외 수준의 유동성을 제공한다"는 특징을 강조하였다.

하지만 이 테더 마켓 실험은 길게 이어지지 못하였다. 빗썸은 2025년

11월 25일 「테더(USDT)마켓 베타서비스 종료 안내」 공지를 통해 11월 28일 11시를 기준으로 USDT 마켓 거래를 종료한다고 밝힌다. 공지에는 "테더(USDT) 입금 및 출금 서비스는 계속 제공된다"는 문구가 함께 명시되어 사용자가 보유 자산을 회수하거나 외부 지갑·타 거래소로 이동하는 통로는 남겨 두었지만, 국내 원화 기반 현물 마켓에서 상시로 테더를 거래하는 구조는 일단 접는 방향으로 정리되었다.

이 결정은 빗썸의 실험이 단순한 기능 추가가 아니라 규제·리스크 관점에서 재조정이 필요한 구조였다는 점을 시사한다. 글로벌 거래소와 오더북을 공유하여 유동성을 끌어오는 전략은 단기간에 깊은 호가와 거래량을 확보한다는 장점이 있지만, 자금세탁방지·외환 규제 측면에서는 새로운 불확실성을 만들어 낸다. 금융정보분석원(FIU)이 현장 점검을 연장하며 오더북 공유 구조를 자세히 들여다보고, 이후 베타 서비스 종료로 이어진 흐름은 "스테이블코인이 한국 거래소 안에서 어떤 방식으로 사용될 수 있는지"에 관한 제도적 경계가 어디까지인지 보여 주는 중요한 단서가 된다.

이러한 실험적 시도는 빗썸의 고유한 강점인 동시에 위험 요인이기도 하다. 가령 FIU는 2025년 빗썸에 대한 현장 조사를 2주 연장하며 오더북 공유 과정에서 외국 사용자 자금이 국내 유동성에 섞일 가능성, 즉 자금세탁 위험 이슈를 보다 면밀히 들여다보겠다고 밝혔다. 이는 빗썸이 시도한 실험이 단순한 기능 추가가 아니라 규제적으로도 민감한 구조였음을 보여 준다. 해외 거래소와의 시스템 연결이 AML 체계에 어떤 영향을 미치는지에 대한 기준이 없었기 때문에, 빗썸은 한국 시장에 없는 새로운 모델을 '테스트베드'처럼 시도한 셈이었다.

자료: 빗썸

또한 빗썸은 2025년 '렌딩플러스(코인대여 서비스)'를 출시하면서 스테이블코인을 포함한 디어 기반 레버리지 서비스를 본격적으로 도입하였다. 이 서비스에서 사용자는 USDT 같은 스테이블코인을 담보자산 또는 대여자산으로 선택할 수 있다. 해당 서비스를 이용하는 경우 보통 USDT를 대여하는데, 그 이유는 변동성을 최대한 줄이기 위함이다.

대여 후에는 상환할 금액과 상환 레벨을 확인할 수 있다. 대여 기간에는 항시 해당 내용에 주의하면서 자금을 운용해야 한다. 실제로 빗썸은 초기에는 최대 4배 레버리지를 제공했고, 이후 규제 압박으로 2배까지 축소되었지만 여전히 업비트의 '코인빌리기(최대 1.18배)'보다

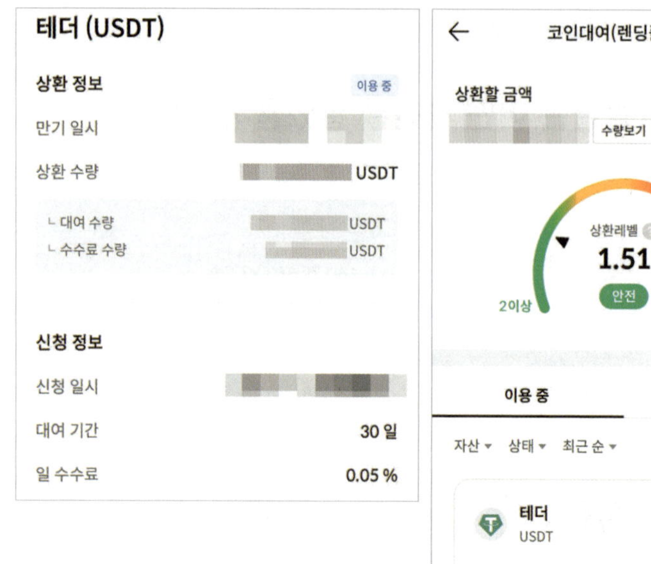

자료: 빗썸

공격적인 구조를 유지하고 있다.

특히 USDT는 변동성이 거의 없다는 이유로 95퍼센트의 높은 담보 가치를 인정받았고, 이에 따라 스테이블코인을 기반으로 레버리지를 확대한 투자자가 대규모로 증가하였다. 이 지점에서 스테이블코인은 '안정적인 자산'일 뿐만 아니라 '레버리지를 극대화하는 도구'라는 새로운 역할을 맡게 되었다.

이 같은 구조는 결국 실질적인 위험으로 이어졌다. 2025년 9월까지 빗썸 렌딩플러스에서는 전체 사용자의 13퍼센트에 달하는 2만 건 넘는 강제 청산이 발생하였는데, 특히 USDT를 기반으로 숏 포지션을 구성한

투자자들이 시장 급등 구간에서 연쇄 청산을 경험하였다. 이 사례는 스테이블코인의 안정성이 투자자의 심리 속에서 어떻게 과신되기 쉬운지 보여 준다. 가격이 고정된 자산은 위험이 낮아 보이지만, 높은 LTV와 레버리지를 결합하는 순간 스테이블코인은 오히려 위험을 확대하는 촉매제가 된다.

참고로 업비트는 2025년 8월 말, 코인빌리기 서비스 대상에서 USDT를 제외했으나 11월 초 USDT를 포함해 총 11종의 자산 지원을 재개하였다.

업비트 공지 화면

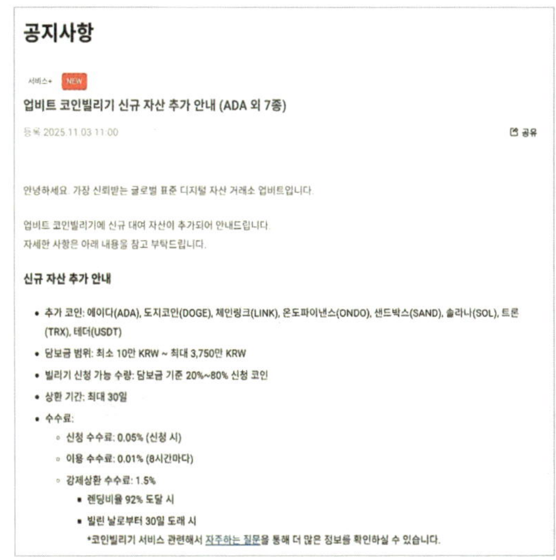

업비트 코인빌리기 화면

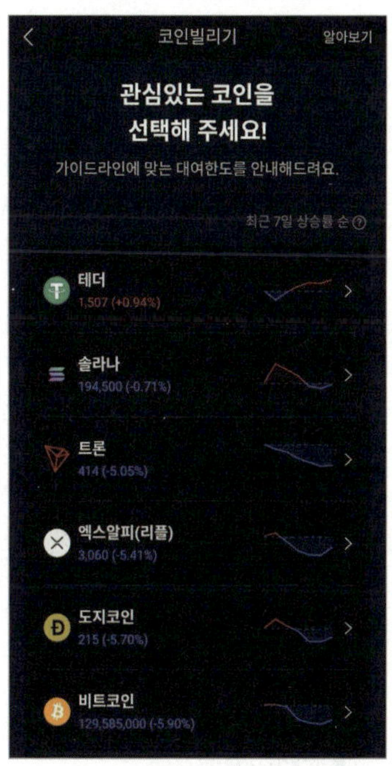

자료: 업비트

업비트의 코인빌리기가 최근까지 비교적 보수적인 구조(BTC, ETH, XRP만 지원하고 LTV를 85퍼센트로 제한)를 유지한 것과 달리, 빗썸의 렌딩플러스는 스테이블코인틀 포함한 17개 이상의 자산을 지원하며 다양성과 유연성을 강조하였다. 이 차이는 곧 스테이블코인의 '사용성'이 각 거래소에서 어떻게 다르게 해석되었는지를 보여 주는 지점이다. 업비트는 스테이블코인을 '위험관리의 수단'으로 제한적으로 활용한 반면, 빗썸은 스테이블코인을 '레버리지의 엔진'으로 활용한다.

이후 2025년 11월, 빗썸은 스테이블코인을 활용한 레버리지 서비스 전반을 대대적으로 개편한다. 이 업데이트는 스테이블코인이 거래소 안에서 어떤 방식으로 위험을 학습해 가는지, 그리고 그 위험이 제도적으로

빗썸 코인대여(렌딩플러스) 개편 공지

자료: 빗썸

어떻게 재조정되는지를 보여 주는 중요한 지점이다.

개편의 첫 번째 변화는 서비스 주체가 입점사에서 빗썸 자체로 이동했다는 점이다. 이는 스테이블코인을 활용한 대여·레버리지 구조가 이제 외부 실험이 아니라 '거래소의 책임 아래 있는 금융 기능'으로 전환되었음을 의미한다. 스테이블코인이 전문 알고리즘의 감독을 받던 디파이에서 벗어나, 거래소의 규칙과 내부 리스크 체계 속으로 편입되는 과정이다.

두 번째 변화는 담보(보증금) 설정 방식이다. 과거에는 메이저 자산을 기준으로 담보가 자동 계산되었지만, 이제는 사용자가 직접 보증금을 설정해야 한다. 담보로 설정된 자산은 거래나 출금이 제한되며, 이는 스테이블코인이 더 이상 단순한 '보유 자산'이 아니라 '위험을 관리해야 하는 레버리지의 기반'으로 관리된다는 점을 보여 준다.

세 번째로 중요한 변화는 담보인정비율(LTV)의 대규모 재편이다. 기존에는 메이저 자산의 가치를 100퍼센트 인정하였지만, 이번 업데이트에서는 모든 자산에 대해 할인 평가가 적용되었다. 즉 스테이블코인 역시 담보로 인정되지 않으며, BTC·ETH 등 메이저 코인도 가치를 전부 인정받지 못한다. 이는 스테이블코인이 디지털 달러처럼 받아들여지던 초기 분위기와 달리, 실제 위험관리에서는 "스테이블코인은 완전한 달러가 아니다"라는 인식이 제도적으로 자리 잡았음을 보여 준다.

네 번째 변화는 자동 상환(강제 청산) 기준의 구조화다. 기존에는 상환 레벨 기반으로 청산이 이루어졌지만, 이번 개편에서는 대여 비율(대여자산÷담보자산)이 95퍼센트에 도달하면 곧바로 청산된다. 모든 대여 건마다 개별적으로 청산이 진행되는 구조로 변경되었으며, 스테이블코인을 활용한 레버리지의 위험을 더욱 촘촘하게 관리하도록 설계되었다.

마지막으로 빗썸은 '도미노 청산 방지 시스템'을 공지사항에 명문화한다. 2025년 10월 발생한 연쇄 강제 청산(도미노 청산) 사건 당시, 스테이블코인(USDT)의 원화 가격이 약 1,400원대에서 갑자기 5,700원까지 치솟는 이례적 상황이 발생하였다. 테더가 달러와 일대일로 연동되는 안정적 자산'이라는 점을 생각하면, 이 가격 변동은 스테이블코인의 본질과 완전히 반대되는 현상이었다. 그러나 이 상황은 글로벌 시장의 문제가 아니라 국내 특정 플랫폼 내부 구조에서 촉발된 사건이었다는 점에서 더 큰 의미가 있다.

빗썸의 렌딩 서비스는 사용자가 담보를 기준 이하로 유지하였을 때

테더 가격 급등 당시 빗썸 차트

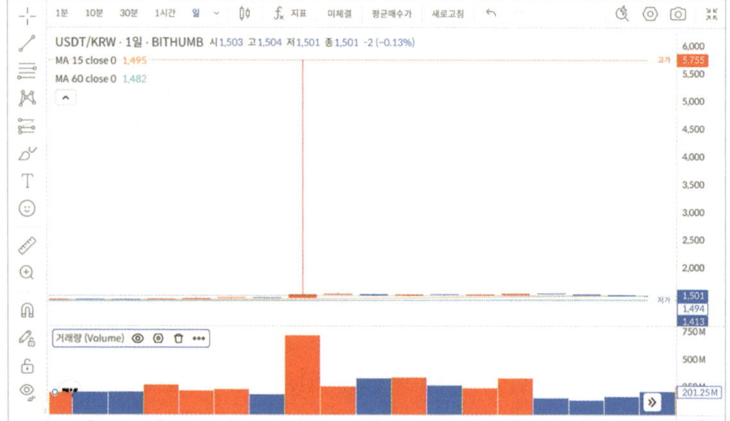

자료: 빗썸

자동 상환(강제 청산)이 발생하는 구조인데, 시장 변동성이 커지는 순간 자동 상환이 한꺼번에 작동하며 대량의 '시장가 매수·매도 명령'이 동시에 발생한다. 이 대량 주문이 테더 가격 급등을 유발하였고, 급등한 가격은 다시 담보 부족을 만들며 또 다른 청산을 촉발하였다. 이 순환이 짧은 시간 동안 계속되며, 스테이블코인으로서는 상상하기 어려운 가격 폭등을 만들어 냈다.

이 사건은 "스테이블코인은 달러 기반이므로 무조건 안정적이다"라는 일반적 인식을 흔들었다. 안정성은 스테이블코인 자체의 구조뿐 아니라, 그 스테이블코인이 사용되는 플랫폼의 설계 방식에도 영향받는다는 사실이 드러난 것이다. 전통 금융에서 안정적인 돈을 사용하더라도, 잘못 설계된 시장 구조에서는 가격 폭등·폭락이 발생할 수 있는 것과 동일한 원리다.

이와 동시에 빗썸은 스테이블코인 기반 서비스의 확장에도 속도를 냈다. 대표적으로 법인 계정의 스테이블코인 거래를 허용하며 기업 유동성과 해외 거래 기능을 지원한다. 국내에서 법인이 테더를 직접 거래할 수 있는 수소는 흔치 않았는데, 이는 스테이블코인을 단순 투자 수단이 아니라 실제 결제·송금 수단으로 바라보는 첫 단계라고 할 수 있다.

이번 개편은 스테이블코인을 둘러싼 투자 패턴의 양면성을 잘 드러낸다. 사용자가 스테이블코인을 안전한 달러 대안으로 인식하여 레버리지를 확대할수록, 거래소는 담보 기준을 강화하고 청산 규칙을 명확히 하며 위험을 낮추는 방향으로 구조를 되돌린다. 스테이블코인의 청소년기는 이처럼 '과한 자유 → 통제 → 균형'이라는 순환을 반복하며 성숙해 간다. 빗썸의 공매도·레버리지 서비스 개편은 그 과정의 생생한 기록이다.

빗썸의 렌딩플러스를 업비트의 코인빌리기와 비교해 보면 스테이블 코인이 청소년기에 겪는 양면성이 명확하게 두드러진다. 스테이블코인은 안정적이고 예측 가능한 자산처럼 보이지만, 거래소의 설계에 따라 언제든 위험을 증폭시키는 구조가 될 수 있다. 스테이블코인은 결코 완성된 화폐가 아니며, 어떤 맥락에 놓이느냐에 따라 전혀 다른 기능을 수행한다. 빗썸의 렌딩플러스 사례는 스테이블코인이 시장에서 성장하는 과정에 경험하는 불완전성과 그로 인해 나타나는 새로운 위험을 알려 주는 중요한 학습 장면이다.

빗썸의 스테이블코인 전략은 업비트와 대비되는 "활동적 청소년기"의 모습을 보여 준다. 같은 환경 속에서도 업비트가 안정·보수 중심의 성장을 선택하였다면, 빗썸은 새로운 기능을 도입하고 외부와 연결되는 통로를 만들며 더 다양한 경험을 시도하였다. 스테이블코인을 단순한 거래 대체재로 보는 것이 아니라, 유동성·연결성·시장 깊이를 확장하는 실험적 도구로 바라본 것이다.

빗썸은 테더 상장 외에도 다양한 구조적 실험을 통해 스테이블코인의 활용 경험을 넓혔다. 대표적으로 코인대여(렌딩) 서비스는 개인 사용자 에게도 공매도에 준하는 투자 전략을 가능하게 하였고, 시장 변동성에 따라 스테이블코인이 어떤 역할을 맡는지 실전에서 체감할 수 있게 하였다.

같은 규제 환경에서도 업비트와 빗썸이 서로 다른 방향을 선택한 이유는 단순한 사업 전략의 차이가 아니라, 스테이블코인이라는 새로운 자산에 대해 어떤 역할을 기대했는지의 차이에 더 가깝다. 업비트는 사용자 보호, 안정성, 규제 준수를 우선시하여 스테이블코인을 제한된 범위에서 도입하였지만 빗썸은 글로벌 거래소와의 연결 가능성, 유동성 확장, 새로운 투자 전략 제공 등 더 공격적이고 실험적인 접근을 선택하였다.

이 차이가 만들어 낸 결과는 한국 스테이블코인의 청소년기에 중요한 의미가 있다. 업비트가 "안정적으로 보호된 성장"을 제공하였다면, 빗썸은 "다양한 경험과 위험을 동시에 마주한 성장기"를 제공한 셈이다.

빗썸의 스테이블코인 실험은 단순히 거래를 지원하는 수준을 넘어서, 한국 시장에서 스테이블코인의 "위험과 가능성"이 어떻게 드러나는지를 선명하게 보여 준 사례다. 이 실험들은 한국 사용자에게 새로운 경험을 제공하였지만, 동시에 시장 구조가 얼마나 연약하게 흔들릴 수 있는지도 확인시켰다. 이 양면성은 빗썸의 청소년기적 성격(빠르게 배우고, 많이 시도하고, 때로는 크게 흔들리는 성장 과정)을 그대로 반영한다.

흥미로운 점은 이러한 구조적 실험들이 빗썸의 단기 점유율을 급격히 끌어올렸다는 사실이다. 가령 테너 상장 직후 빗썸은 한때 업비드의 기래량을 앞지르며 국내 점유율 1위에 오르기도 하였다. 이는 스테이블코인을 필요로 하는 사용자층이 얼마나 많았는지를 보여 준다. 그동안 한국 사용자들은 해외 거래소에 의존해서 스테이블코인을 사용해 왔기 때문에, 국내에 안정적인 스테이블코인 마켓이 생기자 빠르게 이동하였다.

하지만 빗썸의 실험이 긍정적 결과만을 낳은 것은 아니다. 오더북 공유는 유동성을 대폭 끌어올리는 장점도 있었지만, 규제적 관점에서는 "해외 자금의 밀입국 통로"로도 해석될 수 있었다. AML 체계가 다르면

부정 거래가 국내로 유입될 가능성이 있기 때문이다. 실제 FIU가 빗썸 현장 조사를 연장하며 이 부분을 중점적으로 점검한 이유도 여기에 있다.

빗썸의 청소년기는 결국 '가능성과 리스크'를 동시에 경험하며 성장한 시기였다. 안정성이 최우선인 업비트와 달리, 빗썸은 새로운 기능을 빠르게 도입하고 사용자의 경험 폭을 넓히는 시도를 계속하였다. 이러한 실험 덕분에 한국 사용자는 스테이블코인을 더 깊이 이해할 수 있었고, 스테이블코인이 디지털 금융에서 어떤 역할을 할 수 있는지 실전에서 체감할 수 있었다.

빗썸의 청소년기는 한국 스테이블코인 시장에서 가장 역동적인 장면을 만들어 냈다. 규제의 울타리 안에 있으면서도 그 울타리 끝까지 걸어가 "여기까지는 가능하다"고 실험해 본 거래소는 빗썸이 거의 유일하다. 실험의 결과는 때로는 성공적이었고, 때로는 위험하였으며, 때로는 규제의 경계를 드러냈다. 하지만 이 모든 경험은 한국 스테이블코인 생태계가 성인기로 넘어가는 데 필요한 배경을 형성하였다.

빗썸의 청소년기는 성공과 실패를 동시에 품은 서사다. 업비트의 안정적 구조가 스테이블코인에게 보호된 성장 환경을 제공한 반면, 빗썸은 위험을 감수하면서 새로운 가능성을 열었다. 그리고 양쪽 거래소의 상반된 선택 모두 한국 스테이블코인이 성인기로 넘어가는 데 필수적인 경험이었다.

'업비트의 보수적 안정성＋빗썸의 실험적 확장성', 이 두 흐름이 합쳐졌을 때 비로소 한국은 "원화 기반 스테이블코인"이라는 다음 단계(성인기의 문턱)로 넘어갈 준비를 갖춘다.

한국형 스테이블코인이 등장한다면, 업비트의 안정성과 빗썸의 경험치는 모두 중요한 기반이 된다. 그리고 빗썸의 실험은 앞으로 등장할 원화 스테이블코인이 어떤 기능을 제공해야 하는지, 어떤 위험을 사전에 설계해야 하는지 보여 주는 실제 교과서가 된다.

이제 청소년기의 마지막 페이지가 넘어간다. 이제부터는 한국이 왜 원화 스테이블코인을 고려하게 되었는지, 그리고 그 이후 어떤 성인기가 펼쳐질 수 있는지를 살펴보아야 한다.

청소년기의 끝에서 드러난
스테이블코인의 현주소

스테이블코인은 디파이에서 태어나 글로벌 거래소에서 폭발적으로 성장하며 청소년기 대부분을 보낸다. 이 과정에서 스테이블코인은 실험적 도구에서 시장의 핵심 언어로 자리 잡고, 유동성·사용성·규모라는 세 가지 역량을 빠르게 확보한다. 그러나 한국 시장에서 스테이블코인이 겪는 청소년기는 글로벌 시장과 전혀 다른 방식으로 전개된다. 한국의 스테이블코인은 성장의 여지가 충분함에도 규제 구조와 금융 인프라의 제약 속에서 조심스럽고 제한적인 방식으로 성숙을 경험한다. 이에 따라 글로벌과 한국의 청소년기가 어떤 차이를 만들어 내는지, 그리고 이 차이가 성인기로 넘어가는 길목에서 어떤 의미를 갖는지를 살펴보자.

글로벌 시장에서 스테이블코인은 이미 성숙에 가까운 청소년기를 보냈다. 바이낸스에서 스테이블코인은 시장의 기본 통화로 자리 잡고, 가격의 언어 자체가 USDT 중심으로 정렬되었다. 사용자는 비트코인의 가격을 달러가 아니라 BTC/USDT로 이해하는 방식에 익숙해지고, 이는 시장 구조 전체가 스테이블코인을 기준으로 움직이는 변화로 이어졌다. 코인베이스는 규제 중심 운영을 통해 스테이블코인의 투명성과 제도권 연결성을 강화하였다. 결제 서비스와 금융 API를 통해 스테이블코인은 실물 경제와 연결되고, 디지털 달러의 사회적 기능을 확장하였다. 바이비트는 파생상품과 실생활 결제를 중심으로 스테이블코인의 실사용 영역을 넓혔다.

이처럼 글로벌 거래소는 스테이블코인이 청소년기에 배워야 할 기능을 빠르게 제공하였다. 유동성, 가격 기준성, 금융상품과의 결합, 실제 사용 경험 등 스테이블코인의 핵심 능력은 글로벌 무대를 중심으로 형성되었다. 스테이블코인은 이 과정에서 기술적 실험 단계를 넘어 실질적 화폐로 기능하기 위한 기본 체력을 갖춘다. 글로벌 청소년기는 곧바로 성인기를 예고하는 장면이 된다.

한편, 한국에서의 스테이블코인 청소년기는 다른 양상으로 흘러갔다. 한국 거래소는 원화 기반의 규제 환경에 묶여 있었고, 스테이블코인의 역할은 글로벌 시장에 비해 많이 축소되었다. 업비트는 원화 중심 생태계를 유지하며 스테이블코인을 세한적으로 도입하였다. 스테이블코인은 특정 시장 상황에서 거래 보조 도구로 사용되지만, 글로벌 거래소처럼 시장의 기준 통화로 기능하지는 않았다. 한국 사용자들은 스테이블코인을 '디지털 달러'라기보다 '일시적 피난처'로 이해한다. 은행 시스템과의 밀접한 연결 구조는 입출금의 편의성을 높이지만, 스테이블코인을 실생활 결제나 온체인 활동으로 확장하는 데는 분명한 한계를 남겼다.

반면에 빗썸은 스테이블코인의 가능성을 더욱 과감하게 확장하였다. USDT 마켓을 열고, 스테이블코인 기반 레버리지 서비스와 오더북 공유

등 다양한 실험을 진행하며 스테이블코인의 실제 수요를 확인하였다. 그러나 이러한 실험은 동시에 새로운 위험도 보여 주었다. 연쇄 청산 사태, 출금 제한, 스테이블코인 가격 급등 등의 사건은 스테이블코인이 거래소 시스템과 맞물릴 때 예기치 않은 리스크가 발생할 수 있음을 드러 냈다. 글로벌 거래소에서 이미 관리 가능한 수준으로 다뤄지던 리스크 들이 한국에서는 구조적 혼란으로 이어진 것이다. 이는 한국의 스테이블 코인 청소년기가 더 많은 안전장치와 명확한 규칙을 필요로 한다는 사실을 보여 준다.

이렇듯 글로벌과 한국의 청소년기는 서로 다른 방식으로 스테이블 코인의 성장을 완성한다. 글로벌 시장은 확장성과 기능성을 중심으로 스테이블코인을 성숙시키고, 한국 시장은 제약과 위험을 통해 스테이블 코인의 한계를 드러낸다. 스테이블코인이 성인기로 넘어가기 위해서는 이 두 세계의 경험을 모두 고려해야 한다. 기술과 사용성만으로는 충분하지 않고, 규제와 금융 인프라만으로도 확장은 불가능하다. 글로벌의 속도와 한국의 안정성은 각각 장단점을 갖고 있으며, 두 요소는 성인기의 스테이블코인이 갖춰야 할 핵심 축이다.

스테이블코인의 청소년기는 이제 끝을 향해 다가간다. 글로벌 시장 에서의 폭발적 확장과 한국 시장에서의 제한적 실험은 스테이블코인이 갖춰야 할 기능과 해결해야 할 과제를 모두 드러낸다. 다음 단계에서는 이 기능과 과제가 제도와 규제라는 틀 안에서 재정의될 필요가 있다. 스테이블코인의 성인기는 기술 발전만으로 도달할 수 있는 단계가 아니다. 국가별 규제와 금융 시스템의 수용성, 통화정책과의 조정이 필수적으로 요구된다.

이어지는 4장에서는 성인기 스테이블코인이 실제로 어떤 제도적 정체성을 갖는지, 각 국가는 스테이블코인을 무엇으로 규정하고 어떤 기능을 허용하거나 제한하는지, 그리고 한국은 이 과정에서 어떤 선택을 마주하는지 살펴본다. 청소년기의 자유와 혼란을 지나, 스테이블코인은 이제 제도라는 새로운 언어를 배우기 시작한다. 성인기로의 문턱은 이미 눈앞에 다가와 있다.

4장

성인에 접어든 스테이블코인: 스테이블코인, 규제 속으로 들어오다

성장의 레일 '규제', 스테이블코인 제도화의 서막

글로벌 규제의 공통분모, '야생'에서 '질서'로

스테이블코인은 더 이상 변방의 실험이 아니다. 미국의 지급결제 명확성 법안(클래리티 액트Clarity Act), 유럽의 MiCA, 일본의 자금결제법 개정, 걸프Gulf권의 AED 결제토큰 제도 등 전 세계적으로 규제의 틀 안에 편입되기 시작하였다.

그러나 이러한 제도화의 이면에는 스테이블코인이 내포한 '태생적 위험성'이 자리 잡고 있다. 스테이블코인은 중앙은행이 아닌 사적 주체 private entity가 발행하므로, 신뢰를 담보할 제도적 장치가 부재할 경우 발행사의 파산이 곧 이용자의 자산 손실로 이어질 수 있다. 또한 준비자산의 불투명성은 우리가 익히 아는 테라-루나 사태와 같은 페깅 실패나 대규모 코인런Coin Run을 유발하여 금융 시스템 전체의 안정을 위협할 수 있다.

이에 국제기구와 각국 중앙은행은 한목소리로 "화폐 대용 수단으로서의 스테이블코인은 통화 주권 약화, 금융 안정 훼손 등의 리스크를 동반한다"고 경고하며, 이를 흡수할 수 있는 제도적 안전장치 마련을 촉구해 왔다. 스테이블코인이 암호자산 거래의 기축통화가 된 오늘날, 제도권 편입은 단순한 선택이 아니라 시장의 생존이 걸린 필수 과제가 된 것이다.

통상적으로 규제는 기술 혁신이나 프로토콜의 도입을 저해하는 '장벽'으로 인식되곤 한다. 그러나 스테이블코인의 경우는 다르다. 명확한 규제는 오히려 시장의 불확실성을 제거하고 산업이 제도권에 안착할 수 있도록 돕는 일종의 '레일' 역할을 수행한다.

미국에서는 2023년에 실제로 연방 차원의 논의가 본격화되기 전까지, 시장은 그야말로 '규제 패치워크patchwork' 상태였다. 서클 같은 발행사는 미국 40여 개 주의 송금업 면허(MTL)를 일일이 취득하며 규제 준수를 입증해야 했고, 테더는 역외offshore에 머물며 규제 당국과 끊임없이 숨바꼭질을 벌여야 했다. 명확한 레일이 없다 보니 기업은 막대한 불확실성 비용을 치러야 했고, 규제 당국은 사후 약방문식의 '집행enforcement'에 의존할 수밖에 없었다.

이러한 한계를 극복하기 위해 미국은 2023년 '지급결제 스테이블코인 명확성 법안Clarity for Payment Stablecoins Act'을 상정하며 제도화의 신호탄을 쏘아 올렸고, 2025년 '지니어스 법' 제정을 통해 연방 차원의 명확한 규제 체계를 확립하였다. 이는 전 세계가 동조하고 있는 거대한 흐름이기도 하다. 특히 2022년 발생한 테라-루나 사태는 규제 방향성의 변곡점이 되었다. 세계 각국의 당국은 이를 계기로 자산 담보 없이 알고리즘에만 의존하는 이른바 '알고리즘형 스테이블코인'을 엄격히 제한하고, 발행 요건을 대폭 강화하는 등 시장의 실패를 반면교사 삼아 규제 환경을 진화시켜 나가고 있다.

주요국 스테이블코인 규제 논의 단계

자료: 한국은행

위 그림에서 볼 수 있듯이 현재 글로벌 규제 지형은 크게 세 그룹으로 나뉜다. 가장 앞서 나가는 선도 그룹은 일본(2023년 시행)·유럽연합(2024년 시행)·홍콩(2025년 시행)으로, 이미 법적 강제력을 갖춘 규제 환경을 조성하였다. 여기에 미국이 2025년 7월 '지니어스 법'을 제정하며 규제 체계를 확립함에 따라, 사실상 전 세계 주요 경제권이 모두 스테이블코인을 법의 테두리 안으로 편입시켰다. 특히 미국의 합류는 그동안 파편화되어 있던 규제 표준이 '달러'를 중심으로 완성되었음을 의미하는 결정적 사건이다. 반면에 한국을 포함하여 캐나다, 호주 등은 여전히 규제의 방향성을 논의하거나 연구하는 단계에 머물러 있어 글로벌 표준 형성 과정에서 추격자follower의 위치에 놓여 있다.

그러나 국가별 속도의 차이만 있을 뿐, 이들이 지향하는 '규제의 공통 문법'은 놀랍도록 유사하다. 국제통화기금(IMF)과 국제결제은행(BIS) 등 국제기구의 권고와 주요국 법안을 종합해 보면 글로벌 규제 트렌드는 크게 ① 진입 장벽의 강화(발행 주체 제한), ② 가치 연동의 강제(준비자산 규율), ③ 시스템 리스크 차단(이자 지급 금지), ④ 이용자 보호(상환 청구권 및 도산 절연), ⑤ 투명성 확보(공시 및 AML)라는 다섯 가지 핵심 기둥으로 수렴한다.

글로벌 주요국의 스테이블코인 규제 비교

구분	미국 (지니어스 법 등)	유럽 (MiCA)	일본 (자금결제법)
발행 주체	부보 예금기관(은행) 자회사, 인가받은 비은행 기관	신용기관(은행), 전자화폐기관(EMI)	은행, 신탁회사, 자금이동업자
준비 자산	현금, 국채(93일 이내) 등 고유동성 자산 일대일 유지	현금, 예금(30% 이상) 등 안전 자산 일대일 유지	예금, 단기국채 등 안전자산 100% 유지
이자 지급	금지 (수익 지급 불가)	금지 (발행사 및 거래소 포함)	해당 없음 (성격상 불가)
상환 청구	액면가 상환 보장	액면가 상환 보장	액면가 상환 보장
이용자 보호	도산 절연Bankruptcy Remote 및 우선변제권 보장	별도 계정 예치 및 우선변제권 보장	공탁 의무 및 우선변제권 보장

자료: 한국은행

첫째, '누구나' 발행할 수 있던 시대는 끝났다

과거에는 알고리즘이나 불투명한 자산을 담보로 누구나 스테이블코인을 발행할 수 있었지만, 제도권은 이를 용납하지 않는다. 위 표에서 보듯이 주요국은 은행, 신탁회사, 또는 엄격한 요건을 갖춘 등록된 자금이동업자에게만 발행 자격을 부여한다. 특히 미국은 비금융 상장기업의 발행을 원칙적으로 제한하여 금산분리 원칙을 고수하려는 움직임을 보인다.

둘째, '1코인=1법정통화'의 신화는 엄격한 준비자산으로만 지탱된다

테라-루나 사태가 남긴 가장 큰 교훈은 "알고리즘은 돈이 될 수 없다"는 것이다. 이에 따라 글로벌 규제는 발행량의 100퍼센트 이상을 안전자산으로 보유할 것을 의무화한다. 여기서 안전자산이란 현금, 단기국채(미국의 경우 93일 이내), 예금 등 즉시 현금화가 가능한 고유동성 자산을 의미한다.

셋째, 스테이블코인은 '투자상품'이 되어서는 안 된다

가장 논쟁적이면서도 공통적인 규제 사항은 '이자 지급 금지'다. 미국, EU 등은 발행사가 스테이블코인 보유자에게 이자(수익)를 지급하는 것을 금지한다. 이는 스테이블코인이 은행예금을 대체하여 기존 금융 시스템의 자금 중개 기능을 약화시키는 것(내로우 뱅킹화Narrow Banking)을 방지하기 위함이다. 스테이블코인은 가치 저장이나 투자의 수단이 아닌, 순수한 '지급결제수단'으로 남아야 한다는 것이 글로벌 규제 당국의 공통된 시각이다.

넷째, 발행사가 망해도 내 돈은 안전해야 한다

제도화된 스테이블코인은 발행사의 파산 위험으로부터 이용자의 자산을 격리한다. 이용자는 언제든지 액면가로 상환을 청구할 권리를 법적으로 보장받으며, 발행사가 파산하더라도 준비자산에 대해서는 우선변제권을 갖는다. 이는 스테이블코인이 단순한 디지털 코인을 넘어 실질적인 '화폐 대용재'로서 신뢰를 얻기 위한 필수 조건이다.

다섯째, 익명성의 장막을 걷어 내고 투명성을 입는다

블록체인의 익명성은 자금세탁과 테러자금조달(CFT)의 온상이 될 수 있다는 비판을 받아 왔다. 이에 따라 주요국은 발행자에게 은행 수준의 KYC·AML 의무를 부과하고 있다. 또한, 월별 준비자산 구성 내역과 감사 보고서를 공시하도록 하여 "우리가 돈을 제대로 가지고 있다"는 것을 시장에 끊임없이 증명하도록 강제한다.

결국 전 세계는 스테이블코인을 '규제 없는 혁신'의 영역에서 '통제 가능한 금융 인프라'의 영역으로 옮겨 오고 있다. 따라서 이러한 공통 원칙이 미국, 유럽, 아시아의 각기 다른 금융 토양 위에서 구체적으로 어떻게 법제화되고 있는지 국가별 사례를 통해 상세히 들여다보려고 한다. 4장에서는 "성인의 세계"로 진입한 스테이블코인의 국가별 규제 지형을 상세히 분석하고, 향후 한국이 나아갈 방향성을 구체적으로 짚어 보자.

미국, 달러 스테이블코인을
국가 전략으로 끌어올린 '지니어스 법'

지니어스 법의 등장

스테이블코인에 관심이 있다면 2025년 제정된, 이른바 '지니어스 액트 GENIUS Act'에 대해 들어보았을 것이다. 정식 명칭은 '미국 스테이블코인 혁신 유도 및 확립법Guiding and Establishing National Innovation for U.S. Stablecoins Act'으로, 스테이블코인이 단순한 가상자산을 넘어 기존 금융시장 및 달러 패권과 직결된다는 인식하에 2025년 2월 5일 발의되었다. 이 법안은 의회를 통과하여 2025년 7월 18일 도널드 트럼프 대통령의 서명으로 최종 발효되었는데, 미국 연방 차원에서 디지털 자산을 다루는 첫 번째 본격 입법이라는 점에서 역사적 상징성이 매우 크다.

이 법이 등장하기 전까지 미국의 규제 환경은 그야말로 '파편화 fragmentation' 그 자체였다. 증권성이 짙은 토큰은 SEC(증권거래위원회), 파생상품 성격은 CFTC(상품선물거래위원회), 자금세탁 방지는 FinCEN(금융

범죄단속국), 송금업 면허는 각 주state 금융당국이 제각각 담당하였다. 이러한 규제 공백 속에서 기존 발행사들은 서로 다른 규제 틈새를 오가는, 일명 '규제 차익regulatory arbitrage'을 통해 아슬아슬한 비즈니스를 영위해 왔다. 그러나 테라-루나 사태, FTX 파산, 테더의 준비자산 불투명성 논란 등을 거치며 "법정화폐의 가치를 추종하는 스테이블코인만큼은 별도의 명확한 규율이 필요하다"는 공감대가 형성되었다.

정치적 맥락의 변화 또한 결정적이었다. 전임 조 바이든Joe Biden 행정부가 CBDC 연구와 '집행을 통한 규제regulation by enforcement'에 방점을 두었다면, 트럼프 2기 행정부는 "미국을 크립토 수도Crypto Capital로 만들겠다"는 슬로건 아래 입법을 통한 명확성을 강조하였다. 특히 신임 '가상자산 정책 총괄Crypto Czar'로 임명된 데이비드 삭스David Sacks는 "스테이블코인은 국제적인 달러 지배력을 강화하고 미국 국채 수요를 견인할 전략적 수단"이라고 천명하였다. 이는 지니어스 법이 단순한 투자자 보호법을 넘어, '달러 패권 유지를 위한 인프라 법'이라는 점을 보여 준다. 결과적으로 지니어스 법은 다음 세 가지 목표를 동시에 조준하고 있다.

- 발행자의 건전성 의무를 강화하여 소비자 보호와 금융 안정을 확보하는 것
- 혁신 기업이 예측 가능한 룰 안에서 사업할 수 있도록 '규제 불확실성' 비용을 제거하는 것
- 민간 스테이블코인을 통해 글로벌 금융 시스템 내 달러의 침투력을 높여, 기축통화로서의 지위를 공고히 하려는 국가적 전략

'지급결제용 스테이블코인'이라는 새로운 틀

지니어스 법의 핵심은 '지급결제 스테이블코인payment stablecoin'이라는 새로운 법적 범주를 만든 것이다. 법은 지급결제용 스테이블코인을 "현금 등 저위험 자산으로 일대일 담보되고, 특정 법정통화 가치에 고정되도록 설계되며, 주된 목적이 지급결제에 있는 디지털 자산"으로 정의한다.

여기에는 몇 가지 중요한 함의가 있다. 첫째, 지급결제용 스테이블코인은 기존 증권법이나 상품거래법의 적용 대상에서 벗어난다. 즉 스테이블코인이 증권법 및 상품거래법의 적용을 받지 않음을 명시하고 별도의 독립 규제 체계를 구축하도록 명시하였는데, 이는 규제 공백을 없애는 동시에 SEC·CFTC와의 관할 분쟁을 피하기 위한 설게다.

둘째, 이 법은 스테이블코인이 "달러와 비슷한 돈"처럼 느껴지더라도 법정통화나 정부 보증 채무는 아니라는 점을 강하게 못 박는다. 예를 들어 발행사는 스테이블코인이 "미국 정부의 전면적 보증"을 받는다거나 "FDIC 예금보험이 적용된다"고 홍보해서는 안 되며, 합리적인 소비자가 이를 법정통화로 오해하노록 마케팅하는 것도 법으로 금지된다.

셋째, 토큰화 예금tokenized deposits은 이 법에서 말하는 지급결제용 스테이블코인의 범주에서 제외된다. 은행이 자기 예금을 토큰화하여 발행할 때는 기존 은행 규제를 따르고, 지니어스 법의 여러 제한(예: 이자 지급 금지)을 적용하지 않는다. 미국 연준은 이를 통해 "은행예금과 유사하지만 은행이 아닌 곳에서 발행되는 스테이블코인"과 "은행예금 그 자체의 디지털 버전"을 명확히 구분할 수 있게 되었다고 평가한다.

정리하면 지니어스 법은 스테이블코인을 증권도, 예금도, 현금도 아닌 "지급결제용 디지털 토큰"이라는 별도의 층위에 놓고 여기에 맞는 맞춤형 규제를 설계한 법이다. 이는 한국에서도 스테이블코인을 기존 「전자금융거래법」이나 「자본시장법」에 끼워 넣을지, 별도 법으로 만들지 논의할 때 중요한 비교 기준이 된다. 어떤 규제 레일 위에 놓이느냐에 따라, 스테이블코인 산업의 성격은 물론 생존과 혁신의 방향성이 송두리째 달라질 수 있기 때문이다.

누가 발행할 수 있는가?

지니어스 법은 "누구나 마음만 먹으면 스테이블코인을 찍어 낼 수 있는" 현실에 제동을 걸었다. 이 법에 따르면, 미국 내에서 지급결제용 스테이블코인을 발행할 수 있는 주체는 '허가받은 지급결제용 스테이블코인 발행인permitted payment stablecoin issuer'으로 한정된다. 허가받은 발행인은 다음처럼 크게 세 부류로 나뉜다.

- 예금보험이 적용되는 은행insured depository institution의 자회사
- 연방 규제기관으로부터 라이선스를 받은 '연방 자격 비은행 발행인Federal qualified nonbank issuer'
- 주州 규제기관이 인가한 '주 자격 발행인State qualified issuer'

즉 은행 등 예금취급기관의 자회사나 특정 면허를 가진 금융회사로 발행 주체를 제한하였다. 스테이블코인 자체가 사적 주체가 발행하는

지급수단이므로, 리스크를 방지하기 위한 최소한의 방어책으로 보인다.

이들을 감독하는 '기본 연방 규제기관primary federal payment stablecoin regulator' 개념도 도입되었다. 은행 계열 발행인은 원래의 주 감독기관(Fed, OCC, FDIC 등)이, 비은행 발행인은 연준 등 지정된 연방 기관이 맡는다. 규제기관은 발행 라이선스 신청 접수 후 최대 120일 안에 승인 또는 거절을 결정해야 하고, 거절 시에는 이유와 함께 어떻게 보완하면 승인될 수 있는지까지 서면으로 설명하도록 의무화되어 있다. 규제기관에도 "깜깜이 심사"가 아닌, 투명한 절차를 요구한 셈이다.

또 하나 주목할 장치는 재무부·연준·FDIC·OCC 등이 참여하는 '스 테이블코인 인증심사위원회Stablecoin Certification Review Committee'다. 이 위원회는 특히 '비은행 상장기업'의 스테이블코인 발행을 심사하는데, 위원 전원이 만장일치로 찬성해야만 발행을 허용한다. 즉, 비금융 상장기 업이 스테이블코인을 발행하려면 미국 은행 시스템의 안전성과 건전성을 해치지 않고, 데이터 활용과 끼워팔기tying 금지 의무를 지키겠다는 점을 위원회가 만장일치로 인정해야 한다.

이는 메가테크·빅테크 기업, 예를 들어 "미국판 카카오·네이버"가 자 체 스테이블코인을 만들어 결제 플랫폼에 얹는 상황을 상정한 장치다. 법 의 취지는 크게 세 가지로 정리된다.

- '은행과 상업의 분리' 원칙을 지키려는 의도
- 스테이블코인 리스크가 실물경제 전반으로 번지는 일을 막으려는 것
- 빅테크가 보유한 데이터와 플랫폼 파워를 이용해 금융회사에 불공정 경쟁 우위를 갖는 것을 제한하려는 목적

일대일 준비자산에 관한 엄격한 규율

지니어스 법의 두 번째 축은 준비자산reserves을 어떻게 쌓고, 어떻게 보호할 것인지에 관한 규율이다. 법은 "발행된 지급결제용 스테이블코인 1단위마다 동일액의 준비자산을 일대일로 유지해야 한다"고 명시한다.

어떤 자산이 준비자산으로 인정되는지도 매우 엄격하게 정리되어 있다. 준비자산으로 허용되는 것은 대체로 네 가지로 압축된다.

- 미국 법정통화(현금)
- 연방예금보험이 적용되는 금융기관의 예금(특히 요구불예금)
- 만기 93일 이하의 미국 국채와 이와 유사한 초단기 고신용 국가채
- 7일 이하 만기의 환매조건부채권(레포) 및 중앙은행 지급준비금

더 중요한 부분은 "재사용 금지" 조항이다. 법은 발행인이 준비자산을 재사용, 재담보rehypothecation, 재대출re-lending하는 행위를 원칙적으로 금지한다. 과거 일부 스테이블코인 발행사가 준비자산 일부분을 고위험 채권, 상장주식, 심지어 계열사 대출에 활용한 사례가 있었는데 지니어스 법은 이러한 "레버리지 놀이"를 못 하게 막아 버린 셈이다.

상환권도 매우 강하게 보장된다. 이용자는 지급결제용 스테이블코인을 발행인에게 돌려주고, 액면가(보통 1달러)를 현금 또는 동등한 가치로 상환받을 권리를 가진다. 발행인은 상환 요청을 합리적인 시간 안에 처리해야 하며, 부당하게 상환을 미루거나 거부할 경우 규제기관의 제재

대상이 된다. 준비자산은 발행인의 자기 자산과 엄격히 분리하여 별도 계정에 보관되어야 하며, 발행인이 파산하더라도 준비자산은 원칙적으로 스테이블코인 보유자에게 우선 귀속되는 구조를 취한다.

또한 일정 규모 이상 발행인은 매월 준비자산에 대한 외부 회계법인 검증attestation을 받고, 연 1회 정식 회계감사를 받도록 요구된다. 이는 "고객 자금의 철저한 관리"를 위한 장치로, 준비자산 운용을 국채·MMF·예금 등 고유동성 안전자산으로 제한하고, 평시뿐 아니라 위기 시에도 상환 능력을 유지하도록 하기 위한 것이다.

예금과의 경쟁을 막는 안전장치, 이자 지급 금지

스테이블코인 규제에서 가장 논쟁적인 쟁점 중 하나는 "보유자에게 이자를 줄 수 있는가" 여부다. 유럽 MiCA와 일본 자금결제법은 전자화폐형 스테이블코인에 대한 이자 지급을 금지하고 있는데, 지니어스 법도 같은 방향을 택하었다.

지니어스 법은 발행인이 지급결제용 스테이블코인 보유자에게 이자나 수익yield을 직접 지급하는 것을 금지한다. 여기에는 다음과 같은 여러 층의 의도가 있다.

- 이자를 허용하면 스테이블코인이 투자상품에 더 가까워지고, 증권 규제와 예금 규제 사이에서 법적 충돌 발생
- 5~6퍼센트 이자를 주는 달러 스테이블코인이 생긴다면, 미국 내 은행예금에

서 대규모 자금이 유출되어 '디지털 뱅크런' 가능성 커짐

- 이자를 금지함으로써 스테이블코인이 '예금처럼 보이지만 예금이 아닌 것'
  이라는 위치를 분명히 하고, 은행예금과 토큰화 예금이 상대적인 매력을 갖
  도록 설계

다만 이 조항에는 허점도 있다. 발행인은 이자를 직접 줄 수 없지만, 발행인과 제휴한 거래소나 디파이 프로토콜이 '리워드'나 '수익형 상품'의 형태로 사실상 이자를 제공하는 구조를 만들 수 있기 때문이다. 미국 은행권은 이미 "발행인은 이자 지급 금지지만, 제휴 플랫폼이 우회적으로 고금리 상품을 제공할 여지가 있다"며 지니어스 법의 추가 보완을 요구하고 있다. 이에 따라 커뮤니티 은행협회가 이자 지급 금지 규정을 더 강하게 할 것을 요청하는 상황이다.

이 지점은 한국 입법에도 중요한 시사점을 준다. 단순히 "발행인은 이자를 주지 말라"고 규정하는 것만으로는 충분하지 않다. 거래소·지갑·디파이 등 연계 서비스에서의 '사실상의 이자' 제공 구조까지 어떻게 관리할 것인지 함께 설계해야 한다.

해외 스테이블코인은 상호주의 원리 적용

지니어스 법의 규제 범위는 미국 국경 안에만 머물지 않는다. 이 법은 해외에서 발행된 스테이블코인이 미국 투자자에게 판매·유통되는 사례까지 포괄하는 강력한 '역외 적용extraterritoriality' 조항을 담고

있다. 기본 원칙은 '원칙적 금지, 예외적 허용'이다. 허가받지 않은 해외 발행사가 미국 내에서 스테이블코인을 유통하는 것은 불법이며, 오직 엄격한 요건을 충족하는 경우에만 시장 접근이 허용된다.

이때 적용되는 핵심 원리가 바로 '상호주의reciprocity'다. 요컨대 "우리(미국)와 동등한 수준의 규제·감독 체계를 갖춘 국가의 발행사는 인정해 주겠다"는 뜻이다. 법안은 발효 이후 일정 기간 내에 양자 협정 체계를 마련하도록 재무부에 역할을 부여하였다. 이 협정에는 준비금 요건, 감독 체계, 자금세탁방지(AML) 및 테러자금조달금지(CFT), 대러시아 제재sanctions 준수 등 핵심 항목을 미국 기준에 맞춰 '조정 및 조화convergence' 시키는 내용이 필수적으로 포함된다.

이러한 상호주의 조항은 표면적으로는 해외 스테이블코인에 대한 문호를 개방하는 것처럼 보이지만, 현재 글로벌 시장의 60퍼센트 이상을

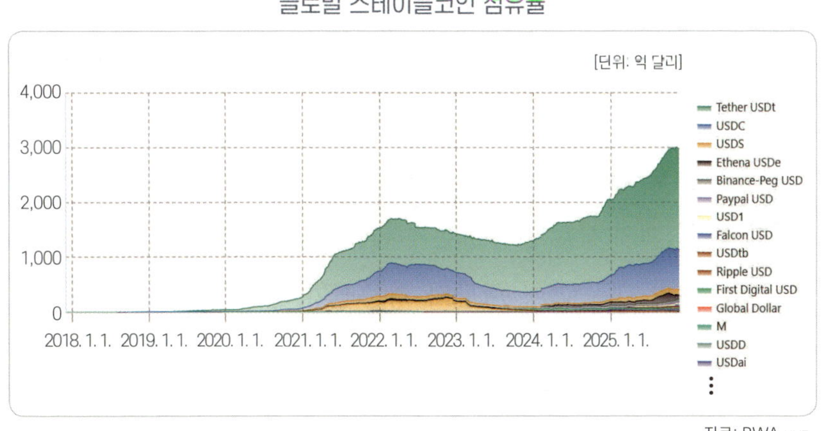

글로벌 스테이블코인 점유율

자료: RWA.xyz

장악하고 있는 테더 같은 '역외 발행사'를 겨냥한 강력한 압박 수단으로 해석된다.

그동안 테더는 영국령 버진아일랜드(BVI)나 홍콩 등 규제가 느슨한 지역에 본사를 두고 '규제 차익regulatory arbitrage'을 누리며 성장해 왔다. 그러나 지니어스 법 체제하에서는 소재국 정부가 미국과 협정을 맺을 만큼 법적 기준을 강화하지 않는다면, 세계 최대 시장인 미국 으로의 접근이 원천 봉쇄된다. 이는 사실상 스테이블코인 시장에서 '규제 회피'라는 비즈니스 모델에 대한 사망 선고와도 같다.

실제로 이러한 규제 압박이 현실화되자 테더는 생존을 위해 전략적 대전환을 선택하였다. 미국 기관투자자 시장을 포기하는 대신 아르헨 티나, 튀르키예, 나이지리아 등 자국 화폐 가치가 불안정한 '글로벌 사우스Global South' 국가와 규제권 밖의 역외 선물 거래소로 눈을 돌린 것이다. 이는 시장이 '미국 규제 준수 영역(화이트 마켓White Market)'과 '규제 회피 영역(그레이 마켓Grey Market)'으로 양분되는 결과를 낳았다.

결국 지니어스 법은 미국의 규제 표준을 전 세계로 확산시키는 도구로 작동한다. 이는 국경 간 결제의 효율성을 높이는 명분 아래, 미국의 강력한 AML·제재 규범을 글로벌 스테이블코인 시장에 수출하는 효과를 낳는다. 이는 한국에도 중요한 시사점을 준다. 향후 원화 스테이블코인이 도입되고 미국과의 상호 인정을 논의하게 된다면, 지니어스 법에 규정된 이 '양자 협정 템플릿'이 협상의 기준선이 될 가능성이 매우 높기 때문이다.

기술 표준과 상호운용성

법은 기술적인 측면도 상당히 상세하게 다룬다. 지니어스 법은 주요 연방 규제기관이 국가표준기술연구소(NIST) 및 기타 관련 기관과 협력하여 스테이블코인의 상호운용성interoperability 기준과 기술 표준을 마련하도록 규정한다. 이것은 두 가지 맥락에서 중요하다.

첫째, 스테이블코인이 기존 금융 인프라와 어떻게 연결될 것인가의 문제다. 미국에는 이미 연준의 실시간 지급결제 시스템인 페드나우FedNow와 전통적인 은행 간 결제망이 존재한다. 지니어스 법은 지급결제용 스테이블코인이 이런 인프라와 충돌하지 않고 연동될 수 있게 메시지 규격, API, 보안 요구 조건 등을 표준화하라는 숙제를 NIST와 규제기관에 부여하였다.

둘째, 블록체인 간 상호운용성 문제다. 오늘날 스테이블코인은 이더리움, 솔라나Solana, 트론, 아발란체Avalanche 등 여러 체인에서 동시에 발행·거래되고 있다. 예를 들어 USDC는 여러 메인넷에서 발행되는데, 특히 레이어2·사이드체인 등 다양한 네트워크가 생겨나면서 기술적 복잡성이 많이 늘어났다. 지니어스 법은 특정 체인을 지정하지는 않지만, 다중 체인 환경에서 보안 사고를 줄이고 체인 간 이동(브리지) 과정에서 자금세탁이나 해킹 위험을 줄이는 기술 표준을 만들도록 요구한다.

이는 한국 입장에서 매우 흥미로운 대목이다. 향후 원화 스테이블코인을 도입하더라도 어느 체인에서 발행하고, 어떻게 다중 체인 간 전송을 허용하며, 공공기관이 기술 표준 설정에 어느 수준까지 개입할지에 대한 답이 필요하기 때문이다. 지니어스 법은 "법이 기술까지 완전히 세부 설계하기보다는, 표준화 기관과 협력하여 원칙과 목표를 제시하는 방식"을 택하였다는 점에서 참고할 만하다.

지니어스 법 이후 시장의 움직임

지니어스 법이 통과되자 시장의 주류 스테이블코인 발행사들은 빠르게 대응에 나섰다. 그중 가장 큰 비중을 차지하는 테더와 서클의 해당 법 이후의 방향성에 대해 살펴보자. 먼저 테더의 CEO 파올로 아르도이노는 지니어스 법 통과 직후 "새 법에 부합하는 새로운 달러 스테이블코인을 출시하겠다"고 밝히며, 미국 내 규제 친화형 상품을 별도로 만들 계획을 공개하였다.

USDC를 발행하는 서클은 지니어스 법 이전부터 준비자산을 미국 국채와 은행예금 등 안전자산으로만 구성하고, 외부 공시를 강화하는 방향으로 선제적으로 움직여 왔다. 지니어스 법이 시행되면서 서클 같은 "규제 친화형 발행인"은 인가 과정에서 상대적 우위를 가질 가능성이 크다. 이미 여러 로펌 리포트는 지니어스 법이 "기존 은행 및 규제에 익숙한 사업자에게 유리한 규제 장벽"으로 작용할 것이라는 분석을 내놓고 있다.

이러한 움직임은 두 가지를 보여 준다. 첫째, "규제를 잘 지키는 스테이블코인"이 향후 글로벌 자본 유입의 중심이 될 수 있다는 기대다. 둘째, RWA와 스테이블코인 법제가 서로 맞물리면서 국채·MMF 등 전통 금융 상품의 토큰화 수요가 급증할 것이라는 전망이다. 이는 상호 보완적 관계로 볼 수 있다. RWA의 결제 레일이 스테이블코인이고, 스테이블코인의 대표적 사용처가 RWA이기 때문에 둘은 뗄 수 없는 관계다. 실제로 지니어스 법 시행 이후 미국 단기채 기반 토큰과 토큰화된 MMF에 대한 관심이 크게 높아졌다는 분석이 이어진다.

한국에 주는 시사점

지니어스 법은 한국이 원화 스테이블코인 법제를 설계할 때 몇 가지 중요한 인사이트를 준다.

첫째, 발행 주체를 어디까지 허용할 것인가의 문제다. 지니어스 법은 은행 자회사와 엄격히 인가된 비은행 발행인만을 허용하는 은행 중심 모델을 택하였다. 한국은행도 "우리나라는 자본·외환 규제와 금융산업 구조 특성상 현실적으로 은행권 중심 스테이블코인 도입 전략이 바람직하다"고 평가한다. 한국이 유사한 모델을 도입한다면, 은행·증권사 등 '규제 진화형 플레이어' 위주로 초기 시장이 형성될 가능성이 크다.

둘째, 준비자산 규율이다. 지니어스 법은 일대일 준비자산, 고유동성 안전자산, 재담보 금지, 상환권 보장이라는 네 가지 축을 뚜렷이 제시하였다. 이는 고객 자금의 철저한 분리 보관과 고위험·저유동성 자산에 대한 투자 제한을 강조하며, 주요국이 준비자산 구성을 안전자산 위주로 제한하고 있음을 정리한다. 한국 역시 원화 스테이블코인 도입 시 국채·예금·한국은행 예치금 등으로 준비자산 범위를 좁게 설정할지, 어느 정도 수익성 자산을 허용할지 사회적 합의가 필요하다.

셋째, 이자 지급 문제다. 미국, 유럽, 일본 모두 이자 지급을 금지함으로써 스테이블코인이 예금과 직접 경쟁하지 않도록 설계하였다. 실제로 스테이블코인 실사용자들은 스테이킹·유동성 풀 수익에 대한 기대 때문에 달러 스테이블코인을 많이 사용한다. 이자 지급이 금지된 환경에서 원화 스테이블코인 사용을 유인하려면, 일부에서는 세제 혜택 등 다른 형태의 금전적 인센티브가 필요하다고 제안한다. 지니어스 법은 "이자 없는 안정적 돈"이라는 방향성을 분명히 하였고, 한국은 이 틀을 어디까지 따를지 고민하게 된다.

넷째, 빅테크 견제 장치다. 비은행 상장기업의 발행을 원칙적으로 금지하고, 예외적으로 허용하더라도 유관 부처의 만장일치 심사를 요구한 조항은 향후 카카오·네이버와 같은 플랫폼 기업이 원화 스테이블코인을 발행하려 할 때 어떤 제동 장치를 둘지에 대한 실마리를 준다. 해당 조항은 "은행과 상업의 분리 원칙 유지, 실물 경제로의 리스크 전이 방지, 대기업의 소비자 데이터 활용을 통한 불공정 경쟁 방지"라는 세 가지 역할을 동시에 수행한다.

다섯째, 국제 협력과 상호주의다. 지니어스 법은 유사 규제를 가진 국가와 양자 협정을 맺어 상호 인정하는 틀을 만들었다. 한국이 원화 스테이블코인을 도입하고 동시에 국내에서 달러·유로 스테이블코인의 사용을 허용할지 논의할 때, 이 상호주의 모델은 "우리 규제를 지키는 해외 스테이블코인만 들어오게 하는 필터"로 활용될 수 있다.

마지막으로, 지니어스 법은 "기술 표준을 국가가 직접 세부 설계하기보다는 목표와 원칙을 제시하고 NIST·규제기관·민간이 함께 표준을 만들어 가는" 구조를 택하였다. 한국도 원화 스테이블코인과 관련된

체인 선택, 상호운용성, 아이덴티티·트래블룰Travel Rule 연계 등을
설계할 때 법에서 어느 수준까지 기술을 고정하고 어느 부분은 민간
표준에 맡길지 전략이 필요하다.

정리하면, 지니어스 법은 단순히 미국의 스테이블코인 규제법이 아니
라 "은행 중심 발행＋강력한 준비자산·상환 규율＋이자 금지＋빅테크
견제＋국제 상호주의＋기술 표준화"라는 패키지를 통해 달러 스테이블
코인을 국가 전략의 일부로 끌어올린 법이라고 할 수 있다. 한국이 원화
스테이블코인 법제를 설계할 때 이 패키지를 그대로 복제할 것인지, 한국
의 외환제도·금융산업 구조·빅테크 생태계에 맞게 변형할 것인지가 앞
으로 몇 년간 논의의 핵심 쟁점이 될 것이다.

유럽연합, MiCA와
유로화 디지털 주권 전략

미국과 다른 길을 택한 유럽

유럽연합은 스테이블코인을 볼 때 처음부터 "디지털 달러를 따라잡자"가 아니라, "유럽 통화·금융 질서를 어떻게 지킬 것인가"에 더 큰 초점을 두었다. 이 시각은 유럽의회 경제통화위원회(ECON)가 달러 스테이블코인에 대한 평가를 내리면서 잘 드러났다. 위원회는 이미 암호자산시장규제 Markets in Crypto-Assets Regulation, MiCA라는 포괄적인 규제 체계를 갖추고 있기 때문에, 유럽 내부에서 달러 스테이블코인이 통화 주권을 훼손하거나 자본 유출을 초래할 위험은 크지 않다고 평가하였다.

또한 위원회는 달러 스테이블코인에 대응하기 위해 유로 스테이블코인의 성장을 과도하게 부추기려고 규제를 완화하는 것은 "현실적이지도, 바람직하지도 않다"고 지적하였다. 대신 유럽중앙은행(ECB)이 스테이블코인 시장을 자세히 모니터링하고, 소매·도매용 디지털 유로(CBDC)를 추진하고, 기존 은행 중심의 신속자금이체 시스템을 업그레이드하고, 국경 간 지급에서는 CBDC와 즉시이체 시스템의 상호운용성을 높이라는 방향을 제시하였다.

미국이 지니어스 법을 통해 민간 달러 스테이블코인을 "더 안전한 달러"로 제도권 안에 끌어들이는 전략을 택하였다면, 유럽은 공공 인프라(디지털 유로, 즉시이체 시스템)를 강화하고 민간 스테이블코인은 촘촘한 규제 틀(MiCA)로 관리하는 방식을 선택한 셈이다. 이것이 유럽식 "규제된 혁신regulated innovation"이다.

암호자산을 두 갈래로 나눈 이유

MiCA는 2023년에 제정된 유럽연합 차원의 포괄적 암호자산 규제법으로, 기존 금융 규제로 포착되지 않던 암호자산을 통합적으로 다루기 위해 도입되었다. 이 법은 특히 결제·저축 수단으로서 시스템적 영향을 줄 수 있는 스테이블코인에 초점을 맞추며, 다음 두 가지 유형을 중심축으로 설정하였다.

- 여러 자산 바스켓에 연동되는 '자산준거토큰Asset-Referenced Tokens, ART'
- 단일 법정화폐에 일대일로 연동되는 '이머니토큰E-Money Tokens, EMT'

MiCA는 ART와 EMT에 대해 발행자 인가, 최소 자기자본, 준비자산 구성, 백서·공시 의무, 이용자 보호 장치 등을 세세하게 규정한다. 특히

MiCA에서 규율한 스테이블코인 기본 구조

유형	핵심 아이디어	예시
ART (자산준거토큰)	여러 법정화폐, 상품(금 등), 암호자산 또는 이들 조합에 가치를 연동하는 토큰	달러·유로 바스켓 기반 코인, 금 연동 토큰 등
EMT (이머니토큰)	단일 법정화폐와 일대일 교환을 전제로 하는 온체인 전자화폐	유로화 기반 지급형 스테이블코인 (EUR 스테이블코인) 등

EMT는 기존 전자화폐지침(EMD2)상 전자화폐로도 간주되어, MiCA와 EMD2 규제가 중첩 적용되도록 설계되었다. 이는 온체인 유로가 기존 지급결제 규율의 바깥에서 '야생'화폐처럼 움직이지 않도록 하려는 의도에 가깝다.

리브라형 글로벌 스테이블코인을 겨냥한 자산준거토큰

자산준거토큰(ART)은 하나 이상의 법정화폐, 상품, 암호자산 또는 이들의 조합과 연동되어 가치를 유지하도록 설계된 스테이블코인이다. 예를 들어 달러와 유로로 구성된 통화 바스켓에 연동된 코인이나, 금 가격과 연동된 토큰이 ART 범주에 들어간다. 단일 통화에 일대일로 연동되는 EMT와 달리, ART는 설계에 따라 어느 정도 가격 변동성도 허용할 수 있는 상품이다.

MiCA는 ART 발행에 대해 비교적 높은 진입 장벽을 두고 있다. 모든 ART 발행인은 EU 내에 법인을 두고, 각국 감독당국(NCA)으로부터 인가를 받아야 한다. 인가 없이 ART를 발행하는 것은 원칙적으로 금지된다.

ART 평균 미결제 잔액이 500만 유로 이하이고 적격 투자자에게만 제공하는 등의 조건을 갖춘, 일부 소규모·전문 투자자용 상품만 예외적으로 인가 의무가 면제된다. 이 구조는 "작은 실험은 허용하되, 대규모 대중형 스테이블코인은 반드시 규율하겠다"는 유럽연합의 의지를 반영한다.

준비자산 요건도 엄격하다. ART 발행인은 토큰 가치 유지를 위해 충분한 준비자산을 보유해야 하고, 이 자산을 발행인의 영업자산과 완전히 구분된 별도 계정에 두어야 한다. 준비자산은 현금·은행예금·단기 국채 등 유동성이 높은 안전자산으로 구성되어야 하며, 이용자가 상환을 요청할 때 바로 법정화폐나 기초 자산으로 돌려줄 수 있어야 한다. 이 요건은 '코인런' 상황에서도 상환할 수 있는지, 그리고 발행인이 고객 자금을 자기 장부 안에서 마음대로 굴리지 못하게 하는지를 핵심 기준으로 삼는다.

MiCA의 특징적인 장치는 "중대한 ARTSignificant ART" 개념이다. 미결제 잔액이 50억 유로 이상이거나, 이용자 수가 1,000만 명을 넘거나, 일평균 거래 규모가 5억 유로를 넘는 ART는 '중요한 ART'로 지정될 수 있다. 이렇게 지정되면 유럽은행감독청(EBA)의 직접 감독을 받으며 강화된 리스크 관리 체계, 추가 자기자본·유동성 요건, 더욱 촘촘한 보고 의무를 부담한다.

이 장치는 사실상 "리브라Libra* 같은 글로벌 스테이블코인은 그냥 두지 않겠다"는 메시지에 가깝다. 특정 ART가 유럽 내에서 지나치게

---

* 2019년 페이스북(현 메타)이 주도하였던 프로젝트로, 달러·유로·엔화 등 주요국 통화 바스켓을 담보로 전 세계 24억 명의 사용자가 쓰는 '초국경 단일 화폐'를 만들려는 시도였다. 하지만 빅테크 기업이 각국 중앙은행의 통화정책을 무력화할 수 있다는 우려 때문에 전 세계 규제 당국의 집중포화를 맞고 좌초되었다.

커지면 규제 당국이 직접 들어가서 발행량 제한, 추가 자본 적립 등을 요구할 수 있기 때문이다. 달러 바스켓 기반 글로벌 스테이블코인이 유럽 내 결제의 표준이 되는 상황을 예방하는 안전장치다.

온체인 전자화폐로서의 유로, 이머니토큰

이머니토큰(EMT)은 단일 법정화폐와 일대일 비율로 가치를 유지하는 스테이블코인으로, 블록체인 위에서 움직이는 전자화폐e-money에 가깝다. EMT 보유자는 언제든지 법정화폐로 상환을 청구할 수 있고, 그 기능은 전통적인 선불전자지급수단이나 전자화폐 카드와 상당히 유사하다.

그만큼 EMT 발행인에 대한 인가 요건도 높다. EMT를 발행하려는 자는 기존 EMD2에 따른 전자화폐기관(EMI) 또는 은행(신용기관)으로 인가받아야 하며, 이는 일정 수준 이상의 자본력과 내부통제 체계를 갖춘 기관만 EMT를 발행할 수 있다는 뜻이다.

준비자산과 상환 의무도 엄격하다. EMT 발행인은 발행된 토큰 총액과 동일한 금액의 준비자산을 일대일로 보유해야 하고, 이 자산은 법적으로 보호되는 별도 계정에 예치해야 한다. EMT 보유자는 언제든지 법정화폐로의 상환을 요구할 수 있으며, 발행인은 이를 지연 없이 이행해야 한다. 더 나아가 MiCA는 EMT 발행액의 최소 2퍼센트를 자기자본으로 유지하도록 요구함으로써 예상치 못한 손실에 대비하기 위한 완충 자본을 두도록 하였다.

가장 흥미로운 부분은 미국과 마찬가지인 "이자 지급 금지" 조항이다. MiCA는 EMT 발행인이 보유자에게 어떠한 형태의 이자도 지급하지 못하도록 한다. EMT가 은행예금처럼 이자를 주기 시작하면 단순 지급수단을 넘어 예금·투자상품과 경쟁하게 되고, 이는 기존 금융 규제 틀과 충돌할 가능성이 높기 때문이다. EMT를 "지급·저장 수단"으로만 두고, "투자 수단"으로 변질되는 것을 막겠다는 의도라고 볼 수 있다.

다만 미국과 다른 점은, MiCA는 이자 지급 금지를 발행사issuer뿐만 아니라 거래소를 포함한 모든 '암호자산 서비스 제공자(CASP)'까지 적용하여 해당 주체가 EMT 및 ART 보유자에게 이자를 지급하는 행위 자체를 원천적으로 금지했다. 즉, 유럽에서는 거래소가 "스테이블코인을 맡기면 이자를 드립니다"라고 광고하는 것 자체가 불법이다. 이는 스테이블코인이 결제수단이 아닌 '투자 수단'으로 변질되는 것을 막고, 통화 정책의 효과가 반감되는 것을 차단하기 위한 초강경 조치다.

정리하면, 온체인 유로 스테이블코인이 EMT로 설계된다면 사실상 엄격히 규제된 전자화폐가 블록체인이라는 새로운 인프라 위에 올라탔다고 보는 편이 자연스럽나. 은행 또는 전자화폐기관민 발행할 수 있고 일대일 준비자산, 자기자본, 이자 지급 금지라는 조건이 붙는 구조이기 때문이다.

MiCA의 단짝 TFR, 보이지 않는 수갑

MiCA가 스테이블코인이라는 '상품'의 안전성을 규율한다면, 이 상품이 국경을 넘어 이동하는 '경로'를 감시하는 법이 바로 자금이동규칙 Transfer of Funds Regulation, TFR이다. 유럽연합은 MiCA 도입 시기에 TFR을 개정하여, CASP가 스테이블코인을 전송할 때 송신자와 수신자의 신원 정보를 의무적으로 수집·공유하게 하였다.

이는 흔히 '트래블룰'로 알려진 국제자금세탁방지기구(FATF)의 권고안을 법제화한 것이다. 특히 유럽연합의 TFR은 비수탁형 지갑 unhosted wallet과의 거래, 즉 개인이 관리하는 지갑으로 1,000유로 이상의 스테이블코인을 보낼 때도 지갑 소유자의 신원을 확인하도록 강제한다.

결과적으로 MiCA와 TFR의 결합은 스테이블코인을 "누구나 발행할 수 있고, 익명으로 보낼 수 있는 돈"에서 "인가받은 자가 발행하고, 이동 경로가 투명하게 추적되는 돈"으로 완벽하게 탈바꿈시켰다. 이는 스테이블코인이 제도권 금융의 감시망 안으로 완전히 포섭되었음을 의미하는 결정적 장면이다.

'중대한 토큰'은 디지털 달러화의 방어막

MiCA는 ART와 EMT의 거래 규모나 이용자 수가 일정 기준을 넘으면 "중대한 토큰Significant Token"으로 지정할 수 있는 권한을 규제 당국에 부여한다. 지정 기준은 미결제 잔액, 이용자 수, 일평균 거래액 등이며 이 기준을 넘는 토큰은 EBA의 직접 감독, 강화된 규제, 필요한 경우 발행량 제한까지도 받을 수 있다.

유럽경제통화위원회의 보고서에 따르면, 이러한 제도로 인하여 유럽 내부에서는 달러 스테이블코인이 유로화를 대체할 정도로 지배적 지위를 차지하기 어렵다고 평가한다. 감독당국이 ECB 의견에 따라 달러 스테이블코인 발행량을 제한할 수 있고, ECB가 관련 리스크를 상시 모니터링할 수 있기 때문이다.

흥미로운 점은 통화가치가 불안정하고 금융 포용 수준이 낮은 국가에서는 달러 스테이블코인이 통화 주권과 금융 안정을 위협할 수 있다고 유럽이 오히려 경고한다는 것이다. 즉, MiCA 같은 강력한 규제 인프라가 없는 국가에서는 디지털 달러의 파급력이 훨씬 더 위험하게 작동할 수 있다는 메시지를 던진다.

이러한 구조를 놓고 보면, MiCA는 단순히 "스테이블코인을 허용하는 규제"가 아니라 "스테이블코인의 성장 경로와 상한선을 설계하는 규제"에 가깝다. 디지털 달러라이제이션Digital Dollarization, 디지털 달러화을 피하려는 유럽의 방어 전략이 법조문으로 구현된 결과라고 이해할 수 있다.

MiCA 이후 유로 스테이블코인 시장

규제가 강하면 시장이 위축될 것 같지만, 실제 데이터는 다른 이야기를 들려준다. 카이코의 분석에 따르면, MiCA 시행 이후 EU 내에서는 MiCA 요건을 준수하는 스테이블코인들이 그렇지 않은 코인들에 비해 시장 점유율을 유의미하게 확대하고 있다. 규제가 "문을 닫은" 것이 아니라 규정을 지키는 발행사 쪽으로 "거래를 재배치한" 것이다. 즉, MiCA 같은 명확한 규제 프레임워크 도입이 자국 화폐 스테이블코인 시장에 긍정적인 영향을 가져온다고 해석할 수 있다. MiCA를 준수하는 유로 스테이블코인 발행사가 점유율을 늘려가고 있다는 점은, 발행사와 이용자 모두에게 법적 확실성이 중요하다는 것을 보여 준다. 토큰 가격이 페깅되어 있어도 "이 코인이 내일 갑자기 규제 위반이 되지 않을까?"라는 불안을 줄여 주는 것이 곧 경쟁력이라는 의미다.

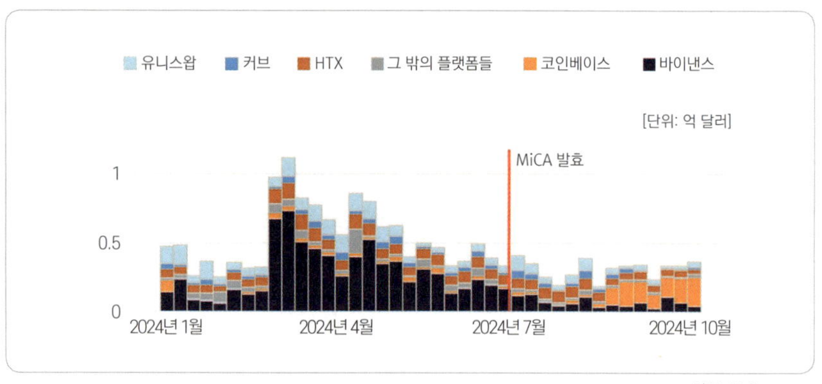

MiCA 준수 스테이블코인 시장 점유율 변화

자료: Kaiko

위의 점유율 변화 그래프는 "명확한 규제가 비즈니스를 죽인다"는 흔한 오해를 반박하는 실증 사례가 될 수 있다. 규제가 명확해지자 오히려 MiCA에 부합하는 유로 스테이블코인들이 선택받기 시작하였고, 유로화 기반 스테이블코인의 생태계가 서서히 두께를 더해 가는 모습이 관찰되고 있다.

MiCA, 디지털 유로, DLT 인프라
삼각 편대로 지키는 통화 주권

유럽의 전략을 제대로 이해하려면 MiCA만 볼 것이 아니라 디지털 유로 프로젝트와 DLT 파일럿 제도DLT Pilot Regime까지 함께 살펴봐야 한다.

ECB는 2023년 11월 디지털 유로 발행을 위한 준비 단계를 공식화하고, 플랫폼·인프라 설계와 품질·보안·개인정보 보호 기준을 점검하는 작업을 진행하고 있다. 디지털 유로는 소매 결제의 공공 인프라를 디지털 시대에 맞게 재구축하려는 시도라고 볼 수 있다.

한편 EU는 증권·파생상품 시장에서도 블록체인 활용을 실험하기 위해 DLT 파일럿 제도를 도입하였다. 이는 DLT 기반 다자간매매체계(DLT MTF), 증권결제시스템(DLT SS), 거래·결제통합시스템(DLT TSS) 등 새로운 시장 인프라를 제한된 범위에서 시험할 수 있게 해 주는 제도다. 이 세 가지를 합치면 다음과 같은 그림이 그려진다.

- 디지털 유로는 공공 부문의 디지털화폐로, '유로의 최종 결제 자산' 역할 수행
- MiCA는 민간 부문 스테이블코인을 규율하며, ART·EMT가 디지털 유로와 충돌하지 않도록 울타리 설치
- DLT 파일럿 제도는 토큰화 증권·RWA가 유로화 결제 인프라와 어떻게 연결될 수 있는지 시험하는 공간 제공

이런 구조 속에서 유럽은 단순히 "스테이블코인 규제"를 하는 것이 아

니라, 통화·증권·지급결제 전반을 디지털 환경에 맞게 다시 설계하면서 화폐의 단일성과 공공성을 유지하려고 한다. 즉 중앙은행 디지털화폐와 민간 스테이블코인이 상호 보완적으로 역할을 분담하되, 화폐의 단일성과 공공성을 유지하는 방향성으로 가고 있다고 해석할 수 있다.

미국과 유럽의 같은 규제, 다른 속내

미국과 유럽은 2023~2025년에 걸쳐 스테이블코인을 제도권으로 편입시켰다는 공통점이 있지만, 그 기저에 깔린 '제도화의 동기'는 정반대 지점을 향하고 있다.

미국이 스테이블코인을 "달러 패권을 강화할 새로운 무기"로 인식하고 이를 적극적으로 육성하려는 반면, 유럽은 이를 "유로화의 통화 주권을 위협하는 잠재적 침입자"로 규정하고 통제하려는 성격이 강하다. 즉, 겉으로 드러난 법조문은 비슷해 보일지라도 그 이면에 작동하는 국가 전략은 '공세'와 '수비'로 극명하게 갈린다. 이 두 모델의 차이를 이해하는 것은 향후 글로벌 디지털 화폐 전쟁의 전선이 어떻게 형성될지 가늠하는 핵심 열쇠가 된다.

미국은 지니어스 법을 통해 스테이블코인을 "인터넷 시대의 달러"로 정의한다. 전 세계 어디서나 인터넷만 연결되면 달러를 쓰고, 그 담보로 미국 국채를 사게 만듦으로써 달러의 지배력을 강화하려는 '확장 전략'을 취한다. 미국의 규제가 준비자산의 건전성에 집중하는 이유도 여기에 있다. "이 코인은 안전하니 믿고 쓰라"는 신호를 줌으로써 전 세계에서 각

미국과 유럽 법안의 차이

비교 항목	미국 (지니어스 법)	유럽 (MiCA)
핵심 전략	**달러 패권의 확장**Offense 민간 혁신을 통한 달러의 글로벌 침투	**유로화 주권의 방어**Defense 글로벌 코인의 유로화 대체 방지
규제 초점	**건전성 규제**Prudential 준비자산 100% 및 상환 능력 집중	**행위 규제**Conduct 시장 질서, 독점 방지, 소비자 보호
발행 주체	**개방형 혁신**Open Innovation 은행 및 자격 갖춘 핀테크·테크 기업	**보수적 안정**Conservative 은행 및 전자화폐기관(EMI) 중심
역외 관점	**상호주의**Reciprocity 미국 기준 따르면 시장 개방(규제 수출)	**진입 장벽**Gatekeeping 중대한 토큰 지정 및 발행량 제한

나라의 화폐 대신 달러 코인을 쓰도록 유도하는 것이다. 또한 '상호주의' 조항을 통해 해외 발행사에 미국 시장을 열어 주는 듯하지만, 실상은 미국의 규제 표준을 따르지 않으면 진입을 막는 방식으로 자국의 법을 전 세계에 수출하는 '규제 제국주의'적 면모를 보인다.

반면, 유럽의 MiCA는 과거 페이스북의 리브라 사태에서 겪은 위기감을 바탕으로 철저한 '방어 전략'을 구축한다. 유럽은 거대 빅테크가 주도하는 글로벌 스테이블코인이 유로화의 지위를 대체substitution하는 것을 가장 경계한다. 따라서 MiCA는 발행사의 시장 지배력 남용을 막는 행위 규제conduct에 초점을 맞추며, 특정 스테이블코인이 지나치게 성장할 경우 '중대한 토큰'으로 지정하여 하루 결제량을 강제로 제한할 수 있는 권한을 규제 당국에 부여하였다.

즉 미국이 빗장을 열어 달러를 내보내려 한다면, 유럽은 빗장을 걸어 유로를 지키려 하는 것이다.

한국에 주는 시사점

유럽의 MiCA는 한국 입장에서 "그대로 베껴 오면 좋은 모델"이라기보다, 전략적 선택을 어떻게 법과 제도로 구현할 수 있는지 보여 주는 사례에 가깝다. 몇 가지 시사점을 정리하면 다음과 같다.

첫째, 스테이블코인 규제를 암호자산 전체의 큰 틀 안에서 설계한다는 점이다. MiCA는 단순히 "스테이블코인 특별법"이 아니라, 암호자산 시장 전체를 규율하는 법체계 안에 ART와 EMT를 위치시킨다. 한국도 디지털자산 기본법과 스테이블코인 특별법의 관계를 설계할 때 어떤 자산을 어디까지 포괄할지, 별도의 법으로 떼어 낼 유형이 있는지 등의 큰 그림을 먼저 잡을 필요가 있다.

둘째, "누가 발행할 수 있는가"에 대한 기준 설정이다. 유럽은 은행·전자화폐기관 등 기존 금융기관 중심의 발행 구조를 상정하고 있다. 반면 미국이나 홍콩은 은행이 아닌 핀테크·크립토 기업에도 문을 열어 두며, 대신 다른 방식의 감독·등록 요건을 부과하는 방향으로 움직이고 있다. 한국이 원화 스테이블코인을 도입한다면 은행 중심 모델과 비은행 포함 모델 중 어디에 방점을 찍을지, 그리고 각 모델이 금융산업 구조와 혁신에 어떤 영향을 미칠지에 대한 논의가 필요하다.

셋째, 디지털 주권을 어떻게 이해할 것인가의 문제다. 유럽은 MiCA를 통해 유로화 기반 스테이블코인 발행을 장려하는 동시에, 역외 스테이블코인의 영향력을 제한하며 유로화의 디지털 주권을 지키는 방어막을 세웠다. 한국 역시 달러 스테이블코인의 확산이 외환·자본 유출입, 통화정책 전달경로에 미칠 영향 등을 고려할 때 원화 스테이블코인을 단순히 새로운 상품이 아니라 "통화 주권을 방어하는 전략적 수단"으로 볼 필요가 있다.

넷째, "규제 명확성은 혁신의 적이 아니라 촉매"라는 점이다. MiCA 도입 이후 MiCA를 준수하는 유로 스테이블코인의 점유율이 늘었다는 사실은, 명확한 규제는 시장을 축소하기보다 합법적·건전한 플레이어에게 수요를 집중하는 역할을 할 수 있음을 보여 준다. 한국도 원화 스테이블코인 도입 여부를 논할 때 "허용이냐, 금지냐"의 이분법이 아니라, "어떤 규제의 틀 아래에서, 어떤 주체가, 어떤 책임을 지고 발행할 것인가"라는 질문으로 초점을 옮길 필요가 있다.

마지막으로, 유럽 사례는 스테이블코인 논의를 "발행할 것인가, 말 것인가"에서 "발행 이후 어떤 시장 구조와 인프라를 만들 것인가"로 옮겨야 한다는 메시지를 준다. 토큰화 증권, 온체인 지급결제, 디지털 유로와의 연계 등을 한 번에 설계하지 않으면 원화 스테이블코인이 나와도 결국 달러 스테이블코인의 그림자 속에서만 활용될 위험이 있다.

결국 유럽의 MiCA는 "강한 규제가 곧 디지털 통화 패권 경쟁에서의 패배"라는 식관을 뒤집는 사례다. 통화 주권을 지기려면 규제를 풀어야 하는 것이 아니라, 오히려 '언제·누가·어떤 조건'에서 스테이블코인을 발행하고 사용할 수 있는지를 명확히 하여 디지털 통화 생태계 전체의 방향을 국가가 설계해야 한다는 점을 보여 준다. 한국이 원화 스테이블코인과 디지털 원화를 고민할 때, 유럽의 이 전략적 선택은 중요한 참고가 될 것이다.

일본, 자금결제법 안으로 끌어들인 스테이블코인

스테이블코인을 바라보는 일본의 시각

일본은 전통적으로 가상자산에 대해 비교적 보수적이면서도, 제도 설계는 상당히 빠르게 움직인 국가다. 2017년 이미 가상자산 교환업을 자금결제법(결제서비스법Payment Services Act) 아래에 편입하여 등록제와 자산 보호 의무를 부과하였고, 이후 테라-루나 사태 등 글로벌 스테이블 코인 위기가 터지자 "가치를 법정통화에 연동한 토큰"에 관한 별도의 틀을 마련해야 한다는 공감대가 형성되었다.

문제의식은 단순했다. 첫째로 1코인이 1엔·1달러와 연동된다고 주장 하는 토큰이 사실상 '민간 디지털 머니'처럼 쓰이는데, 발행사가 무너지 면 이용자는 보호받기 어렵다는 점이었다. 둘째로 스테이블코인이 은행 예금을 대체하는 수준으로 성장할 경우, 중앙은행의 통화정책 전달과 금 융 안정에 미치는 파급 효과가 커진다는 점이었다. 셋째로 달러 스테이블코인이 대규모로 들어와서 일본 경제를 돌아다니면, 엔화에 기반한 기존 금융 질서와 충돌할 수 있다는 우려가 있었다.

이런 고민 속에서 일본이 선택한 방향은 "스테이블코인을 암호자산이 아니라 결제수단으로 본다"는 것이었다. 즉, 투자상품이 아니라 '돈의 디지털 버전'이라는 전제를 깔고, 자금결제법 안에서 은행예금·자금이체서비스와 유사한 규율을 적용하였다. 2023년 6월 시행된 개정 자금결제법은 이 방향을 구체화한 결과물이다. 스테이블코인을 '전자결제수단Electronic Payment Instruments, EPI'이라는 새로운 카테고리로 규정하고, 발행과 유통을 금융 인프라의 일부로 다루기 시작하였다.

'전자결제수단'으로의 스테이블코인

개정 자금결제법의 핵심은 스테이블코인을 통틀어 하나의 단일 개념으로 보지 않고, 기능과 구소에 따라 나누어 보는 데 있다. 일본은 크게 다음 두 가지 부류를 상정하였다.

- 디지털 머니형 스테이블코인(전자결제수단)
- 암호자산형 스테이블코인(암호자산)

'디지털 머니형 스테이블코인'은 특정 법정통화(주로 엔화)에 일대일로 연동되어 있고, 발행인에 대해 상환청구권을 인정하며, 만기와 이자 구조가 전자지급수단·선불전자지급수단과 유사한 토큰을 말한다. 개정법은 이러한 토큰을 '전자결제수단'으로 정의하고, 자금결제법의 규제 대상에 포함하였다. 이 범주에 들어가려면 "언제든지 액면가로 해당 법정통화로 상환받을 수 있는지" "발행인이 명시적 채무를 부담하는지"가 중요한 기준이 된다.

반면에 알고리즘에 의해 가치 안정성을 추구하거나, 발행인의 직접적인 상환 의무가 불명확한 경우 등은 여전히 기존의 '암호자산'으로 분류된다. '암호자산형 스테이블코인'은 자금결제법상 암호자산 규율을 적용받거나, 때에 따라 금융상품거래법(FIEA)상 증권으로 보기도 한다.

일본은 이처럼 스테이블코인의 "법적 청구권과 상환 구조"를 기준으로, 결제수단으로 다룰 것인지 투자자산으로 다룰 것인지 명확히 구분하였다.

이 접근의 의미는 직관적이다. 이용자가 편의점 결제에 쓰는 엔화 연동 토큰은 가격이 요동치는 코인과는 전혀 다른 규율을 받아야 한다는 것이다. 그래서 일본은 전자를 '전자결제수단'이라는 별도 궤도로 옮겨 놓고 후자는 기존 암호자산 규제의 틀 안에 그대로 둔 채, 위험의 성격에 따라 다른 감독 메커니즘을 적용하는 방식을 택하였다.

발행의 주체를 제한하다

일본 모델을 특징짓는 두 번째 축은 "누가 스테이블코인을 찍을 수 있는가"를 법률 차원에서 좁혀 놓았다는 점이다. 개정 자금결제법은 디지털 머니형 스테이블코인을 발행할 수 있는 주체를 세 종류로 한정하였다.

첫째, 은행이다. 은행이 발행하는 스테이블코인은 사실상 예금의 토큰화 버전으로 간주된다. 이용자는 은행에 대한 예금채권을 가지며, 해당 은행이 파산하더라도 일본의 예금보험제도에 따라 1인당 1,000만 엔 한도 내에서 보호받을 수 있다. 발행 구조도 복잡하지 않다. 원래 은행 계좌에 있던 예금을 블록체인상 토큰으로 표시할 뿐이므로, 규제는 기존 은행 규율과 예금보험 틀을 그대로 적용하는 방향으로 설계되었다.

둘째, 자금이체업자다. 이들은 은행이 아닌 비은행 지급 서비스 사업자이지만, 개정법은 이들 역시 일정 요건을 충족하면 디지털 머니형 스테이블코인을 발행할 수 있도록 허용하였다. 다만 은행과 달리 예금보험이 적용되지 않기 때문에, 자금이체업자가 발행한 스테이블코인에 대해서는 100퍼센트 이상의 준비자산을 안전자산으로 보유하도록 요구하였다. 준비자산은 공적 예치기관의 예금, 은행 예치금, 단기국채 등으로 한정되며 발행인의 고유재산과 엄격히 분리·관리되어야 한다.

셋째, 신탁은행·신탁회사나. 일본은 특히 신덕 구조를 활용한 스테이블코인을 염두에 두고 '특정 신탁자금이체specified trust fund transfer'라는 개념을 도입하였다. 신탁회사가 수탁한 준비자산을 신탁재산으로 분리하고, 이용자는 그 신탁재산에 대한 수익권(신탁수익권)을 토큰 형태로 보유하는 구조다. 발행인이 파산하더라도 신탁재산은 고유재산과 구분하여 보호되므로, 법적 안정성이 높다는 장점이 있다.

이처럼 발행 주체를 세 가지 라이선스 보유자(은행·자금이체업자·신탁회사)로 한정함으로써, 일본은 "발행만큼은 무조건 금융업 허가를 받은 플레이어만 하라"는 원칙을 세웠다. 반대로 말하면 발행 이외의 영역인 지갑 서비스, 결제 UX, 크로스보더 송금 인터페이스 등은 핀테크 스타트업이 비교적 자유롭게 혁신할 수 있는 여지를 남겨 둔 셈이다.

전자결제수단 교환업과 해외 스테이블코인

발행 주체를 제한하는 것만으로는 충분하지 않다. 이용자 입장에서는 발행인과 직접 상대하는 일보다 거래소, 지갑 서비스, 결제앱을 통해 스테이블코인을 접하는 일이 훨씬 많기 때문이다. 그래서 일본은 스테이블코인 유통·보관·매매를 담당하는 사업자에 대해서도 별도의 라이선스를 도입하였다.

개정 자금결제법은 디지털 머니형 스테이블코인(EPI)을 취급하는 중개업을 '전자결제수단 교환업(EPI 교환업)'으로 정의하고, 등록제를 적용하였다. 암호자산 교환업자가 스테이블코인을 상장하거나 지갑 사업자가 고객을 대신해서 스테이블코인을 보관·이체하려면, 기존 암호자산 교환업 등록만으로는 부족하며 별도로 EPI 교환업자로 등록해야 한다.

EPI 교환업자에게는 고객자산 분리 보관, 재무건전성, 정보공시, AML·CFT 의무 등 기존 결제 서비스 사업자 수준의 규제가 부과된다. 특히 고객이 보유한 스테이블코인 잔액에 상응하는 준비자산이 실제로 존재하는지, 이를 정기적으로 검증하고 보고할 의무가 중요하게 다루어진다. 이용자 입장에서는 "어떤 앱을 통해 스테이블코인을 보유하든 그 뒤에는 등록된 일본 내 사업자가 있고, 그 사업자 뒤에는 은행·신탁 등에 예치된 준비금이 있다"는 구조가 되는 셈이다.

해외 발행 스테이블코인에 대한 규율도 흥미롭다. 일본은 원칙적으로 역외에서 발행된 스테이블코인의 국내 유통을 금지하지 않았지만, 국내 중개업자가 이를 취급하려면 국내 은행·신탁 등에서 고객 보유 잔액에 상응하는 자산을 별도로 분리·보관하도록 요구한다. 예를 들어 일본 내 거래소가 달러 스테이블코인을 상장하고 고객을 대신하여 보관한다면, 동일한 금액의 자산을 일본 금융기관·신탁회사 등에 예치해 두어야 한다. 이렇게 함으로써 해외 발행 스테이블코인이라도 실제 이용자 보호와 관련된 권리는 일본법의 적용을 받는 국내 사업자와 국내 준비자산에 연결되도록 설계하였다.

이 구조는 달러 스테이블코인이 일본 금융 시스템 바깥에서 유통되며 "그림자 외화예금"처럼 작동하는 것을 방지하는 장치이기도 하다. 동시에 일본 거주자가 글로벌 스테이블코인을 활용할 수 있는 길은 열어 두되, 위험과 책임의 귀속은 일본 규제권 내로 끌어들이는 절충안이라 할 수 있다.

예금과 비슷하지만, 조금 더 안전하게

일본 자금결제법의 또 하나의 특징은, 준비자산 요건과 상환·공시 의무를 매우 구체적으로 규정하였다는 점이다. 디지털 머니형 스테이블 코인은 발행량의 100퍼센트 이상을 안전자산으로 보유해야 하고, 그 자산은 발행인의 고유재산과 분리하여 관리해야 한다. 준비자산으로 인정되는 범위는 은행 예치금, 단기국채, 일정 요건을 충족하는 예금 및 신탁 자산 등으로 제한되며 레버리지나 고위험 투자상품은 허용되지 않는다.

상환 메커니즘도 법률에 박혀 있다. 이용자는 언제든지 스테이블코인을 액면가 일대일로 상환받을 법적 권리를 가지며, 발행인은 짧은 기한 내(예: 다음 영업일)에 상환을 처리해야 한다. 상환 절차, 수수료, 시간 등은 명확히 고지되어야 하고 일방적인 상환 제한이나 지연은 엄격히 통제된다. 준비자산이 일시적으로 발행량에 못 미치는 상황이 생기면, 발행인은 자기자본으로 부족분을 보충하도록 요구받는다.

흥미로운 부분은 준비자산 운용과 관련된 최근의 논의다. 초기에는 준비자산을 거의 현금·요구불예금 수준으로만 인정해서 사실상 "수익이 거의 나지 않는 구조"를 강제하였다. 이후 2025년 개정 논의에서는 신탁형 스테이블코인의 경우 준비자산의 일정 비율(예: 50퍼센트까지)을 단기국채나 조기 해지가 가능한 정기예금 등에 투자할 수 있도록 허용하는 방향이 검토되었다. 이는 발행사가 일정 수준의 이자 수익을 확보해 사업성을 개선할 수 있게 하되, 여전히 고신용·고유동성 자산에 한정함으로써 안전성을 유지하려는 시도라고 해석할 수 있다.

정리하면, 일본은 디지털 머니형 스테이블코인을 "예금과 상당히 비슷하게, 그러나 때로는 예금보다 더 보수적으로" 다루고 있다. 예금보험이 적용되지 않는 자금이체업자·신탁회사에는 오히려 은행보다 더 엄격한 준비자산 규율과 분리 보관 의무를 부과함으로써 법적·실질적 가치 안정성을 함께 확보하려 한 셈이다.

프로그맷 코인과 JPYC가 보여 주는 일본식 전략

일본의 스테이블코인 규율은 실제 프로젝트들을 통해 점차 실험되고 있다. 가장 상징적인 사례 중 하나가 미쓰비시UFJ신탁은행MUFG Trust Bank의 '프로그맷 코인Progmat Coin'이다. 이 플랫폼은 일본 메가뱅크들이 공동으로 디지털 자산 인프라를 구축하기 위해 추진한 프로젝트로, 신탁형 스테이블코인 구조를 활용해 엔화 기반 결제·증권 결제·토큰화 증권과의 동시결제(DvP) 등을 지원하는 것을 목표로 하고 있다. 프로그맷 코인은 특정 은행의 폐쇄형 토큰이 아니라, 여러 금융기관이 참여하는 "엔화 디지털 머니 인프라"를 지향한다는 점에서 의미가 있다. 은행 간 대규모 결제, 증권 결제, 향후 크로스보더 결제까지 염두에 두고 자금결제법이 허용한 범위 안에서 법정통화 기반 디지털 머니 생태계를 구축하려는 시도라고 볼 수 있다.

또 다른 흥미로운 사례는 스타트업 JPYC이다. JPYC는 2021년부터 엔화에 연동된 토큰을 발행하였으나, 당시에는 스테이블코인에 대한 별도의 법적 틀이 없었기 때문에 '선불식 지급수단prepaid payment instrument'으로 취급되었다. 마치 백화점 상품권처럼 물건을 살 수는 있지만 다시 현금으로 바꾸거나 타인에게 송금하는 것은 원칙적으로 불가능했다.

그러나 2023년 개정 자금결제법이 시행되고, 2025년 JPYC가 정식으로 자금이동업 라이선스를 취득하면서 상황은 완전히 달라졌다. 이제 JPYC(주식회사 JPYC가 발행하는 일본 엔화 연동 스테이블코인)는 법적인 전자결제수단으로 상환(현금화)과 송금이 가능한, 진정한 의미의 화폐로 진화하였다. 이를 통해 기존의 이커머스 결제를 넘어, 기업 간(B2B) 대금 결제나 법인세 납부와 같은 공적 영역으로 사용처를 대폭 확장하고 있다.

특히 주목할 점은 JPYC의 '하이브리드 전략'이다. JPYC는 독자적인 발행뿐만 아니라, 앞서 언급한 MUFG의 프로그맷 플랫폼을 통해 은행이 담보하는 '신탁형 스테이블코인' 발행도 병행하는 전략을 취하고 있다. 이는 스타트업의 기민함으로 사용자 인터페이스와 가맹점을 확보하고, 기존 금융권의 인프라를 활용하여 신뢰도를 보강하려는 시도로 해석된다. 최근에는 서클사와의 협력을 통해 USDC와 JPYC 간의 교환 및 유동성 공급을 추진하며, 일본 내 스테이블코인과 글로벌 시장을 잇는 게이트웨이gateway 역할을 자처하고 있다.

이 두 사례는 일본 법제의 의도를 잘 보여 준다. 하나는 대형 금융기관 중심의 인프라형 스테이블코인(프로그맷 코인) 모델이고, 다른 하나는 규제의 틀 안으로 들어온 핀테크 스타트업형 엔화 스테이블코인(JPYC) 모델이다. 전자는 기존 금융 인프라와 토큰화 시장을 잇는 역할을 하고, 후자는 사용자 친화적 인터페이스와 새로운 비즈니스 모델을 실험하는 역할을 맡는다. 공통점은 둘 다 개정 자금결제법이 설정한 발행 주체·준비자산·상환·공시 규율을 충실히 따르고 있다는 점이다.

한국에 주는 시사점

일본의 자금결제법 개정은 스테이블코인을 규율하는 하나의 "은행권 중심, 라이선스 기반, 기능분리형" 모델을 제시하였다. 발행은 은행·자금이체업자·신탁회사 등 라이선스를 가진 금융기관에만 허용하고, 유통·보관은 별도의 EPI 교환업 등록을 통해 관리한다. 해외 발행 스테이블코인은 국내 준비자산 적립을 전제로 허용하여, 글로벌 혁신과 국내 금융 안정 사이에서 균형을 잡으려 한다. 이 모델의 장점은 다음 세 가지로 정리할 수 있다.

- 디지털 머니형 스테이블코인을 '돈에 준하는 것'으로 정의함으로써 법적 지위를 명확히 하고 이용자 신뢰를 확보
- 발행 주체를 엄격히 제한하되 중개·지갑·결제 UX 등에서는 민간 혁신의 여지를 남겨 둔 구조
- 역외 달러 스테이블코인도 국내 사업자와 국내 준비자산을 통해 간접적으로 규율함으로써 통화 주권과 자본 유출 통제 측면의 리스크 관리

다만 이 모델이 '완전한 정답'은 아니다. 발행을 금융기관에 한정하면, 규제가 무거운 만큼 시장 진입 장벽이 높아져서 혁신 속도가 느려질 수 있다. 준비자산 운용이 지나치게 보수적이면 발행사의 수익성이 떨어져, 장기적으로 지속 가능한 비즈니스 모델을 만들기 어렵다는 문제도 존재한다. 실제로 개정법 시행 후 상당 기간 일본 내 디지털 머니형 스테이블코인을 활용한 상업적 결제 서비스 사례가 많지 않았다는 평가도 나온다.

그럼에도 불구하고 일본의 자금결제법 개정은 스테이블코인을 제도권 화폐 인프라 안으로 편입하려는 첫 번째 본격적인 시도라는 점에서 의미가 크다. 특히 "엔화 기반 스테이블코인을 공식 금융 시스템의 일부로 인정하면서도, 규제 수준을 예금과 맞추거나 더 엄격하게 가져가는 방식"은

향후 다른 국가들이 자국 통화 스테이블코인을 설계할 때 참고할 만한 기준이 된다. 한국이 원화 스테이블코인 제도를 설계할 때도 일본처럼 은행·자금이체업자·신탁사를 중심으로 한 발행 구조, EPI 교환업과 유사한 기능별 라이선스, 역외 스테이블코인에 대한 국내 준비자산 의무 등은 중요한 비교 기준이 될 것이다.

두바이, 싱가포르, 홍콩의 '규제된 혁신' 전략

두바이, 이중 규제 구조와 VARA의 등장

두바이는 일찍부터 "가상자산 허브"를 표방하며 비교적 일관된 규제 틀 안에서 산업을 육성해 왔다. 두바이 규제 생태계의 가장 큰 특징은 아랍에미리트(UAE) 연방 규정 위에 '두바이 본토Mainland'와 '두바이국제금융센터(DIFC)'라는 두 개의 별도 체계가 공존하는 이중 구조다. 두바이 본토에서는 2022년 설립된 가상자산규제청(VARA)이 거래소, 커스터디 등 대부분의 가상자산 사업자를 감독하며 포괄적인 규칙을 적용한다. 반면, 금융자유구역인 DIFC 내에서는 두바이 금융서비스국(DFSA)이 증권형 토큰과 RWA 토큰화 실험을 주도한다. 기업은 자신의 사업 모델에 따라 이 두 체계 중 하나를 선택하여 진입할 수 있다.

이러한 구조 속에서 특히 눈여겨볼 대목은 VARA가 제시한 '자산연동 가상자산Asset-Referenced Virtual Assets, ARVA'이라는 개념이다. ARVA는 법정통화에 연동된 스테이블코인뿐만 아니라 부동산이나 상품(금, 은 등) 등 실물자산에 연동된 토큰을 모두 아우르는 개념으로, 두바이는 이를 통해 결제용 코인과 투자용 토큰을 하나의 통합된 규제 프레임워크 안에서 관리하고 있다. ARVA 발행을 위해서는 기초 자산의 평가 방식과 데이터를 투명하게 공시해야 하며, 이용자 자산과 분리된 안전한 준비자산을 확보하고 이에 대한 정기적인 감사를 받아야 한다. 또한, 이용자가 언제든 기초 자산으로 상환받을 수 있는 권리와 절차를 약관에 명확히 규정해야 한다. 결과적으로 두바이는 스테이블코인과 RWA를 별개의 상품으로 나누기보다 '가치 연동'이라는 본질에 집중하여 통합 규율함으로써, 투자자가 동일한 기준선상에서 리스크를 파악하고 신뢰할 수 있는 시장 환경을 조성하였다.

싱가포르, 프로젝트 가디언과 스테이블코인 규제 체계

싱가포르는 비교적 이른 시기부터 디지털 자산의 금융시장 적용을 고민해 왔다. 그 중심에는 통합 결제·금융 규제법인 '결제서비스법Payment Services Act, PSA'과 이를 기반으로 한 스테이블코인·토큰화 프로젝트들이 있다.

싱가포르 통화청(MAS)은 PSA 아래에서 기초가 되는 결제 서비스 라이선스를 나누되, 여기에 "스테이블코인 발행 서비스"를 별도로 추가하는 방향으로 규제 프레임워크를 만들어 가고 있다. 규율 대상이 되는 스테이블코인은 단일 통화에 연동된 '싱글커런시 스테이블코인single-currency stablecoin' 중심이다. 발행인이 충족해야 할 자본 요건, 준비자산 구성, 상환 의무, 공시 기준 등이 세부적으로 제시되어 있다.

싱가포르 스테이블코인 규제의 핵심을 요약하면 다음과 같다.

- 준비자산을 고품질의 유동성 높은 자산으로 유지하고, 발행 잔액과 일대일 비율에 가깝게 보유하도록 요구
- 이용자가 스테이블코인을 법정통화로 상환받을 수 있는 권리를 명확히 보장하고, 상환 기한과 수수료를 투명하게 공개
- 발행인의 지급불능·운영 리스크 대비 자본·리스크 관리 체계 구비

이와 함께 MAS는 '프로젝트 가디언Project Guardian'이라는 대형 파트너십 프로그램을 통해 RWA·토큰화 실험을 주도하였다. 은행·자산운용사·인프라 기업들이 참여한 이 프로젝트에서는 채권·MMF·예금·FX 등 전통 금융 상품을 토큰화하여 온체인에서 거래·결제하는 구조를 시험하였다.

특히 2025년 이후에는 토큰화된 머니마켓펀드(tMMF)를 활용하여 기관투자가가 블록체인상에서 펀드 지분을 사고팔면서도 결제자산으로는 규제된 스테이블코인이나 토큰화 예금을 사용하는 시나리오가 구체화되었다. 이로써 싱가포르는 "토큰화된 자산"과 "안정적인 결제토큰"이 결합한 구조를 실제 금융시장에서 어떻게 운용할지, 세계에서 가장 본격적인 테스트를 수행하는 국가 중 하나가 되었다.

홍콩, 스테이블코인 조례와 토큰화 파일럿

홍콩은 전통적으로 자본시장 중심의 국제금융 허브 역할을 해 왔다. 디지털 자산 영역에서도 증권선물위원회(SFC)가 가상자산 거래 플랫폼 라이선스를 도입하고, 이후 홍콩금융관리국(HKMA)과 함께 스테이블코인·토큰화 정책을 단계적으로 추진하는 방식을 택하였다.

2025년 5월, 홍콩 입법회는 이른바 '스테이블코인 조례Stablecoins Ordinance'를 통과시켜 "법정통화 연동 스테이블코인 발행업"을 인가 대상 금융업으로 편입하였다. 2025년 8월 조례 시행 이후, 홍콩 내에서 스테이블코인을 발행하거나 홍콩 달러에 연동된 스테이블코인을 발행하려는 사업자는 HKMA로부터 라이선스를 받아야 한다. 또한 준비자산 관리, 상환 의무, 리스크 관리, 이용자 보호에 관한 엄격한 요건을 충족해야 한다.

구체적으로는 준비자산을 안전한 현금·예금·단기국채 중심으로 구성하도록 요구하고, 정기적인 준비자산 증명 및 감사 보고를 통해 발행 잔액과 준비자산 규모의 괴리를 최소화하도록 하였다. 상환 측면에서는 스테이블코인 보유자가 기초 법정통화로 상환을 요구할 수 있는 권리를 보장하되, 상환 처리 기한과 절차를 명확히 규정하여 '뱅크런' 상황에서도 질서 있는 상환이 이루어지게 설계하였다.

홍콩은 스테이블코인 조례와 더불어 '프로젝트 앙상블Project Ensemble'이라는 이름으로 토큰화된 예금·결제 인프라 실험도 진행하고 있다. HKMA는 은행 간 토큰화 예금 거래를 중앙은행 디지털 머니(CeBM)와 연계하여 실시간 결제하는 구조를 테스트하고 있으며, 토큰화된 자산·스테이블코인이 이 생태계 안에서 어떻게 활용될 수 있는지 실험을 확장하고 있다.

민간 금융기관의 움직임도 활발하다. 스탠다드차타드Standard Chartered 은행, 블록체인 투자사 애니모카 브랜즈Animoca Brands, 홍콩 통신사 HKT가 참여한 합작법인은 홍콩 달러(HKD) 연동 스테이블코인 발행 라이선스 취득을 목표로 하고 있다. 이를 통해 국내외 결제와 디지털 자산 생태계의 결제 인프라를 함께 겨냥하고 있다.

흥미로운 점은 홍콩이 디지털 위안(e-CNY)과의 관계, 중국 본토 규제 당국의 입장 등을 고려해서 민간 스테이블코인 프로젝트에 관한 일정한 신중함을 유지하고 있다는 것이다. 일부 중국 빅테크 기업은 홍콩에서의 스테이블코인 계획을 보류하라는 중앙 당국의 요구를 받고 사업 방향을 조정하기도 하였다. 이는 홍콩이 디지털 자산 허브를 지향하면서도, 국가 차원의 통화·금융정책과 정합성을 맞추려 하고 있음을 보여 준다.

싱가포르와 홍콩의 공통점과 차이점

싱가포르와 홍콩은 모두 "규제된 혁신"을 중시하는 금융 허브라는 공통점이 있다. 두 관할구역 모두 스테이블코인 발행·유통을 명시적으로 인가 대상에 편입하고, 준비자산·상환·공시 등 핵심 원칙을 제시함으로써 무규제 상태에서의 난립을 막는 대신 "규정 안에서의 실험"을 허용하는 접근을 취하였다.

또한 두 곳 모두 RWA 토큰화 프로젝트를 단순 기술 실험에서 그치지 않고, 기존 금융시장 인프라와 연결하려고 하였다. 싱가포르는 프로젝트 가디언을 통해 국채·머니마켓펀드·예금 등 기관투자가용 상품을 토큰화하고, 이를 은행·자산운용사가 실제 투자·거래에 활용하는 모습을 보여주었다. 홍콩은 토큰화 예금·결제 인프라를 중심으로 실험을 진행하면서, 장기적으로는 홍콩 채권·펀드 시장에도 토큰화 기술을 접목할 기반을 닦고 있다.

그러나 두 관할구역의 전략에는 차이점도 뚜렷하다. 싱가포르는 비교적 '글로벌 표준'을 지향하면서 국제 은행·자산운용사와의 협업을 통해 크로스보더 금융거래 효율화를 전면에 내세운다. 반면에 홍콩은 중국 본토와의 금융 연계, 디지털 위안과의 관계 등을 고려하여 민간 스테이블코인에 더욱 신중한 속도로 규제를 설계하고 있다.

또 하나의 차이는 스테이블코인과 RWA 토큰 사이의 역할 분담이다. 싱가포르는 스테이블코인뿐 아니라 토큰화 예금·중앙은행 디지털 머니까지 결제토큰의 스펙트럼을 넓게 가져가면서 어떤 형태의 "토큰화된 돈"이 어떤 시장에서 가장 효율적인지 실험하고 있다. 하지만 홍콩은 규제된 스테이블코인과 토큰화 예금이 함께 존재하는 구조를 먼저 만들고, 본토와의 금융·통화 관계를 보면서 점진적으로 확장하려는 흐름을 보인다.

한국에 주는 시사점

싱가포르와 홍콩의 사례는 스테이블코인과 RWA 토큰화를 바라볼 때 다음과 같은 시각을 제공한다.

첫째, 스테이블코인을 '결제 인프라'로 보는 관점이다. 두 관할구역 모두 스테이블코인을 투기성 투자상품이 아니라, 토큰화된 금융자산 및 증권 결제용 인프라로 바라보는 경향이 강하다. 준비자산·상환·공시 요건을 강화하여 "신뢰할 수 있는 결제토큰"으로 만들려는 것이다.

둘째, 대형 금융기관을 실험의 전면에 세운 전략이다. 프로젝트 가디언이나 홍콩의 토큰화 파일럿에는 글로벌 은행·자산운용사·인프라 기업이 핵심 주체로 참여하였다. 이를 통해 소규모 크립토 스타트업 중심의 실험이 아니라, 실제 기관투자가와 자본시장에 바로 접목될 수 있는 구조를 설계하려고 하였다.

셋째, 정책 목표와 정치·통화 체제를 동시에 고려한 설계다. 싱가포르는 자국 통화정책과 글로벌 금융 허브 전략을 조화하는 방향에서, 홍콩은 중국 본토와의 관계와 홍콩 달러·디지털 위안의 역할을 고려하는 방향에서 규제 속도와 강도를 조정하였다. 이처럼 스테이블코인·RWA 토큰화는 기술이나 금융 규제 논리만으로 설명되지 않고, 각 지역의 통화 및 거시경제 전략과 긴밀히 연결된다는 점을 잘 보여 준다.

이어서 5장에서는 스테이블코인이 훤칠한 성인으로 성장하는 데 도움을 줄 다양한 기술을 살펴보려고 한다.

성장에 좋은 음식: 스테이블코인을 성장시키는 기술들

스테이블코인은
기술로 먹고산다

스테이블코인은 이름 그대로 '안정적인' 코인을 지향하는 자산이다. 비트코인이나 이더리움처럼 가격이 크게 오르내리는 자산과 달리, 스테이블코인은 달러·유로·엔화 또는 금처럼 기초 자산의 가치를 최대한 동일하게 따라가도록 설계되었다. 사람들은 "오늘 1달러가 내일도 1달러일 것"이라는 전제를 당연하게 받아들이지만, 블록체인 세계에서는 그 시세를 유지하는 일이 절대 당연하지 않다. 스테이블코인은 바로 이 지점을 메우기 위해 등장한 기술적 장치이자, 법정화폐와 가상자산 사이를 잇는 연결 고리다.

스테이블코인의 본질적 목적은 가치 저장과 전송

화폐가 수행하는 가장 기본적인 기능은 가치 저장과 가치 전송이다. 전

통적인 은행 계좌나 카드 결제망은 오랜 시간에 걸쳐 이 두 가지 기능을
비교적 안정적으로 제공해 왔다. 그러나 이 인프라는 국가별 규제, 은행
간 네트워크, 영업시간, 각종 수수료 등 여러 제약에 묶여 있었다. 예를
들어 한 사람이 다른 나라에 있는 지인에게 소액을 송금하려면, 여전히
수일의 처리 시간과 적지 않은 수수료를 감수해야 하는 일이 많다.

블록체인은 이러한 제약을 기술로 풀어내려는 시도에서 출발하였다.
하지만 초기의 비트코인, 이더리움 같은 자산은 가격 변동성이 너무 컸기
때문에 일상적인 가치 저장 및 전송 수단으로 사용하기에는 적합하지
않았다. 특정 날에 받은 급여가 며칠 만에 30퍼센트 이상 오르거나
내리는 상황은, 투기에는 매력적일 수 있으나 생활 화폐로서는 감당하기
어려운 위험이었다.

스테이블코인은 바로 이 지점에서 대안을 제시하였다. 사용자가 익숙
한 단위(예: 1달러, 1,000원 등)의 가치를 온체인에서 거의 동일하게 유지하
며, 블록체인의 장점인 빠른 전송 속도와 낮은 비용에 더불어 자유롭게
프로그래밍 가능한 특성을 동시에 제공하였다. 즉 스테이블코인은 법정
화폐의 안정성과 블록체인의 개방성을 결합한 매개체로 설계된 것이다.
사용자는 지갑에 들어 있는 USDT, USDC, 또는 다른 스테이블코인을
단순한 코인이 아니라 디지털 형태의 예금 또는 현금성 자산처럼 인식하
기 시작하였다. 이처럼 "신뢰할 수 있는 가치 저장과 전송"이라는 목표는
스테이블코인의 존재 이유이자, 이후 등장하는 모든 스테이블코인 설계
의 기준점이 되었다.

규제와 유동성보다 기술적 신뢰가 먼저

스테이블코인의 성장은 규제 환경, 발행사의 신용, 유통시장의 유동성 등 다양한 요인의 영향을 받는다. 각국 정부가 스테이블코인을 어떻게 정의하고 규율할 것인지, 발행사가 준비금과 회계를 얼마나 투명하게 공개하는지, 대형 거래소와 금융기관이 해당 스테이블코인을 어느 정도까지 수용하는지에 따라 스테이블코인의 채택 속도는 크게 달라질 수 있다.

그러나 이러한 요소들은 기술적 신뢰 위에 쌓인 추가 층위에 가깝다. 사용자는 스테이블코인을 전송할 때 일일이 발행사의 회계 장부나 규제 기관의 허가 문서를 확인하지 않는다. 사용자가 실제로 마주하는 것은 지갑의 잔액, 전송 버튼, 그리고 몇 초 후 변경된 블록체인의 상태뿐이다. 이 모든 것은 스마트 컨트랙트, 합의 알고리즘Consensus Algorithm*, 지갑 소프트웨어, 오라클, 브리지 같은 기술적 구성 요소들이 제대로 작동하고 있다는 전제 아래서만 의미를 가진다.

만약 스마트 컨트랙트에 치명적인 버그가 있어서 발행량이 무제한으로 늘어나거나 브리지 해킹으로 대규모 자산이 탈취되었다면, 아무리 강력한 규제와 정교한 유동성 관리가 있어도 신뢰는 단번에 붕괴될 수 있다. 실제로 담보 메커니즘과 시장 구조가 취약하게 설계된 알고리즘형 스테이블코인 여럿이 극단적인 시장 상황에서 의도된 가격을 이탈하는 디페깅 현상을 경험하였다. 이 과정에서 많은 사용자가 "스테이블하다"고

---

* 블록체인 네트워크 참여자들이 거래 기록을 함께 검증하고 결정하는 방식을 말한다. 대표적으로 비트코인의 '작업증명Proof of Work, PoW'이 있다.

믿었던 자산이 기술적 설계 실패 하나로 얼마나 쉽게 붕괴될 수 있는지 확인하였다.

스테이블코인의 신뢰는 결국 '코드와 프로토콜, 그리고 이를 운영하는 인프라가 얼마나 견고하게 설계되었는지'에서 출발한다. 규제는 인프라 위에서 최소한의 안전망을 제공하고, 유동성은 인프라를 통해 더 많은 사용 사례를 만들어 낸다. 하지만 가장 바닥에는 언제나 기술적 신뢰가 존재한다. 이번 장에서 주로 다루는 것도 바로 이 기술적 기반, 즉 스테이블코인의 성장과 생존을 결정짓는 보이지 않는 뿌리다.

'성장에 좋은 음식'으로서의 기술

스테이블코인은 유년기와 청소년기를 지나 이제 성인기에 접어든 자산이다. 이미 여러 탈중앙화 금융(디파이) 프로토콜에서 핵심 담보와 유동성 수단으로 쓰이고 있으며, 중앙화 거래소(CEX)에서는 사실상 달러 대용 수단으로 자리 잡았다. 일부 국가는 스테이블코인을 통해 국제 송금과 상거래를 처리하는 실험도 시작하였다.

이러한 성장 과정에서 기술은 스테이블코인이 섭취하는 "성장에 좋은 음식"에 비유될 수 있다. 영양이 풍부한 음식을 꾸준히 섭취한 아이가 건강하게 자라듯, 잘 설계된 기술 인프라를 흡수한 스테이블코인은 더 안정적이고 확장성 높은 자산으로 성장한다. 반대로 영양이 불균형 하거나 단기적인 자극만 주는 음식에 의존한 아이가 쉽게 병치레하듯, 취약한 기술 구조 위에 성장한 스테이블코인은 시장 충격이 올 때마다 디페깅을 반복하며 신뢰를 잃어버린다.

예를 들어 단기 이자 수익을 극대화하기 위해 과도한 레버리지 구조를 도입하거나, 오라클과 브리지 설계를 소홀히 한 프로젝트들은 시장이 좋을 때는 빠르게 성장하는 것처럼 보였다. 그러나 예기치 못한 가격 급락 또는 네트워크 공격이 발생하자, 기술적 방어 장치의 부족으로 순식간에 시스템 전체가 무너져 내렸다. 겉으로 보이는 발행량과 총예치금(TVL)은 마치 아이가 먹은 당분과 칼로리처럼 일시적인 성장을 보여 주었지만, 몸을 구성하는 근육과 뼈에 해당하는 기술적 기초 체력은 제대로 길러지지 않은 셈이었다.

앞으로 스테이블코인이 더 많은 국가, 더 많은 서비스, 더 많은 사용자에게 도달하기 위해서는 단순히 발행 규모를 기우거니 규제 친화적 이미지를 만드는 것만으로는 충분하지 않다. 이더리움과 솔라나 같은 퍼블릭 블록체인, L2와 브리지, 오라클과 프라이버시 기술, 결제 인프라 등의 요소를 어떤 방식으로 조합하느냐가 스테이블코인의 장기적인 건강 상태를 결정한다.

5장에서는 스테이블코인의 기술적 생태계를 하나의 식단처럼 바라보고자 한다. 어떤 블록체인 위에서 발행되는지, 발행사와 유통사는 어떤 인프라를 선택하는지, 결제 과정에서 어떤 기술을 활용하는지에 따라 스테이블코인은 서로 다른 체질과 성격을 갖는다. 따라서 이더리움과 솔라나, 그리고 새로운 인프라 제공자들이 어떤 역할을 하는지, 스테이블코인이 실제로 어떻게 발행되고 유통되며 결제되는지 차례대로 살펴보려고 한다.

정리하면, 스테이블코인은 단순히 가격이 안정적이기만 한 코인이 아니라 복잡한 기술 생태계 위에서 자라나는 하나의 생명체에 가깝다. 그 생명체가 앞으로도 건강하게 성장할 수 있을지는 우리가 어떤 기술을 성장에 좋은 음식으로 선택하고, 어떤 기술을 단기적인 자극으로 걸러 낼 수 있는지에 달렸다. 이번 장을 통해 스테이블코인의 겉모습뿐 아니라, 그 안을 채우고 있는 기술적 영양소들을 함께 살펴보게 될 것이다.

스테이블코인을 지탱하는 블록체인 인프라

스테이블코인의 가치 사슬과 기술 인프라 레이어

앞서 스테이블코인이 성장에 좋은 음식인 기술 인프라를 먹고 자라는 자산이라는 점을 살펴보았다. 그렇다면 구체적으로 스테이블코인은 어떤 가치 사슬 위에서 움직일까? 그리고 이 책에서 깊게 다루려고 하는 "기술 인프라 레이어"는 그 가운데 어니에 위치해 있을까?

스테이블코인의 가치 사슬을 아주 단순하게 나누면 다음 네 단계로 볼 수 있다.

1. 발행 및 준비금 관리

- 누가 어떤 자산을 담보로 스테이블코인을 발행하는가?
- 준비금(달러 예금, 국채, 가상자산 담보 등)이 어떻게 운용·보관되는가?
- 회계, 공시, 감사, 각국 규제 요구 사항을 어떻게 충족하는가?

2. 기술 인프라 레이어

• 어떤 블록체인 위에서 토큰이 발행되고 거래 기록과 잔액이 관리되는가?

• 체인 간 이동(브리지), 외부 가격 및 준비금 정보(오라클)가 어떤 방식으로 온체인에 반영되는가?

3. 유통 및 금융 인프라

• 중앙화 거래소·탈중앙 거래소·브로커·커스터디 업체·지갑 서비스 등 스테이블코인에 접근하고, 사고팔며, 이동하는 출입구이자 유통 채널은 어떻게 구성되는가?

• 디파이 프로토콜(대출, 스왑, 파생상품, RWA 등) 스테이블코인을 담보, 유동성, 결제수단으로 활용하게 해 주는 온체인 금융 인프라인 디파이 프로토콜(대출, 거래, 파생상품 등)은 어떻게 구성되는가?

4. 응용 서비스와 활용

• 온라인 쇼핑, 오프라인 매장 결제, 급여 지급, 송금, 대출 상환 등 실생활 결제 및 정산

• 게임 내 아이템 구매, 광고, 콘텐츠 보상처럼 잦은 소액 결제

• RWA, 디지털 채권, 토큰화 펀드 등 투자 및 자산운용 상품에서의 활용

이 네 단계는 서로 긴밀하게 얽혀 있다. 예를 들어 한 사용자가 한국의 가상자산 거래소에서 원화를 입금하여 USDT를 사고, 이를 이더리움으로 출금한 다음 다시 솔라나로 옮긴 후, 카스트KAST 카드를 통해

스테이블코인 가치 사슬 단계

구분	핵심 질문	주요 요소
1. 발행 및 준비금 관리	누가 어떤 자산을 담보로 발행하는가?	준비금 구성(달러, 국채, 가상자산) 보관 및 운용 방식, 회계, 감사, 규제 준수
2. 기술 인프라 레이어	어떤 블록체인에서 어떻게 기록 및 이동되는가?	발행 블록체인, 브리지, 오라클 설계
3. 유통 및 금융 인프라	어떻게 사고팔고 이동하는가?	거래소, 지갑, 커스터디, 브로커, 디파이 프로토콜
4. 응용 서비스와 활용	실제 어디에 사용되는가?	온·오프라인 결제, 송금, 정산, 디지털 투자상품

커피값을 결제하는 상황을 떠올려 보자. 여기에는 아래와 같은 요소가 모두 동시에 등장한다.

① 발행사(테더)의 준비금과 회계감사

② '이더리움'과 '솔라나'라는 두 개의 블록체인

③ 두 체인을 잇는 브리지

④ 거래소, 사용자 지갑

⑤ 결제 서비스

다른 장에서는 가치 사슬의 구성 요소 중 발행 및 준비금 관리(①), 유통 채널과 응용 서비스(④, ⑤)를 중심으로 다루었다. 반면에 이번 장에서는 기술 인프라 레이어(②, ③)에 초점을 맞추어 살펴보고자 한다. 왜 하필 기술 인프라인가? 그 이유는 두 가지다.

첫째, 인프라는 쉽게 변하지 않는다. 스테이블코인 토큰 자체는 비교적 쉽게 갈아탈 수 있다. USDC를 쓰다가도 필요에 따라 USDT로 옮겨탈 수 있고, 새로운 스테이블코인이 등장하면 환경 변화에 맞춰 쉽게 바꿀 수 있다. 하지만 인프라 선택은 다르다. 한 번 이더리움(L1)과 아비트럼 Arbitrum(L2) 같은 레이어 1과 레이어 2의 조합을 기본 인프라로 삼거나 또는 솔라나 기반의 결제망을 핵심 레일로 깔아 두면, 그 구조는 훨씬 더 오래 더 깊게 시스템 속에 남는다.

유통 스테이블코인 및 사용 체인 현황

현재 시장에는 무려 300개가 넘는
스테이블코인이 유통되고 있다.

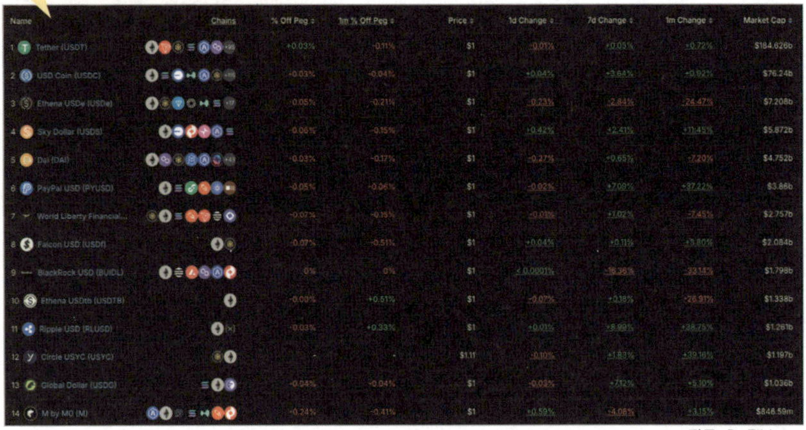

Name	Chains	% Off Peg	1m % Off Peg	Price	1d Change	7d Change	1m Change	Market Cap
1 Tether (USDT)		+0.03%	-0.11%	$1	-0.01%	+0.05%	+0.72%	$184.626b
2 USD Coin (USDC)		-0.03%	-0.04%	$1	+0.04%	+3.64%	+0.92%	$76.24b
3 Ethena USDe (USDe)		-0.05%	-0.21%	$1	-0.23%	-2.84%	-24.47%	$7.208b
4 Sky Dollar (USDS)		-0.06%	-0.15%	$1	+0.42%	+2.41%	+11.45%	$5.872b
5 Dai (DAI)		-0.03%	-0.17%	$1	-0.27%	+0.65%	-7.20%	$4.752b
6 PayPal USD (PYUSD)		-0.05%	-0.06%	$1	-0.02%	+7.09%	+37.22%	$3.86b
7 World Liberty Financial...		-0.07%	-0.15%	$1	-0.01%	+1.02%	-7.45%	$2.757b
8 Falcon USD (USDf)		-0.07%	-0.51%	$1	+0.04%	+0.11%	+3.80%	$2.084b
9 BlackRock USD (BUIDL)		0%	0%	$1	< 0.0001%	-16.36%	-33.14%	$1.798b
10 Ethena USDtb (USDTB)		-0.00%	+0.51%	$1	-0.07%	+0.18%	-26.91%	$1.338b
11 Ripple USD (RLUSD)		-0.03%	+0.33%	$1	+0.01%	+8.99%	+38.75%	$1.261b
12 Circle USYC (USYC)		-	-	$1.11	-0.10%	+1.83%	+39.19%	$1.197b
13 Global Dollar (USDG)		-0.04%	-0.04%	$1	-0.03%	+7.12%	+5.10%	$1.036b
14 M by M0 (M)		-0.24%	-0.41%	$1	+0.59%	-4.06%	+3.15%	$846.59m

자료: DeFiLlama

기존 결제 산업을 떠올려 보면 이해가 쉽다. 실제로 가장 많은 수익을 가져가는 주체는 카드를 발급하는 은행이 아니라, 그 뒤에서 결제 네트워크를 운영하는 비자·마스터카드 같은 결제 인프라 회사다. 스테이블코인도 마찬가지로, 토큰 자체보다 그 토큰이 움직이는 레일(인프라)의 선택이 훨씬 더 장기적인 영향을 미친다.

둘째, 인프라의 성격이 가치 사슬 전체의 위험도와 가능성을 규정한다. 같은 1달러짜리 스테이블코인이라도 이더리움 위에서 돌아가는지, 솔라나 위에서 돌아가는지, 또는 테더가 설계한 새로운 스테이블 블록체인 위에서 돌아가는지에 따라 보안 모델, 검열 가능성, 트랜잭션 수수료, 결제 속도, 규제 친화성, 사용자 및 개발자 경험이 모두 달라진다. 이 차이는 다시 발행 전략(어느 체인에 어느 정도 비중으로 스테이블코인을 공급할지), 유통 전략(어떤 거래소와 지갑을 우선 지원할지), 서비스 전략(어떤 결제 및 금융상품을 먼저 런칭 또는 지원할지)에까지 영향을 미친다.

즉 기술 인프라 레이어는 가치 사슬의 한 조각이 아니라, 나머지 모든 단계가 그 위에서 움직이는 반석에 가깝다. 인프라를 제대로 이해하지 못한 채 발행과 서비스 사례만 살펴보면 "왜 어떤 프로제트는 잘 버티고, 어떤 프로젝트는 쉽게 무너지는지" "왜 어떤 체인에서는 스테이블코인 결제가 활성화되고, 어떤 체인에서는 그렇지 않은지" 이해하기가 어렵다.

이 장에서는 우선 이더리움과 솔라나처럼 이미 스테이블코인 허브로 자리 잡은 블록체인의 특징과 현 생태계 상황 및 향후 로드맵을 살펴본다. 이어시 최근 새롭게 등장한 테디의 스데이블 체인, 스트리이프의 템포, 서클의 아크처럼 스테이블코인 발행 및 페이먼트 플레이어들이 직접 설계하는 신규 블록체인 인프라를 조명한다. 그다음 이 인프라 위에서 실제로 스테이블코인이 어떻게 발행되고, 유통되고, 결제되는지 전체 흐름의 관점에서 다시 연결해 볼 것이다.

정리하면, 여기에서는 스테이블코인의 전체 가치 사슬 중에서 블록체인 인프라라는 층을 깊게 파헤쳐 보고 이어서 그 인프라를 포함한 전체 동선을 위에서 내려다볼 예정이다.

이더리움, 신뢰의 공공 인프라

이더리움은 여전히 스테이블코인의 집에 가장 가까운 블록체인 네트워크다. 수많은 블록체인이 새로이 등장하였지만, 가장 많은 스테이블코인이 발행되어 있고, 가장 많은 프로젝트와 기관이 사실상 표준으로 선택하는 곳은 여전히 이더리움 계열 인프라다. 2026년 1월 기준, 이더리움의 스테이블코인 유통량은 1,650억 달러 규모로, 전체 유통량의 55퍼센트 이상을 점유하며 압도적인 1위를 차지하고 있다.

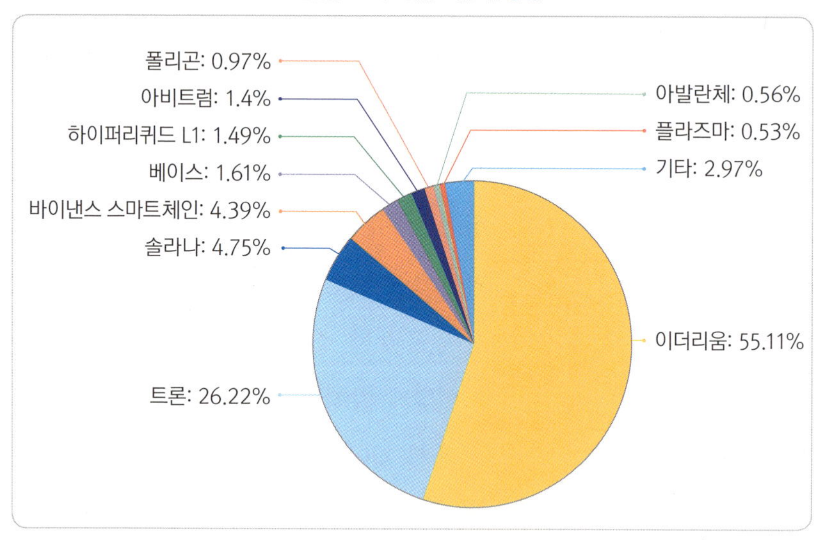

자료: DeFiLlama

USDT, USDC, USDe, DAI, PYUSD 같은 주요 스테이블코인의 상당량이 이더리움 메인넷과 이더리움 기반 L2(아비트럼, 옵티미즘Optimism, 베이스Base 등)에서 유통된다. 대형 디파이 프로토콜의 담보, 유동성 풀, 파생상품 정산, 토큰화된 미 국채 및 머니마켓펀드 같은 RWA 상품까지, 많은 온체인 금융 활동이 기본 체인으로 이더리움을 선택한다.

여기에서는 이더리움이 어떻게 스테이블코인 생태계의 사실상 표준 블록체인 인프라가 되었는지 발행 플랫폼, 공공 인프라로서의 성격, 실제 사례, 이더리움의 확장 전략, 주요 기술 로드맵이라는 다섯 가지 관점에서 차례대로 살펴본다.

스테이블코인 발행의 표준 플랫폼

이더리움이 스테이블코인 발행의 중심이 된 가장 큰 이유는 복잡한 암호학이나 화려한 마케팅 때문이 아니다. 블록체인 위에서 돌아가는 토큰Token이라는 개념을 처음으로 제대로 표준화한 플랫폼이라는 점이 결정적이었다.

코인 및 토큰 발행 구조 및 용도

구분	코인	토큰
발행 구조	블록체인 프로토콜에서 직접 발행	블록체인 위에서 동작하는 스마트 컨트랙트를 통해서 발행
주요 용도	결제, 가치 저장, 네트워크 수수료	유틸리티, 거버넌스, 보상, 결제
예시	BTC, ETH, SOL	USDT, UNI, 아베

여기서 말하는 토큰은 비트코인(BTC), 이더(ETH), 솔라나(SOL) 같은 네이티브 코인native coin과는 조금 다른 개념이다. 네이티브 코인은 각 블록체인이 프로토콜 수준에서 직접 발행하고, 네트워크 수수료 지불이나 검증인·채굴자 보상처럼 네트워크 운영에 사용하는 고유 자산이다. 반면 토큰은 이런 블록체인 위에서 스마트 컨트랙트가 새로 발행하는 2차 자산이다. 스테이블코인(USDC, USDT 등), NFT, 펀드 토큰 등이 모두 여기에 속한다. 기술적으로 보면 스테이블코인은 대부분 새로운 코인이라기보다, 이더리움 같은 기존 블록체인 위에서 발행된 토큰에 가깝다.*

이더리움 이전에도 비트코인 기반 컬러드 코인Colored Coins**처럼 토큰을 구현하려는 유사한 시도들은 있었다. 하지만 구현이 제각각이라 지갑이나 거래소 같은 서비스가 통일된 방식으로 처리할 수 없었다. 이 문제를 해결하며 토큰의 발행, 전송, 서비스 연동 방식을 하나의 공통된 규칙으로 표준화하는 데 성공한 블록체인이 이더리움이었다. 그리고 이 표준이 바로 널리 알려진 ERC-20 표준이다. ERC-20 덕분에 이더리움 블록체인에서는 누구나 같은 인터페이스를 따라 토큰을 만들 수 있게 되었고 지갑, 거래소, 디파이 프로토콜은 이 공통 규칙만 지원하면 수많은 토큰

---

* 조금 더 쉽게 비유해 보자. 블록체인이 하나의 국가라고 한다면, 블록체인의 네이티브 코인은 국가에서 발행하는 공식 화폐에 가깝다. 반대로 토큰은 그 국가의 여러 기업이 자체적으로 발행한 포인트·상품권에 가깝다고 볼 수 있다. 예를 들어 ETH는 이더리움 국가의 공식 화폐고, 그 위에서 발행되는 USDT·USDC 같은 스테이블코인은 이더리움 국가 안에서 돌아가는 서비스가 발행한 별도의 자산이라 볼 수 있다.

** 조금 더 쉽게 비유해 보자. 블록체인이 하나의 국가라고 한다면, 블록체인의 네이티브 코인은 국가에서 발행하는 공식 화폐에 가깝다. 반대로 토큰은 그 국가의 여러 기업이 자체적으로 발행한 포인트·상품권에 가깝다고 볼 수 있다. 예를 들어 ETH는 이더리움 국가의 공식 화폐고, 그 위에서 발행되는 USDT·USDC 같은 스테이블코인은 이더리움 국가 안에서 돌아가는 서비스가 발행한 별도의 자산이라 볼 수 있다.

을 한 번에 다룰 수 있게 되었다. 이것이 이더리움을 스테이블코인 발행의 표준 플랫폼으로 만든 출발점이었다.

ERC-20: 토큰 발행 및 전송을 위한 공통 규칙

ERC-20 표준을 한마디로 표현하면 "이더리움 위에서 돌아가는 토큰이라면 최소한 이런 기능은 갖추자"라고 약속한 공통 규칙이다. 사람으로 치면 한글 맞춤법, 컴퓨터로 치면 파일 형식(pdf, jpg 등)에 가까운 개념이다. 형식이 같으니까 어떤 프로그램이든 같은 방식으로 읽고 쓸 수 있는 것처럼 말이다.

ERC-20 표준은 다음와 같은 여러 핵심 기본 기능들을 요구한다.

잔액 조회	• '특정 주소가 해당 토큰의 잔액을 얼마나 보유하고 있는지' 처리하는 기능이다. • 지갑 앱이 화면에 37.5USDT 같은 잔액을 보여 줄 수 있는 이유가 여기에 있다.
토큰 전송	• 'A 주소에서 B 주소로 얼마를 보낼지' 처리하는 기능이다. • 거래소로 토큰을 전송하거나, 다른 사람에게 토큰을 전송하는 등의 동작이 모두 이 규칙 위에서 처리된다.
대리 전송 승인	• 거래소나 디파이 서비스처럼, 제3자(스마트 컨트랙트)가 내 지갑에서 토큰을 대신 꺼내 쓰도록 허용하는 기능이다. • 디파이 서비스를 이용해 보았다면 유니스왑 같은 DEX에서 처음 거래를 시도할 때 "USDC 사용을 승인하시겠습니까?" 같은 팝업창이 뜨는 것을 경험했을 텐데, 그 이유가 바로 여기에 있다. • 이 승인도 ERC-20에서 정해 둔 형식대로 이뤄진다.

이처럼 토큰의 가장 기초적인 동작을 표준으로 규정해 두면 새 토큰이 나올 때마다 지갑, 거래소, 디파이 서비스들이 "이 토큰은 잔액을 어떻게 읽어야 하지?" "전송은 어떻게 호출해야 하지?"를 일일이 다시 고민할 필요가 없다.

스테이블코인 발행사 입장에서도 ERC-20 표준은 매우 주요하게 작용하였다. USDC, USDT, DAI, PYUSD는 발행사, 운영 프로토콜, 준비금 구조가 모두 다르다. 어떤 건 달러 예금과 국채를 담보로 하고, 어떤 건 가상자산을 담보로 쓰기도 한다. 그런데 이더리움 위에 올라왔을 때, 이런 차이와 상관없이 모두 ERC-20 토큰이라는 같은 틀 안에 들어간다.

즉, 바깥의 비즈니스 구조는 제각각이지만 온체인에서 어떻게 다뤄지는지에 관한 사용법은 모두 똑같다는 뜻이다. 이 덕분에 지갑 앱은 USDC를 지원하는 화면과 USDT를 지원하는 화면을 따로 만들 필요가 없다. 한 번 만든 잔액 조회 및 송금 화면을 그대로 두고, 토큰 이름과 심벌symbol만 바꿔 보여 주면 된다. 거래소나 디파이 프로토콜도 입출금, 거래, 예치, 대출 같은 기능을 토큰마다 새로 구현할 필요가 없다. 한 번 구현한 ERC-20 토큰 입출금, 거래, 예치 기능을 거의 그대로 재사용하여 USDC, USDT, DAI, PYUSD를 함께 다룰 수 있다.

만약 ERC-20 같은 공통 규칙이 없었다면, 토큰 잔액을 불러오거나 송금할 때 토큰마다 다른 예외 사항들을 관리해야 했을 것이다. ERC-20은 토큰마다 사용법이 다른 데서 생기는 마찰을 크게 줄여 주었다. 이 표준 덕분에 스테이블코인은 새로운 기술이라기보다 기존 인프라 위에 자연스럽게 추가되는 또 하나의 자산 유형처럼 받아들여질 수 있었고, 이것이 이더리움이 스테이블코인 발행 플랫폼으로 자리 잡는 데 결정적인 역할을 하였다.

EVM 호환성: 블록체인 설계의 표준

이더리움에서 작동되는 모든 서비스는 이더리움 가상머신Ethereum Virtual Machine, EVM이라는 실행 환경 위에서 동작한다. 아주 거칠게 말하면, 이더리움 기반 앱을 돌리는 운영체제쯤으로 이해해도 크게 틀리지 않는다. 우리에게 익숙한 컴퓨터의 운영체제, 예를 들어 윈도우Windows나 맥오에스macOS 같은 역할을 하는 것이 바로 EVM이라고 할 수 있다. 이더리움의 서비스 개발자는 이 EVM이 이해할 수 있는 형태로 스마트 컨트랙트 코드를 작성하고, 그 코드는 EVM에 정의된 동일한 규칙에 따라 실행된다.

중요한 것은 EVM 환경이 이더리움 블록체인 외의 다른 블록체인에서도 널리 사용되고 있다는 점이다. 시간이 흐르면서 새롭게 등장한 여러 블록체인이 "우리도 이더리움이 쓰는 EVM 실행 환경을 그대로 쓰겠다"고 선택하였다. 이를 보통 'EVM 호환 체인'이라고 부른다. 폴리곤Polygon, 아발란체, 바이낸스 스마트체인 같은 L1부터 아비트럼, 옵티미즘, 베이스 같은 이더리움 L2까지 우리에게 익숙한 상당수 블록체인이 모두 EVM 호환 체인이다. 겉으로 보면 체인 이름도 다르고 로고도 다르지만, 내부에서 스마트 컨트랙트를 실행하는 방식은 이더리움과 거의 같다.

스테이블코인 발행사 입장에서 이것이 왜 중요할까? 이유는 의외로 단순하다. 이더리움용으로 스테이블코인 스마트 컨트랙트를 한 번 설계해서 외부 감사까지 마치고 안정성이 검증되면, 그 코드를 큰 수정 없이 그대로 다른 EVM 호환 체인으로 가져갈 수 있기 때문이다.

이더리움 메인넷에서 쓰던 코드를 폴리곤이나 아발란체, 그리고 여러 이더리움 L2 위에 다시 배포하는 데 들어가는 추가 작업은 상대적으로 적다. 설계를 다시 짤 필요도 없고, 처음부터 전면적인 보안 검토를 반복할 필요도 줄어든다.

개발자 관점에서는 안드로이드 앱 비유가 제법 잘 들어맞는다. 안드로이드용 앱을 한 번 만들면, 제조사가 삼성인지 샤오미인지에 상관 없이 대부분의 안드로이드 폰에서 그대로 돌아간다. 사용자 입장에서는 폰이 다르다는 게 중요하지만, 개발자 입장에서는 운영체제가 같다는 게 더 중요하다. 블록체인에서도 체인 이름과 로고는 제각각이지만 EVM 호환 체인끼리는 운영체제가 같기 때문에, 스마트 컨트랙트를 다시 개발하는 비용 없이 같은 코드를 여러 곳에서 쓸 수 있다.

이 구조 덕분에 스테이블코인 발행사는 한 번 만든 설계를 여러 네트워크로 복제하면서 자연스럽게 유통 채널을 넓힐 수 있다. USDC를 예로 들면 '이더리움 버전 USDC'와 '폴리곤 버전 USDC' '베이스 버전 USDC'가 서로 다른 별개의 자산처럼 보이지만, 내부에 들어 있는 코드는 대부분 같은 계열이다. 이더리움에서 이미 검증된 컨트랙트 구조를 바탕으로, 각 체인의 특성에 맞게 최소한의 조정만 거쳐서 배포한 경우가 많다. 발행사는 체인마다 처음부터 설계·테스트·감사 비용을 반복하지 않아도 되고, 사용자는 선호하는 네트워크에서 익숙한 스테이블코인을 그대로 쓸 수 있다.

그렇다면 왜 이렇게까지 많은 체인이 굳이 EVM 호환을 선택했을까?

첫째는 이더리움 개발자 생태계가 이미 매우 성숙한 단계에 있기 때문이다. 솔리디티Solidity라는 스마트 컨트랙트 언어와 주요 개발자 도구, 메타마스크와 같은 지갑 어플리케이션, 각종 개발 라이브러리와 보안 및 감사 모범 사례까지 모두 이더리움과 EVM을 중심으로 쌓여 왔다. 새로운 체인이 완전히 다른 실행 환경을 들고나오면, 그 위에서 개발하려는 사람은 프로그래밍 언어부터 개발자 도구와 보안 모델까지 처음부터 다시 익혀야 한다. 반대로 EVM을 그대로 지원한다면, 기존 이더리움 개발자는 기존의 도구와 지식을 그대로 들고 와서 개발을 시작할 수 있다.

둘째는 네트워크 효과다. 이미 수많은 디파이·인프라 서비스가 EVM 을 기준으로 만들어져 있고, 유동성과 자본도 EVM 호환 체인 계열에 두 텁게 쌓여 있다. 새 체인이 독자적인 실행 환경을 고집하면 이런 생태계 와 하나씩 따로 통합하여야 한다. 반면 EVM 호환을 선택하면 지갑, 브리 지, 오라클, 디파이 프로토콜들이 기존 코드를 약간만 손봐서 새 체인을 지원할 수 있다. 체인 입장에서는 외부 생태계를 끌어오는 장벽이 크게 낮아지는 셈이다.

이런 이유로 이더리움은 단순히 스테이블코인이 많이 모여 있는 체인 을 넘어선다. 새로운 스테이블코인의 설계와 발행이 처음 시작되는 기준 플랫폼이고, EVM 호환 체인들은 그 설계를 가져다가 더 빠른 처리 속도 와 더 낮은 수수료와 특정 용도(상거래, 게임, 송금 등)에 특화된 사용자 경 험을 제공하는 확장 레이어에 가깝다. 스테이블코인 관점에서 보면 이더 리움에서 설계 및 검증된 모델을 EVM 계열 체인 전반으로 퍼뜨리는 구 조가 만들어졌고, 이 구조가 이더리움을 스테이블코인 인프라의 출발점 이자 기준점으로 자리 잡게 만든 중요한 배경이라고 할 수 있다.

중립적 공공 인프라와 기관 채택

이더리움이 스테이블코인 인프라의 중심이 된 두 번째 이유는 많은 기관의 눈에 누군가의 소유물이 아닌, 모두가 함께 쓰는 공공 인프라에 가깝게 보인다는 점이다. 특정 주체가 마음만 먹으면 서버를 꺼버릴 수 있는 시스템이 아니라, 불특정 다수가 나눠서 운영하고 책임지는 탈중앙화된 인프라에 가깝다는 믿음이 점점 더 강해지고 있다.

높은 탈중앙성 및 안정성

이더리움 네트워크는 전 세계에 흩어진 약 100만 명의 검증자*가 함께 운영한다. 각 검증자는 새로운 블록을 제안하고, 다른 검증자와 함께 그 블록이 유효한지 확인하는 역할을 맡는다. 이 구조에서 중요한 건 검증자가 특정 기업이나 집단에 집중되어 있지 않다는 것이다. 이더리움 검증자는 여러 국가, 여러 사업자, 개인 및 기관에 걸쳐 흩어져 있기 때문에 어느 한 국가나 기업이 마음먹었다고 해서 쉽게 이더리움을 멈출 수 있는 구조가 아니다.

여기에 더해, 이더리움은 여러 개의 클라이언트 구현이 공존한다는 특징이 있다. 이더리움 노드**는 게스geth, 네더마인드Nethermind, 에리곤 Erigon, 베수Besu처럼 서로 다른 팀이 만든 클라이언트 소프트웨어 중 하나를 골라 사용한다. 표면적으로는 모두 이더리움 노드지만, 내부적으로 돌아가는 코드는 서로 다르다. 만약 특정 클라이언트에

---

* 이는 전체 블록체인 중 비트코인 네트워크 다음으로 많은 수치다.

** 이더리움 네트워크에 참여해서 거래와 블록을 저장·검증하는 컴퓨터(서버)를 말한다. 여러 노드가 같은 장부를 나누어 들고 있어, 어느 한 대가 멈춰도 네트워크 전체가 유지된다.

치명적인 버그가 있어서 그 소프트웨어를 쓰는 노드들이 한 번에 문제가 생겨도, 다른 클라이언트를 쓰는 노드들이 그대로 남아 네트워크를 지탱할 수 있다.*

이건 마치 웹이 하나의 브라우저에만 의존하지 않는 것과 비슷하다. 크롬Chrome에 문제가 생겨도 파이어폭스Firefox, 사파리Safari, 엣지Edge가 남아 있으면 웹 자체가 멈추지는 않는 것처럼 이더리움도 단일 소프트웨어에 의존하지 않도록 설계되어 있다. 기관 입장에서는 특정 회사 제품 하나에 모든 운명을 맡긴 시스템이 아니라 여러 구현이 경쟁 및 보완하는 구조를 갖춘 네트워크라는 점이 중요한 신뢰 요소가 된다.**

또 한 가지 빼놓을 수 없는 건 오랜 시간이 쌓아 온 기록이다. 2015년에 출시된 이후 이더리움은 크고 작은 업그레이드, 시장 변동, 여러 번의 과부하 상황을 지나왔지만 네트워크는 멈추지 않고 계속 작동하였다. 개발 로드맵이나 백서만 보고 앞으로 잘될 거라고 막연히 기대하는 게 아니라, 실제로 여러 위기와 높은 트래픽을 버텨 낸 경험이 축적되어 있다는 점이 보수적인 기관에는 일종의 실적처럼 작용한다. 안정적으로 작동해 온 기간이 길수록, 내가 낳긴 자산이 하루아침에 사라지거나 멈춰 버릴 가능성에 대한 불안이 줄어든다.

이런 요소가 합쳐져서 이더리움은 쉽게 무너질 수 없는 단단한 블록체인 인프라라는 이미지를 갖게 되었다. 이는 중앙은행, 상업은행, 자산운

---

* 실제로 특정 클라이언트 버전에 문제가 생겼음에도 불구하고, 다른 클라이언트들 덕분에 네트워크가 문제없이 동작한 경우가 종종 있었다.

** 일반적으로 신생 블록체인은 여러 제약으로 인해 클라이언트 다양성에 자원을 투입할 여력이 없는 경우가 대다수다. 이 때문에 대부분의 블록체인 네트워크는 동일한 클라이언트를 사용하는 일이 많다.

용사처럼 리스크에 민감한 기관이 스테이블코인을 블록체인에 발행할 때 고려하는 중요한 기준이 된다.

규제: 정책 논의에서의 기준점 역할

규제와 정책 측면에서도 이더리움은 자주 암묵적인 기준점으로 등장한다.

유럽이나 미국의 스테이블코인 법안 논의를 보면 문서에 이더리움이라는 이름이 매번 등장하지는 않지만, 이더리움 네트워크를 암묵적인 전제로 두고 있다는 사실을 행간에서 읽어 내는 것이 어렵지 않다. 규제기관이 새로운 룰을 설계할 때, 아무도 안 쓰는 체인을 기준으로 삼지는 않는다. 이미 가장 많은 자산과 유동성이 쌓여 있고, 글로벌하게 사용되는 체인을 염두에 두고 틀을 만드는 것이 자연스럽다.

발행사 입장에서도 마찬가지다. 스테이블코인 발행이나 국채, MMF 같은 RWA 토큰화를 고민할 때 "규제기관이 앞으로 어디를 기준으로 삼을까?" "어디에 올렸을 때 나중에 설명하기가 가장 수월할까?"를 함께 고려할 수밖에 없다. 이미 많은 프로젝트와 자금이 이더리움 위에 올라와 있고, 규제 논의에서도 이더리움이 사실상 기준점으로 취급되고 있다는 것은 발행사 및 기관 모두에게 일종의 심리적 안전망처럼 작용한다.

이 모든 이유가 겹치면서 은행, 자산운용사, 핀테크 회사들이 새로운 온체인 프로젝트를 검토할 때 "일단 이더리움(EVM 계열)부터 검토해 보자"는 말이 자연스럽게 나온다.

반드시 이더리움만 써야 한다는 뜻은 아니다. 하지만 처음 비교 대상으로 올려놓을 체인으로 규제와 기술 양쪽에서 설명하기 쉬운 선택지라는 점에서 이더리움은 여전히 기관들이 가장 먼저 떠올리는 중립적 공공 인프라의 위치를 차지하고 있다.

대표적인 이더리움 기반 스테이블코인

이더리움 위에는 이미 여러 종류의 스테이블코인이 발행 및 유통되고 있다. 달러 기반 예금을 담보로 한 전통적인 방식부터, 가상자산을 담보로 삼는 탈중앙형, 파생상품을 이용한 합성 달러, 그리고 결제 회사·은행이 직접 발행하는 토큰까지 겹쳐 있다. 이번에는 그 가운데 몇 가지 대표적인 예를 짚어 보자.

USDT, USDC: 전통 금융자산으로 뒷받침되는 달러 토큰

USDT와 USDC는 지금까지 발행된 달러 스테이블코인 가운데 가장 규모가 크고, 가장 많이 쓰이는 두 종류다. 둘 다 '1토큰＝1달러'의 가치를 유지한다는 목표를 갖고 있으며, 그 안정성은 주로 달러 예금·미국 단기국채·머니마켓펀드 같은 전봉 금융사산을 준비금으로 쌓아 두는 방식으로 뒷받침된다.

이더리움 메인넷은 이 두 스테이블코인이 초기에 발행된 핵심 플랫폼이었고, 지금도 여전히 큰 규모의 예치·거래·결제가 이루어지는 곳이다. 디파이 서비스에서 담보로 잡히고, 유동성 풀에 들어가고, 파생상품 포지션의 증거금으로 쓰이는 많은 달러 스테이블코인은 결국 이더리움 위의 USDT와 USDC에서 출발한다.

USDe: 파생상품을 활용한 합성 달러

USDe는 에테나 프로토콜에서 발행하는, 비교적 새로운 타입의 스테이블코인이다. 겉으로 보면 '1USDe = 1달러'를 추구한다는 점에서 다른 달러 스테이블코인과 비슷하지만, 내부 구조는 차이가 있다. 아주 간단히 말하면 에테나는 한쪽에서는 ETH 같은 자산을 보유하고, 다른 쪽에서는 무기한 선물 같은 파생상품 시장에서 반대 방향 포지션을 잡는 방식으로 전체 포지션의 가격 변동을 서로 상쇄시키려고 한다. 이를 흔히 "델타 중립 헤지"라고 부른다.

이 구조가 잘 유지되면 시장이 오르든 내리든 합쳐진 포지션의 달러 가치가 크게 흔들리지 않는다. 이처럼 상대적으로 안정된 포지션을 바탕으로 합성 달러에 해당하는 USDe를 발행한다는 아이디어다. 준비금의 일부가 온체인, 파생상품 시장에 머무르는 덕분에 기존 전통 금융자산 기반 스테이블코인과는 다른 수익 구조와 확장성을 기대할 수 있다는 것이 장점이다. 반면에 파생상품 시장 유동성, 청산 리스크 등 새로운 종류의 리스크도 함께 안고 가야 한다.

여기에서는 구조의 세부 기법까지 살펴보기보다, 이더리움 위에서는 이제 단순 예금 담보형을 넘어서 파생상품을 이용해 만들어 내는 합성 스테이블코인까지 등장하였다는 흐름 정도만 이해해도 충분하다.

DAI: 가상자산 담보형에서 RWA 결합형으로

DAI는 메이커다오(현 스카이)가 발행하는 스테이블코인으로, 이더리움 초창기부터 오랫동안 탈중앙 가상자산 담보형 스테이블코인의 대표 사례로 여겨져 왔다. 초기의 DAI는 ETH·WBTC 같은 가상자산을 담보로 잡고, 담보 가치보다 적은 양의 DAI를 발행하여 빌려 쓰게 하는 구조였다. 즉 은행 계좌에 돈을 넣어 두는 대신, 온체인에서 ETH를 담보로 예치하고 그 담보를 바탕으로 달러에 고정된 토큰인 DAI를 만들어 쓰는 모델이었다. 하지만 시간이 흐르면서 DAI의 담보 풀에는 미국 국채, 은행예금, 머니마켓펀드 등 RWA 비중이 많이 늘어났다.

지금의 DAI는 완전히 가상자산만으로 돌아가는 스테이블코인이라기보다는, 가상자산 담보와 전통 자산 담보가 섞여 있는 혼합형 구조에 가깝다. 이 변화는 스테이블코인 생태계 전체가 가상자산뿐만 아니라 전통 금융자산과 어떻게 연결할지를 고민하는 방향으로 발전하고 있다는 걸 상징적으로 보여 주는 사례이기도 하다.

PYUSD: 웹2 결제 플랫폼과 웹3 인프라의 접점

PYUSD(페이팔 USD)는 글로벌 결제 회사 페이팔이 지원하는 스테이블코인이다. 페이팔 앱 안에서 보면 PYUSD는 기존 페이팔 잔액과 크게 다르지 않은 것처럼 느껴질 수 있다. 하지만 겉을 조금만 벗겨 보면, PYUSD는 이더리움 위에서 놀아가는 ERC-20 토큰이다. 이 밀은 곧 페이팔 사용자에게는 익숙한 사용자 경험을 유지하면서도 그 잔액을 이더리움 네트워크에서 움직일 수 있고, 나아가 원한다면 외부 지갑·디파이·다른 서비스와도 연결될 수 있다는 뜻이다.

이더리움은 이렇게 웹2 결제 플랫폼과 웹3 인프라를 이어 주는 중간 다리 역할도 하고 있다. 페이팔 입장에서는 블록체인 인프라를 직접 처음부터 구축하지 않아도, 이더리움 위에 토큰을 발행하는 방식으로 비교적 빠르게 블록체인 생태계와 연결될 수 있다.

확장성 한계와 이더리움의 해결 방안

앞서 살펴본 것처럼 이더리움 네트워크의 강점은 높은 탈중앙성, 높은 보안성과 안정성, 그리고 중립성이다. 이는 이더리움의 설계 철학 자체가 높은 확장성, 즉 처리 속도보다 해당 특성들을 더 중요시하였기 때문이다. 덕분에 이더리움은 웬만해서는 멈추지 않는 안정적인 네트워크가 되었지만, 그만큼 거래 수수료와 처리 속도에서는 트레이드 오프가 발생하게 되었다.

네트워크가 붐빌 때는 스테이블코인 몇 달러를 보내는 데도 수수료로 몇 달러를 내야 하는 상황이 발생하고, 전송한 트랜잭션이 완전히 확정될 때까지 몇십 초에서 몇 분을 기다려야 할 때도 있다. 커피값 결제, 게임 아이템 구매, 친구와의 소액 정산 같은 일상 결제를 떠올려 보면 1달러 보내려고 수수료 3달러를 내는 상황은 도저히 받아들이기가 어렵다. 이더리움 커뮤니티도 이런 확장성 한계를 오래전부터 인지하고 있었으며, 기존의 설계 철학을 최대한 유지한 채 확장성을 높이기 위해 구조 자체를 나누는 방식을 택하게 된다.

L1과 L2: 같은 체인, 다른 역할

결국 모든 걸 다 L1에서 하려고 하지 말자는 결론에 이르렀다. L1은 안전한 정산과 보안 레이어, L2는 싸고 빠른 실행 레이어로 나누자는 것이었다. 이걸 흔히 '롤업 중심 로드맵rollup-centric roadmap'이라고 부른다.

이를 쉽게 풀어서 살펴보자. 먼저 L1과 L2는 정확히 무엇일까?

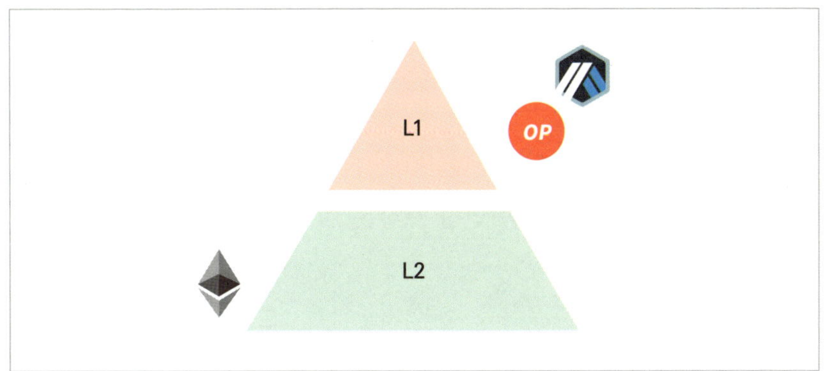

자료: CoinGecko

레이어 1은 가장 기본이 되는 블록체인을 말한다. 비트코인 메인넷, 이더리움 메인넷 같은 게 여기에 해당한다. 모든 거래가 직접 이곳에 기록되면 보안과 탈중앙성은 높지만, 속도와 수수료 측면에서 한계가 드러난다.

레이어 2는 L1 위에 얹혀서 돌아가는 보조 네트워크다. 사용자의 거래를 L2에서 먼저 빠르고 싸게 처리한 다음, 그 결과를 묶어서 L1에 올려 최송 기록으로 남긴다. 겉으로 보면 또 히나의 체인처럼 보이지만, 최종적인 안전성과 신뢰는 L1에 기대는 구조다.

조금 더 쉽게 비유해 보자면, L1(이더리움 메인넷)은 대법원이나 중앙은행의 최종 결제 시스템에 가깝다. 최종 잔액과 상태를 기록하고, L2에서 처리된 거래 데이터 묶음을 보관하며, 어떤 거래가 진짜로 인정되는가를 최종적으로 결정한다. 이 단계에서는 당연하게도 속도보다 정확성과 안전성이 더 중요하다.

반대로 L2(아비트럼, 옵티미즘, 베이스 등)는 일상적인 거래가 오가는 시내 상점 같은 곳이다. 사용자의 일상적인 거래를 훨씬 빠르고 싸게 처리하고, 내부적으로 거래 데이터를 정리한 후, 그 결과를 일정 간격으로 L1에 제출하여 최종 확정을 받는다.

사용자는 L2 위에서 거의 실시간에 가까운 속도로 스테이블코인을 보내고 받지만, 그 거래의 최종 안전 보장은 여전히 이더리움 L1에서 이뤄지는 셈이다.

롤업이란 무엇인가?

그렇다면 롤업은 무엇인가? L2에도 여러 종류가 있지만, 이더리움이 채택한 형태가 롤업이다. 이름 그대로, 여러 사용자의 거래를 한데 말아서(roll up) 묶음으로 이더리움 L1에 올리는 방식이다.

롤업은 대략 다음과 같이 동작하게 된다.

① 사용자는 평소처럼 L2에서 송금, 거래, 결제를 한다.
② 롤업은 이 수많은 거래를 자기 체인 안에서 먼저 처리한다.
③ 롤업이 처리한 결과만 요약해서 일련의 증명과 함께 이더리움 L1에 올린다.

L1 입장에서는 수만 건의 거래 하나하나를 직접 처리하는 대신 "롤업이 처리한 이 묶음은 정상이다"라는 증명과 요약본만 검증하면 된다. 사용자는 L2에서 훨씬 빠르고 싸게 스테이블코인을 주고받을 수 있고, 롤업이 올린 데이터 덕분에 문제가 생기면 언제든 L1을 통해 해결할 수 있는 안전장치도 유지된다.

이렇게 롤업이라는 L2가 많아지면서 이더리움은 점점 'L1은 정산 및 보안' 'L2는 실행'이라는 역할 분담을 전제로 한 로드맵을 걷게 된다. 이 방향을 가리켜 '롤업 중심 로드맵'이라고 한다.

스테이블코인 거래는 왜 L2로 내려가는가?

스테이블코인 관점에서 다시 보면, 이야기가 훨씬 단순해진다. 스테이블코인은 자주, 작게, 반복해서 보내는 일이 많은 자산이다. 커피값 결제, 구독료, 서비스 소액 결제, 게임 및 콘텐츠 보상 지급, 친구와의 더치페이 정산 등의 거래를 매번 이더리움 L1에서 처리하려면 수수료가 오히려 더 비싸지는 상황이 쉽게 발생한다.

그래서 지금은 자연스럽게 큰 금액 및 중요도가 높은 정산이나 장기 보관은 L1에 남기고, 지주 오가머 소액에 가까운 결제·거래·보상 지급 등은 L2로 내려보내는 흐름이 만들어졌다. 실제 온체인 데이터를 보면, 여러 L2에서 발생하는 트랜잭션의 상당 부분이 스테이블코인을 활용한 거래로 채워지고 있다.

이렇게 거래의 안전성은 L1이 담당하고, 실질적인 사용과 트래픽은 여러 L2로 분산시키는 구소 넉분에 이너리움은 느러서 스데이블고인 기래에 어울리지 않는 체인이 아니라 L2를 통해 이를 해결하는 다층 구조 인프라로 진화하고 있다고 볼 수 있다.

이더리움 로드맵과 스테이블코인 인프라의 미래

마지막으로 이더리움이 앞으로 어떤 방향으로 발전하려 하는지, 그리고 그 변화가 스테이블코인 인프라에 어떤 영향을 줄지 간단히 짚고 넘어가자.

롤업용 데이터를 더 많이, 더 싸게

최근 몇 년간 이더리움 업그레이드의 중심은 L2, 즉 롤업이 데이터를 '얼마나 싸게, 얼마나 많이' 올릴 수 있게 하는가였다.

2024년 4월 도입된 덴쿤Dencun 업그레이드에서는 블롭Blob이라는 새로운 데이터 저장 방식을 도입하였다. 블롭은 쉽게 말해 롤업의 거래 기록을 이더리움에 올릴 때 쓰는 '전용 메모 공간'이라고 생각하면 된다. 일반 트랜잭션 데이터보다 훨씬 싸게 저장할 수 있다. 이 덕분에 롤업의 트랜잭션 수수료가 크게 떨어졌다. 여기서 멈추지 않고, 이더리움은 2025년 5월 펙트라Pectra 업그레이드에서는 블롭의 수용량을 더 증가시켰다. 이러한 방향의 목적은 명확하다. L2가 더 많은 거래를 한 번에 싸게 처리할 수 있도록 기반을 확장하는 것이다.

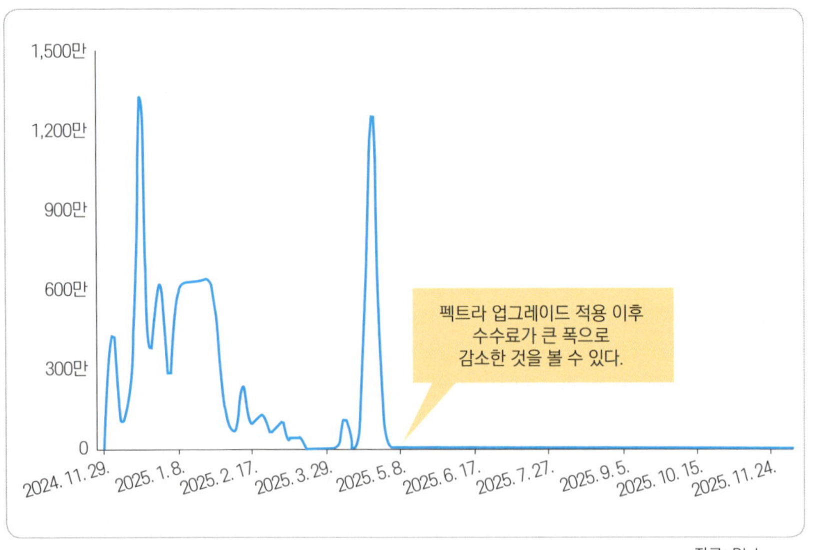

이더리움의 일일 블롭 수수료 추이

자료: Blobscan

지난 2025년 12월에 진행된 후사카Fusaka 업그레이드에서는 피어DASPeer Data Availability Sampling, PeerDAS 기술을 도입하여 이더리움 검증자 노드가 모든 블록 데이터를 다 받지 않고도 제대로 저장되었는지 확인할 수 있게 하였다. 지금까지는 이더리움 노드들이 블록에 포함된 데이터를 검증하려면 그 데이터를 100퍼센트 전부 다운로드해야 했다. 데이터가 커지면 노드에 부하가 걸리니, 한 번에 처리할 수 있는 블롭의 개수에도 제한이 걸렸다. 피어DAS를 조금 더 쉽게 표현하면 '더 효율적인 검수 시스템'이라 할 수 있다. 블롭이 이더리움이라는 도로 위를 달리는 화물차(블록)의 짐(데이터)이라고 본다면, 이전에는 검수원(노드)이 화물차에 실린 짐을 하나하니 다 내려서 100퍼센트 검사해야 했다. 하지만 피어DAS 이후에는 검수원들이 각자 무작위로 짐의 일부만 콕 집어서 sampling 검사하게 된다. 통계적으로 여러 명이 무작위로 검사해서 문제가 없으면 전체 짐도 안전하다고 판단한다. 결과적으로 검수 부담이 줄어드니 화물차에 짐(블롭)을 훨씬 더 많이 실을 수 있다.

이러한 이더리움 업그레이드의 방향성을 스테이블고인 관점에서 정리하면, 결국 빈번한 스테이블코인 거래 활동을 부담 없이 처리하기 위해 L2의 확장성을 계속해서 늘리고 있는 것이다.

L1의 검증 확장성: zkEVM과 가벼운 검증

'확장성'이라고 하면 보통 더 많은 거래를 가능한 저렴하고 빠르게 처리하는 것을 먼저 떠올린다. 하지만 이더리움 입장에서 또 하나 중요한 축은 "얼마나 많은 사람이, 얼마나 저렴하게 이 네트워크를 직접 검증할 수 있는가"이다.

여기서 말하는 '직접 검증'은 누군가를 대신 믿고 사용하는 게 아니라, 사용자 스스로 노드나 지갑을 통해 이더리움 블록이 제대로 실행되었는지 확인할 수 있는 상태를 뜻한다. 지금은 풀 노드를 돌리려면 꽤 많은 저장 공간과 대역폭이 필요하기 때문에, 현실적으로는 대형 사업자나 인프라 업체가 대부분의 검증을 맡고 있다. 이 상황을 바꾸려는 큰 흐름 중 하나가 바로 zkEVM 연구다.

zkEVM: 블록 전체를 하나의 영수증으로 쉽게 검증하기

zkEVM은 기존의 EVM을 영지식 증명 기술을 통해 더 '검증 효율적인 구조'로 업그레이드하는 것을 의미한다. 아주 거칠게 말하면 zkEVM은 이런 아이디어에 가깝다. "이더리움 블록 안에 들어 있는 수많은 거래를 모두 다시 실행해서 확인하는 대신, '이 블록은 규칙대로 잘 실행되었다'는 하나의 짧은 암호학적 증명서만 검사하자."

현재의 구조에서는 블록이 유효한지 확인하려면 노드가 그 안의 거래를 전부 다시 실행해 보고 상태 변화를 따라가야 한다. 반면에 zkEVM이 도입되면 어떤 강력한 컴퓨터가 블록 안의 모든 거래를 실행하고, 이 블록은 이더리움 규칙을 정확히 따른 결과라는 사실을 아주 짧은 암호학적 증명(영수증)으로 만든 다음, 나머지 노드들은 이 짧은 증명만 빠르게 검사해도 블록의 유효성을 쉽게 검증할 수 있게 된다.

더 쉽게 비유해 보면 현재의 방식은 모든 채점관이 시험지의 문제를 전부 다시 채점해야 정답인지 인정할 수 있는 구조라면, zkEVM이 지향하는 건 공인

채점관이 채점한 뒤 진짜로 채점이 맞았다는 것을 수학적으로 입증하는 증명서 한 장을 보여 주는 구조에 가깝다. 우리는 그 증명서만 확인해도 전체가 제대로 처리되었는지 믿을 수 있다.

이렇게 되면 블록을 검증하는 데 드는 비용이 크게 줄어든다. 노트북, 스마트폰, 심지어 브라우저만으로도 이더리움이 진짜 규칙대로 돌아가고 있는지 직접 검증하는 라이트 클라이언트를 구현하기가 훨씬 쉬워진다.

※ **영지식 증명**(Zero Knowledge Proof, ZKP): 어떤 정보가 참이라는 사실만 증명하고, 그 정보 자체는 공개하지 않는 기술이다. 예를 들어, 비밀번호를 보여 주지 않고도 "나는 올바른 비밀번호를 알고 있다"는 사실만 확인할 수 있게 해 주는 방식이다.

라이트 클라이언트(light client): 블록체인의 전체 데이터를 모두 내려받지 않고, 필요한 정보만 받아서 빠르고 가볍게 블록체인을 검증하는 방식이다. 스마트폰이나 작은 기기에서도 작동할 수 있게 만든 간소화된 블록체인 클라이언트라고 보면 된다.

왜 스테이블코인 인프라에서 검증 확장성이 중요한가?

스테이블코인이 수조 달러 규모로 커졌을 때, 결국 핵심 질문은 이것이다. "이 블록체인 네트워크를 누구 말만 믿고 쓰는가, 아니면 내가 직접 혹은 내가 신뢰하는 주체가 식섭 섬증할 수 있는가?"

zkEVM 기반의 가벼운 검증이 가능해지면, 이 질문에 대한 답이 달라진다. 거래소, 커스터디 업체, 핀테크 회사는 풀 노드를 굳이 거대한 서버로 돌리지 않더라도 가벼운 노드로 블록 유효성을 직접 확인할 수 있다. 기관 고객을 상대하는 지갑 및 결제 사업자도 제삼자 인프라를 단순히 믿지 않고, 자체적으로 이더리움 상태를 검증할 수 있게 된다. 궁극적으로는 개인 사용자도 모바일 지갑만으로 네트워크를 검증하는 시대에 가까워질 수 있다.

이를 스테이블코인 인프라의 관점에서 보면 소수의 대형 노드 및 인프라 업체에 의존하는 결제망에서 더 많은 주체가 직접 검증에 참여하는, 보다 분산된 결제 및 정산 인프라로 옮겨 가는 구조적 변화다.

중요한 점은 이런 검증 확장성이 단지 안전성만의 문제에 그치지 않는다는 것이다. 블록을 검증하는 비용이 크게 내려가면, 네트워크는 장기적으로 더 많은 실행량을 감당할 여지가 생긴다. L2는 이미 많은 트랜잭션을 처리한 뒤, 하나의 짧은 증명으로 L1에 정산하는 구조를 통해 실행 확장성을 얻고 있다. 여기에 더해 zkEVM을 통해 L1 역시 검증 비용이 저렴해진다면 더 많은 데이터, 더 많은 롤업 활동을 받아 주면서도 탈중앙성을 유지할 수 있는 여지를 확보하게 된다.

달리 말하면 zkEVM과 같은 검증 확장 기술은 스테이블코인 산업이 지금보다 훨씬 큰 규모로 성장했을 때도 기반이 되는 인프라 네트워크를 실제로 믿어도 되는지, 그리고 그 규모를 네트워크가 무리 없이 감당할 수 있는지에 대한 대답을 더 탄탄하게 만들어 주는 작업이라고 볼 수 있다.

완결성과 공정성

마지막으로 이더리움은 "거래를 얼마나 빠르게 확정하고, 얼마나 공정하게 처리할 것인가"를 놓고도 여러 방향에서 실험하고 있다.

먼저 '완결성finality'부터 살펴보자. 완결성이란 아주 간단히 말해서 "이 거래는 이제 되돌릴 수 없고 완전히 확정되었다"라고 말할 수 있는 시점이 언제인지를 뜻한다. 지금의 이더리움에서는 블록이 한 번 만들어졌다고 해서 곧바로 그런 수준의 확정이 되는 건 아니다. 몇 개의 블록이 더 쌓이고, 충분한 수의 검증자들이 해당 블록에 동의했을 때 비로소 해당 블록의 거래가 확정되었다고 말할 수 있다. 보통 이 과정에 수 분 정도가 걸린다. 따라서 고액의 중요한 거래가 발생한 경우, 해당 거래를 반영하기 전에 거래가 완전히 확정되기까지 대기해야 하는 상황이 발생하게 된다.

이더리움은 이러한 문제를 해결하기 위해 여러 연구를 진행하고 있는데, 대표적인 아이디어가 단일 슬롯 완결성Single Slot Finality, SSF이다. 여기서 '슬롯'은 거칠게 '블록'으로 이해해도 무방하다. 이 아이디어의 핵심은 완결성에 필요한 시간을 가능하면 하나의 블록, 즉 아주 짧은 시간(수 초) 내로 줄이는 것이다.

스테이블코인 수십억 달러가 오가는 결제 및 정산에서는 이 돈을 받은 게 진짜 맞는지, 이 거래가 나중에 취소될 여지는 없는지를 최대한 빨리 확인할 수 있어야 한다. 그래야 대형 결제 및 청산 시스템이 안심하고 이더리움을 기반 인프라로 사용할 수 있다.

두 번째 축은 '공정성'이다. 이더리움에서 블록을 만드는 주체는 어떤 거래를 먼저 넣을지, 어떤 거래를 뺄지, 어떤 거래를 비싸게 받을지 조합해서 추가 이익을 얻을 수 있는 유인이 있다.

이를 넓게 묶어서 보통 MEVMaximal Extractable Value, 추가 수익 기회라고 부른다. 문제는 추가 수익을 얻을 수 있는 기회가 너무 크면 일반 사용자에게 해가 되는 상황이 발생한다는 것이다. 예를 들어, 누군가 DEX에서 큰 거래를 하려고 하면 블록 생산자가 그 앞뒤로 자기 거래를 끼워 넣어 차익을 가져가는 등 시스템이 공정하지 않게 느껴지는 상황이 발생할 수 있다.

그래서 이더리움에서는 너무 소수의 주체가 이 흐름을 장악하지 못하도록 하는 방향으로 설계를 바꾸려 한다. 핵심은 기술적 용어가 아니라, 특정 주체들이 거래 순서 조작과 수수료 구조를 이용하여 불공정한 이익을 얻지 못하게 만들자는 목표에 가깝다.

물론 이러한 개선은 일반 사용자의 눈에는 잘 보이지 않는다. 하지만 스테이블코인이 향후 이더리움 위에서 수천억~수조 달러 단위로 오갈 때 결제 및 정산 인프라로서 이더리움이 얼마나 믿을 만한지를 결정하는 핵심 요소다. 완결성이 빨라질수록, 그리고 거래 처리와 수수료 구조가 더 공정해질수록 은행·자산운용사·결제 회사 입장에서는 이더리움 위에서 스테이블코인을 발행하고 결제를 처리해도 되겠다는 확신을 갖기 쉬워진다.

즉, 이 모든 연구는 결과적으로 "스테이블코인을 올려놓은 이 인프라를 정말로 믿어도 되는가?"라는 질문에 더 자신 있게 "그렇다"고 답하기 위한 작업이라고 볼 수 있다.

솔라나, 초고속 결제형 스테이블코인의 실험실

솔라나의 설계 철학, 극한의 확장성

여러 층으로 쪼개서 나누기보다는,
하나의 고성능 체인 위에서 모든 것을 처리하자.

솔라나는 처음 등장할 때부터 방향이 비교적 분명하였다. 이더리움이 기본 체인(L1)을 최대한 단단하고 중립적인 정산 레이어로 두고 부족한 처리량은 그 위에 여러 L2를 얹어 보완하는 길을 택하였다면, 솔라나는 반대로 단일 레이어 자체를 거대한 결제 레일로 키우는 쪽을 선택하였다.

기술적으로 솔라나는 이더리움과 마찬가지로 지분증명Proof of Stake, PoS 계열 체인이다. 일정량의 토큰을 맡긴 검증자들이 블록을 만들고, 거래를 검증하며 네트워크를 유지한다. 여기에 솔라나가 덧붙인 독특한 요소가 이른바 역사증명Proof of History, PoH이다. 역사증명은 거칠게 표현하면 "체인 안에 일종의 시간표를 계속 찍어 두는 장치"라고 이해해도 무방하다. 대부분의 블록체인은 '이 거래가 언제 들어왔고, 어떤 순서로 처리되어야 하는지'를 네트워그기 서로 맞춰 가며 합의해야 한다. 솔라나는 이 시간 축을 암호학적으로 미리 정리해 두고, 그 위에 거래를 올리는 방식을 택한다. 이 접근은 순서를 정하느라 시간을 쓰기보다는 "최대한 빠르게 실어 나가자"에 가깝다.

속도를 위해 설계된 또 하나의 축은 실행 방식이다. 많은 퍼블릭 블록체인은 기본적으로 한 술로 된 계산대처럼 동작한다. 앞 사람의 계산이 끝나야만 그다음 사람의 물건을 계산할 수 있기 때문에 구조는 단순한 대신 처리량에 자연스러운 한계가 생긴다. 솔라나는 여기서 병렬 실행이라는 길을 택한다. 여러 거래가 서로 의존성이 없다면 한 줄이 아닌, 여러 줄 계산대처럼 동시에 처리하는 구조를 설계하였다. 마트에 계산대가 하나뿐인 경우와 여러 개가 나란히 있는 경우를 떠올려 보면 차이가 직관적으로 느껴진다. 손님이 몰려와도 서로 다른 줄로 나뉘어 서면 전체 대기 시간이 줄어드는 것처럼, 솔라나는 동일한 시간 안에 훨씬 많은 거래를 처리할 수 있는 여지를 만든다.

이러한 설계 선택의 목표는 분명하다. 초당 수만 건 수준의 처리량과 매우 짧은 거래 확정 시간을 달성하는 것이다. 커피값, 편의점 결제, 게임 아이템 구매, 소액 보상 지급처럼 자주 발생하고 금액은 상대적으로 작은 거래를 떠올려 보자. 수수료가 0.001달러 수준에 그치고 결제 승인까지 걸리는 시간이 카드 단말기와 비슷하거나 더 짧다면, 블록체인 위에서 그 결제를 처리하는 것도 충분히 현실적인 선택지가 된다. 솔라나는 바로 이 지점을 겨냥하여 모든 것을 하나의 고성능 레이어에서 처리하는 체인, 그리고 스테이블코인 결제와 마이크로페이먼트micropayment에 최적화된 사용자 경험을 제공하는 체인이라는 위치를 스스로에게 부여하고 있다.

빠르지만 잘 멈추는 체인에서 고성능 결제 인프라로

솔라나는 한동안 "빠르지만 가끔 멈추는 체인"이라는 평가를 피하기 어려웠다. 2021년부터 2023년 사이, NFT 발행이 한꺼번에 몰리거나 봇 트래픽이 과도하게 들어오는 상황이 반복되면서 네트워크가 몇 시간씩 중단되는 일이 여러 차례 있었다. 초당 수만 건을 처리할 수 있는 구조를 지향하다 보니 트래픽이 특정 방식으로 쏠릴 때 병목이 생기면 그대로 전체 체인이 멈춰 버리는 일이 벌어진 것이다. 속도 자체는 인상적이었지만 "스테이블코인 인프라로 쓸 수 있는가"라는 질문에는 선뜻 답하기 어려운 시기였다.

이러한 진통을 겪은 뒤, 솔라나 진영이 집중한 것은 단순한 속도 경쟁이 아니라 "네트워크 혼잡을 어떻게 제어할 것인가"였다. 그 결과

도입된 해결책이 바로 로컬 수수료 시장local fee markets, 지분 가중 QoSstake-weighted Quality of Service 그리고 우선순위 수수료priority fees 같은 메커니즘이다. 쉽게 말해 체인을 하나의 거대한 도로망으로 볼 때, 이제는 도시 전체가 동시에 마비되지 않도록 구역별로 통행료와 진입 차선을 따로 관리하게 된 셈이다. 예컨대 특정 NFT 발행 프로그램에

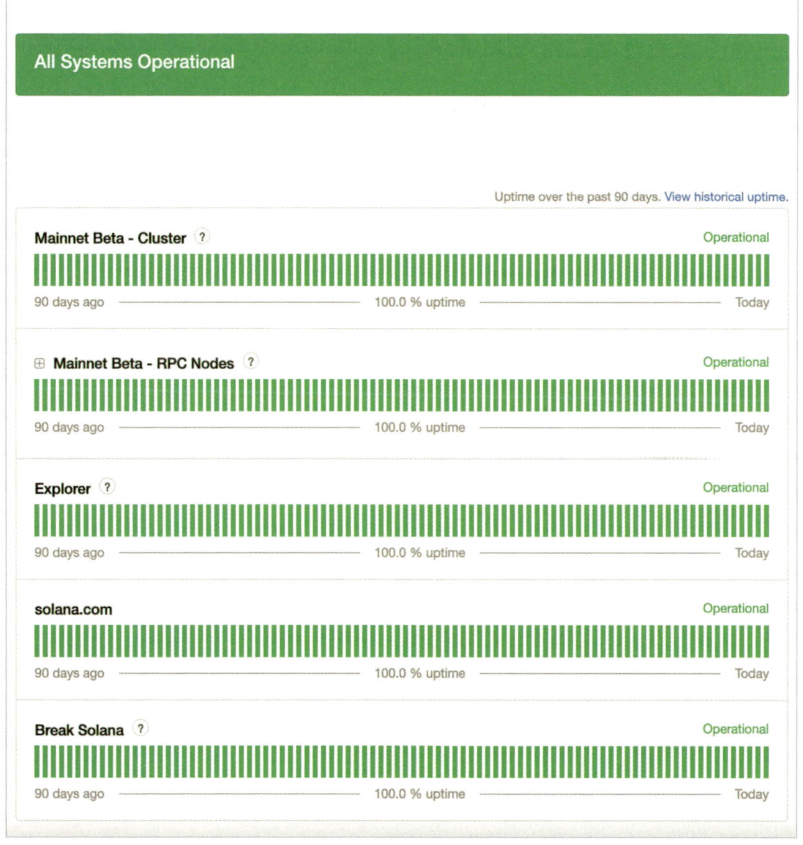

솔라나 네트워크 상태 현황
(2026년 1월 기준)

자료: Solana Status

트래픽이 폭주하더라도 그 구역의 수수료만 일시적으로 치솟을 뿐, 다른 결제나 서비스는 비교적 평온하게 처리된다. 예전에는 한 곳이 막히면 전체가 멈췄지만, 이제는 붐비는 나들목 하나 때문에 고속도로 전체를 폐쇄하지는 않도록 구조를 근본적으로 개편하였다고 볼 수 있다.

안정성을 높이기 위한 또 다른 축은 클라이언트의 다양화다. 앞서 이더리움에서 살펴보았듯, 클라이언트 다양성은 네트워크의 안정성에 지대한 영향을 미친다. 하지만 최근까지 솔라나는 사실상 솔라나 랩스Solana Labs가 만든 노드 소프트웨어에 거의 전적으로 의존해 왔다. 이 소프트웨어에 치명적인 버그가 있거나, 특정 상황에서 병목이 생기면 네트워크 전체가 영향받는 구조였다. 이를 보완하기 위해 도입된 것이 점차 메인넷 비중을 넓혀 가고 있는 파이어댄서Firedancer라는 대체 클라이언트다. 비유를 들자면, 하나의 엔진만 달고 날던 비행기에 동일한 역할을 할 수 있는 두 번째 엔진을 단 셈이다. 둘 중 하나에 문제가 생기더라도 나머지 하나가 버텨 줄 수 있고, 특정 구현에서 성능이 한계에 부딪혀도 다른 구현이 이를 보완할 수 있다.

합의 방식도 같은 방향으로 개선되고 있다. 솔라나는 기존에 사용하던 합의 메커니즘 위에 알펜글로우Alpenglow라는 이름의 차세대 합의 프로토콜을 준비하고 있다. 구체적인 구현 세부사항을 모두 이해할 필요는 없지만, 큰 방향은 분명하다. 거래의 완결성에 필요한 시간을 더 줄이고, 동시에 초당 처리 가능한 거래 수를 한 단계 더 끌어올리려는 시도다. 사용자 입장에서는 송금 버튼을 누르고 나서 이 거래가 정말 확정되었는지 안심할 수 있기까지 걸리는 시간이 카드 결제 승인 시간과 비슷하거나 그보다 더 짧아지는 것을 목표로 하고 있다고 이해하면 충분하다.

이 모든 변화는 '스테이블코인과 결제'라는 관점에서 보면 하나의 흐름으로 묶인다. 초기 솔라나는 정말 빠르긴 한데 가끔 멈추는 체인이라는 인상을 주었다. 흥미로운 실험 무대이긴 하지만, 매일 수백만 건의 결제를 처리해야 하는 인프라로 쓰기에는 망설여질 수밖에 없었다. 이후 몇 년 동안 솔라나가 한 일은 속도의 장점을 유지하면서도 다운타임(네트워크 중단)과 혼잡 리스크를 줄이고, 클라이언트와 합의 구조를 다변화하여 멈추지 않는 초고속 결제 레일에 가까워지려는 시도였다. 2025년 이후 솔라나가 노리고 있는 지점은 단순히 블록체인이 아니라, 실제 카드 네트워크와 경쟁할 수 있을 만큼의 성능과 안정성을 모두 갖춘 결제 인프라 네트워크라고 정리할 수 있다.

솔라나 위의 스테이블코인 현황

이더리움이 여전히 스테이블코인 시장을 이끌고 있는 것은 사실이다. 전체 스테이블코인 공급의 약 60퍼센트 이상이 이더리움 계열 체인에 쌓여 있다. 그 사이에서 솔라나는 점유율만 놓고 보면 1~2위와는 거리가 있다. 최근 통계를 보면, 솔라나는 전체 스테이블코인 공급의 약 4퍼센트 정도를 차지하는 정도에 불과하다.

그런데 방향을 현재 크기가 아니라 최근 몇 년의 증가 속도에 맞춰 보면 그림이 조금 달라진다. 2024년 중반까지만 해도 솔라나 위 스테이블코인 공급은 수십억 달러 수준에 머물렀지만, 1년 남짓 사이에 세 배 가까이 증가하였다는 분석이 나오고 2025년 들어서는 100억~150억 달러 구간을 오가는 수준까지 커졌다. 여러 전문가가 공통으로 지적하는 부분은 절대 규모는 이더리움이 크지만, 증가 속도만 놓고 보면 솔라나가 가장 빠르게 성장하는 L1 가운데 하나라는 점이다.

이 성장의 중심에는 단연 USDC가 있다. 2025년 기준으로, 솔라나 위에 존재하는 스테이블코인 중 상당수가 USDC이다. 시점에 따라 다르지만 전체 솔라나 스테이블코인 공급의 70~80퍼센트를 USDC가 차지한다는 추정이 나온다. 서클이 솔라나를 전략적으로 지원하면서 대규모 USDC를 직접 솔라나에 발행하였고, 이 물량이 결제·거래·송금에 집중적으로 쓰이면서 생태계가 함께 커진 구조다. 솔라나 지갑, 디앱에서 기본 스테이블코인으로 먼저 떠오르는 자산이 USDC가 된 것도 이 때문이다.

USDT 역시 솔라나에서 꽤 의미 있는 유동성을 제공한다. 다만 솔라나에서는 USDT가 시장 전체를 장악하는 기축통화라기보다는 USDC 다음으로 깊은 호가와 거래량을 제공하는 보조 축에 가깝다. 중앙화 거래소나 일부 디파이 프로토콜에서는 ‘USDT/USDC’ ‘USDT/SOL’ 같은 마켓이 열려 있고, 오프체인 환전·송금과 연결되는 구간에서도 USDT가 함께 쓰인다. 시장 전체를 통틀어 보면 여전히 USDT가 가장 큰 스테이블코인이지만, 솔라나라는 특정 체인 안에서는 USDC가 더 강한 존재감을 갖는 구조라고 할 수 있다.

USDC, USDT 외에도 솔라나를 지원하는 스테이블코인은 서서히 늘어나는 추세다. 페이팔의 PYUSD처럼 결제 회사가 발행한 스테이블코인, 온체인에서 이자를 지급하는 수익형 스테이블코인, 규제 및 컴플라이언스를 강조하는 새로운 달러 토큰 등이 솔라나 상장 목록에 하나씩 추가되고 있다. 이들 토큰의 시가총액은 아직 USDC와 USDT에 비하면 작지만, 솔라나를 스테이블코인 결제 및 실험 플랫폼으로 활용하려는 주체가 다양해지고 있다는 신호로 볼 수 있다.

정리하면, 현재 스테이블코인 전체 시장에서 이더리움이 지배적인 위치에 있는 것은 분명하다. 다만 성장 속도와 결제, 서비스 연동 측면에서 보면 솔라나는 USDC와 USDT를 중심으로 빠르게 커지고 있는 페이먼트 친화적 스테이블코인 체인이라는 인식이 점점 강화되고 있다.

토큰 확장 기능, 스테이블코인 친화 토큰 플랫폼으로의 진화

솔라나가 스테이블코인 인프라로서 흥미로운 지점을 하나 꼽으라면, 단순히 빠르다는 점보다도 토큰 자체에 기능을 내장해 두는 방식이다. 솔라나에서 대부분의 자산은 SPL(솔라나 프로그램 라이브러리Solana Program Library) 토큰이라는 형식으로 발행되는데, 여기서 한 단계 더 나아간 것이 이른바 '토큰 확장 기능Token Extensions'이다. 말 그대로 기본 토큰에 여러 옵션을 붙일 수 있게 해 주는 확장 기능 정도로 이해하면 된다. 솔라나 재단은 이 확장 기능을 통해 규제, 컴플라이언스, 수수료, 리워드, 프라이버시 같은 요소를 토큰 레벨에서 바로 설계할 수 있게 하는 것을 목표로 삼고 있다.

스테이블코인이나 기관용 토큰을 발행하는 입장에서 가장 민감한 부분은 대개 세 가지다. ① 누구에게까지 보낼 수 있게 할 것인가, ② 어떤 조건에서 전송을 막을 것인가, ③ 거래 정보와 수수료를 어떻게 다룰 것인가. 토큰 확장 기능은 이 지점을 정면으로 겨냥한다. 예를 들어 화이트리스트·블랙리스트 기능을 사용하면, 발행사가 미리 승인한 지갑에서만 토큰을 받을 수 있게 하거나 특정 주소를 동결할 수 있다. 전송 훅 Transfer Hook을 활성화하면 토큰이 오갈 때마다 자동으로 특정 프로그램을 호출해서 KYC 검사, 일일 송금 한도 체크, 감사 로그 기록 같은 추가 로직을 실행시킬 수 있다.

또 다른 축은 수수료 및 리워드 설계다. 토큰 확장 기능 중에는 전송 수수료를 설정하는 옵션이 있어서 발행사가 각 전송에 소액의 수수료를 붙이거나, 이를 특정 지갑으로 모으는 구조를 만들 수 있다. 반대로 일정 비율을 사용자에게 캐시백 형태로 되돌려주는 식의 로열티 설계도 가능하다. 그리고 필수 메타데이터 기능을 사용하면 각 결제에 주문 번호, 고객 ID, 송장 번호 같은 정보를 반드시 붙이도록 강제할 수 있는데 이는 회계, 정산을 중시하는 기업 입장에서 꽤 매력적인 요소다.

프라이버시 측면에서는 비공개 전송Confidential Transfers이라는 확장이 눈에 띈다. 퍼블릭 블록체인에서는 보통 누가 누구에게 얼마를 보냈는지 모두가 볼 수 있다. 솔라나의 비공개 전송 확장은 전송 금액과 잔액을 암호화해서 숨기되, 필요할 경우 발행사나 감사인이 들여다볼 수 있는 구조를 제공한다. 급여 지급, B2B 결제, 민감한 정산처럼 전송 내역이 블록체인에 기록되는 것 자체는 괜찮지만 구체적인 금액은 외부에 노출되면 곤란한 일에 활용할 수 있다. 이런 기능 덕분에 PYUSD, USDG 같은 스테이블코인이 솔라나에서는 토큰 확장 기능을 적극 활용하여 설계되고 있다.

이러한 접근은 왜 스테이블코인 발행사, 은행, 핀테크 회사에 매력적일까? 가장 큰 이유는 복잡한 스마트 컨트랙트를 새로 짤 필요가 줄어든다는 점이다. 이더리움에서 비슷한 기능을 구현하려면 ERC-20 표준 위에 따로 컨트랙트를 얹어서 KYC, 전송 제한, 수수료 로직, 프라이버시 처리 등을 일일이 코드로 구현해야 한다. 그러면 기능은 자유롭지만 그만큼 코드가 길어지고, 보안 이슈나 감사 비용도 함께 커진다. 반면 솔라나에서는 검증된 토큰 확장 기능을 조합해서 토큰을 발행할 수 있기에, 발행사 입장에서는 마치 잘 설계된 조립식 부품을 가져다 쓰는 것에 가까운 경험을 누릴 수 있다.

규제 환경이 계속 바뀌고 있는 것도 토큰 확장 기능의 설계 방향과 맞물린다. 토큰 확장의 핵심 목표 중 하나는 솔라나 공식 문서와 여러 리포트에서 반복해서 강조하듯, 규제 및 컴플라이언스 요구 사항에 맞춘 토큰을 더 쉽게 만들 수 있게 하는 것이다. 실제로 일본 GMO트러스트 GMO Trust나 팍소스Paxos 같은 규제 대상 스테이블코인 발행사들이 토큰 확장을 통해 구현하는 사례가 늘고 있다. 발행사 입장에서는 규제가 강화되면 토큰 설정을 바꾸고, 규제가 완화되면 일부 제약을 푸는 식으로 블록체인 레벨에서 정책을 유연하게 조정할 수 있는 도구를 쥐게 되는 셈이다.

이 지점에서 이더리움과 솔라나의 접근 차이가 다시 한번 드러닌다. 이더리움은 ERC-20이라는 매우 단순한 토큰 표준 위에, 각 프로젝트가 별도의 스마트 컨트랙트 구현으로 자신만의 룰을 쌓아 올리는 구조다. 자유도는 크지만, 복잡성과 책임도 함께 커지는 모델이다. 반면 솔라나는 스테이블코인, 기관용 토큰에서 자주 필요한 기능은 아예 표준 확장으로 정의해 두는 철학을 택하였다. 그래서 솔라나에서는 토큰에 필요한 규제 및 비즈니스 로직의 상당 부분을 토큰 표준의 일부로 끌어내려 놓고, 발행사는 그 위에서 자신만의 세부 조합을 선택하는 방식에 가깝다.

이는 스테이블코인 인프라 관점에서 보면 이는 꽤 중요한 차이다. 이더리움이 무엇이든 만들 수 있는 범용 플랫폼이라는 장점을 가진다면, 솔라나는 특히 스테이블코인과 규제 친화 토큰에 강한 특화 플랫폼 쪽으로 자신을 위치시키고 있다. 토큰 확장 기능은 그 특화 전략의 핵심 도구라고 볼 수 있다.

솔라나 결제 UX 레이어: 솔라나 페이, 그리고 액션과 블링크

솔라나가 결제형 체인으로서 강점을 가지는 지점은 코어 성능뿐만 아니라, 그 위에 올라가는 결제 UX 레이어에 있다. 그 중심에 솔라나 페이Solana Pay와 액션Actions · 블링크Blinks가 있다.

솔라나 페이는 솔라나 네트워크상의 결제 요청을 표준화한 프로토콜이다. "이 주소로 USDC 또는 USDT 얼마를 보내라"는 명령을 하나의 URL로 압축하고, 이를 QR코드나 버튼 형태로 구현하는 방식이다. 온라인 쇼핑몰이든 오프라인 매장이든 이 링크만 배치해 두면, 고객은 지갑으로 스캔하고 승인하는 것만으로 몇 초 안에 결제를 마칠 수 있다. 쇼피파이Shopify용 플러그인을 통해 수많은 상점이 별도 개발 없이 "솔라나 위의 USDCUSDC on Solana"를 즉시 결제수단으로 도입할 수 있었던 것도 이 표준 덕분이다.

액션과 블링크는 이 개념을 웹과 소셜 미디어 전반으로 확장한 도구다. "USDC 5달러 송금" "구독 시작" 같은 온체인 동작(액션)을 정의하고, 이를 웹사이트나 SNS 타임라인에서 즉시 작동하는 버튼(블링크)으로 변환해 준다. 사용자는 트위터(현 X) 피드나 웹페이지에서 곧바로 '후원하기' 버튼을 누르고, 지갑 서명 한 번으로 모든 과정을 끝낼 수 있다. 링크를 타고 다른 페이지로 이동할 필요조차 없어진 것이다.

스테이블코인 관점에서 이들의 목표는 명확하다. 사용자에게 새로운 앱을 설치하라거나 지갑 주소를 복사해 오라고 강요하지 않는 것이다. 대신 사용자가 이미 머무는 화면(쇼핑몰, SNS, 메신저) 위에 결제 기능을 자연스럽게 녹여 낸다. 즉 솔라나는 단순히 빠른 인프라를 넘어, 스테이블코인이 실제 서비스의 맥락 속으로 스며들게 만드는 결제 UX 인프라 구축에 집중하고 있다고 볼 수 있다.

카드, 핀테크와의 통합

솔라나 생태계에서 스테이블코인이 실생활 돈에 가까워지는 지점은 마지막 난셰인 카드, 핀테크 통합이디. 예를 들어 KAST 같은 서비스는 사용자가 솔라나 지갑에 들고 있던 USDC나 USDT를 앱으로 옮기면, 그 잔액을 바로 비자 가맹점에서 쓸 수 있는 카드 한도로 만들어 준다. 사용자가 카드(또는 애플 페이, 구글 페이에 연동된 모바일 카드)로 결제하면,

KAST 카드

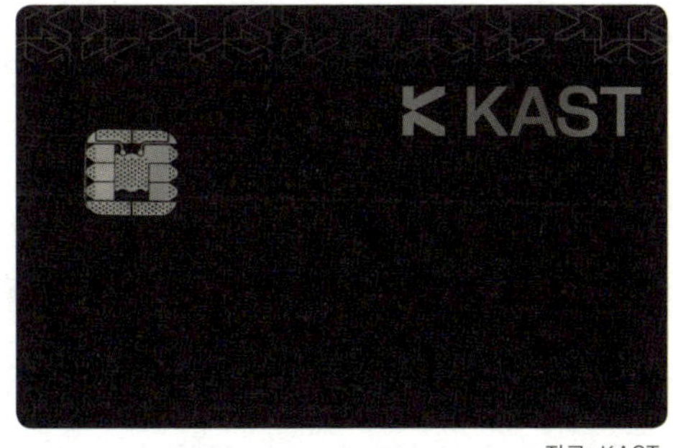

자료: KAST

결제 순간에 스테이블코인이 자동으로 현지 통화로 환전되어 일반 카드 결제처럼 승인된다. KAST는 카드 하나로 150개국 이상, 수억 개 이상의 가맹점에서 스테이블코인 잔액을 바로 쓸 수 있다는 식으로 자신을 소개하고 있다.

최근에는 아예 지갑 자체와 카드 네트워크를 직접 연결하는 시도도 등장하였다. 솔라나 기반 지갑인 솔플레어Solflare가 마스터카드와 함께 출시한 솔플레어 카드는 지갑에 있는 USDC를 미리 충전해 두지 않아도, 결제 시점에 지갑에서 곧바로 빠져나가도록 설계된 카드다. 사용자는 평소에 쓰던 지갑을 그대로 쓰면서 전 세계 1억 5,000만 개 이상의 마스터카드 가맹점에서 즉시 결제할 수 있다.

사용자 입장에서 보면 예전처럼 지갑에 있는 스테이블코인을 팔고, 은행 계좌로 보내고, 다시 체크카드로 쓰는 단계를 거치지 않고 블록체인상의 스테이블코인 잔액을 거의 그대로 일상 결제에 사용할 수 있게 되는 것이다. 스테이블코인이 솔라나 위에서 빠르게 돌아가는 것에 더하여 카드·핀테크와의 통합이 촘촘해질수록 지갑에 있는 스테이블코인이 실생활 결제수단이 되는 경로가 점점 더 두터워지고 있다.

솔라나 로드맵과 스테이블코인 인프라로서의 위치 정리

솔라나의 로드맵을 스테이블코인 관점에서 정리해 보면, 세 층이 자연스럽게 겹쳐 보인다.

가장 아래에는 네트워크 레벨의 설계가 있다. 앞서 언급한 여러 기술적 업그레이드로 솔라나는 "빠르지만 가끔 멈추는 체인"에서 벗어나 "멈추지 않는 고성능 결제 레일"에 가까워지려는 방향으로 움직이고 있다. 단순히 성능을 높이는 것이 아니라, 급격한 수요 변화 속에서도 일정한 체감 속도와 안정성을 유지하는 쪽으로 구조를 다듬는 흐름이다.

그 위에는 토큰 레벨의 진화가 있다. 토큰 확장 기능을 통해 기관급 고객에 맞춤 기능을 제공한다. 규제를 준수해야 하는 스테이블코인, 특정 고객군에만 열어야 하는 지급수단, 회계 및 감사 요구를 충족해야 하는 B2B 결제토큰 등을 표준화된 부품 조합으로 만들 수 있게 한 셈이다.

맨 위층에는 사용자 경험과 외부 통합이 자리 잡는다. 솔라나 페이와 액션·블링크는 스테이블코인 결제를 지갑 또는 서비스 안에 가둬 두지 않고 쇼핑몰, 웹사이트, SNS, QR코드 같은 이미 익숙한 인터페이스 속으로 끌어들이는 역할을 한다. 여기에 쇼피파이, KAST, 솔플레어 카드 같은 카드 및 핀테크 연동이 더해지면서 솔라나 위에 있는 스테이블코인이 점점 더 자연스럽게 일상 결제로 흘러갈 수 있는 통로가 열리고 있다.

이 지점을 이더리움과 나란히 놓고 보면, 두 체인의 역할이 더 분명해진다. 이더리움은 여러 스테이블코인의 설계와 발행이 처음 시작되는 표준 플랫폼이자, 규제 친화성과 높은 신뢰성을 바탕으로 기관이 가장 신뢰하는 글로벌 성산 빛 보안 레이어로 자리 잡고 있다. 빈면에 솔라나는 속도, 저렴한 수수료, 모바일 친화 사용자 경험, 마이크로페이먼트를 앞세워 스테이블코인이 실제로 쓰이고 실험되는 초고속 결제 레일을 지향한다. 스테이블코인의 가치 사슬 전체를 놓고 보면 단단한 설계와 신뢰의 중심에 이더리움이 있고, 실사용과 UX 실험의 최전선에 솔라나가 서 있는 그림에 가깝다고 정리할 수 있다.

체인을 직접 만드는 새로운 플레이어들의 등장

왜 자체 블록체인을 런칭하는가?

스테이블코인 발행사 입장에서 최근 가장 크게 바뀐 인식은 "토큰만 잘 만들어서는 충분하지 않다"는 점이다. USDT·USDC·PYUSD처럼 이미 시장에 자리 잡은 프로젝트들이 있고, 앞으로도 새로운 스테이블코인 프로젝트는 계속해서 등장할 것이다. 스테이블코인 발행은 준비금을 어떻게 운용하느냐에 따라 이자 수익이 꽤 크게 나기 때문에 이미 고수익 비즈니스에 가깝다. 그런데도 발행사 입장에서는 한 가지 근본적인 불안이 남는다. 토큰 자체는 서로 대체 가능성이 너무 크다는 것이다.

사용자로서는 USDC 대신 USDT를 쓰거나, 특정 체인에서 다른 체인의 스테이블코인으로 갈아타는 데 큰 장벽이 없다. 한 번 익숙해지면 브랜드 충성도가 생기긴 하지만, 환경이 달라지거나 수수료·규제·이자 구조가 바뀌었을 때 새로운 스테이블코인으로 천천히 갈아타는 건 그리 어려운 일이 아니다. 다시 말해, 어떤 토큰을 쓰는지는 시간이 지나면서 꽤 쉽게 바뀔 수 있는 선택지다.

반대로 그 토큰이 오가는 인프라, 즉 레일은 한 번 깔리면 잘 안 바뀐다. 전통 결제 산업에서 가장 많은 수익을 가져가는 주체가 카드 발급사가 아니라 비자, 마스터카드 같은 결제 네트워크 인프라 회사인 이유도 여기에 있다. 소비자가 카드를 바꾸는 건 비교적 쉽지만 대형 상점, PG(결제대행사Payment Gateway), 은행이 결제·정산 시스템을 다른 네트워크로 갈아탄다는 결정을 내리는 건 절대 쉽지 않다.

스테이블코인 발행사와 결제 회사들도 이 지점을 잘 알고 있다. 그래서 자연스럽게 이런 질문을 한다. "우리는 앞으로도 계속 여러 체인 위에 올라가는 토큰 공급자로만 남을 것인가?" 아니면 "토큰이 오가는 인프라 자체를 우리 손으로 설계하고 운영할 것인가?"

스트라이프의 템포, 테더의 스테이블, 서클의 아크 같은 프로젝트는 이 질문에 비교적 분명하게 "인프라도 우리가 만든다"라고 답한 사례들이다. 이더리움, 솔라나 위에서 토큰만 발행하는 단계에서 한발 더 나아가 아예 별도로 스테이블코인과 결제를 위해 최적화된 블록체인을 세우는 실험이 본격적으로 시작된 셈이다. 이어지는 부분에서는 결제 회사가 만드는 체인(템포)과 스테이블코인 발행사가 만드는 체인(스테이블, 아크)이 각각 어떤 방향을 지향하는지, 그리고 기존의 이더리움과 솔라나 기반 인프라와는 무엇이 다른지 차례대로 살펴본다.

결제 회사가 만드는 블록체인, 스트라이프의 '템포'

템포는 글로벌 결제 회사인 스트라이프가 유명 크립토 투자사 패러다임Paradigm과 함께 인큐베이팅한 결제 특화 L1 블록체인이다. 템포가 내세우는 정체성은 분명하나. 기존 퍼블릭 체인은 트레이딩·디파이에 최적화되어 있고 결제는 그 위에 추가로 얹는 기능에 가까웠다면, 템포는 처음부터 스테이블코인 결제를 위한 체인으로 설계된다. 그래서 자체 토큰을 중심에 두기보다는, 여러 스테이블코인을 동등하게 취급하는 스테이블코인 중립적인 체인을 지향한다.

가장 눈에 띄는 부분은 수수료 모델이다. 일반적인 블록체인에서는 토큰을 보내도 네트워크 수수료는 해당 체인의 네이티브 코인(예: ETH, SOL)으로 내야 하지만, 템포에서는 USDC·USDT 등 주요 스테이블코인으로 직접 수수료를 낼 수 있도록 설계하고 있다. 사용자와 상점 입장에서는 네트워크 수수료용 코인을 따로 사 둘 필요 없이 "기존 스테이블코인만 들고 있으면 된다"에 가깝다.

두 번째 축은 전용 결제 레인이다. 템포는 일반적인 스마트 컨트랙트 트랜잭션과 순수 결제 및 송금 트랜잭션을 블록 공간에서 분리하여 다루려고 한다. NFT 민팅이나 디파이 거래량이 폭주하더라도 결제용 레인에서는 수수료와 지연 시간이 크게 출렁이지 않도록 하겠다는 것이다. 목표는 카드 네트워크처럼 항상 일정한 체감 속도를 유지하는 것이고, 이를 위해 초당 수십만 건 이상의 거래 처리 성능과 1초 미만의 완결성을 지향한다.

세 번째 축은 결제 UX와 컴플라이언스 요구를 프로토콜 수준에 녹여 두는 것이다. 템포가 공개한 설계 방향에는 일괄 전송, 화이트리스트·블랙리스트, 선택적 프라이버시 같은 기능이 포함되어 있다. 은행과 기업 입장에서 보면, 이런 요소는 지금도 내부 시스템에서 사용되고 있는 익숙한 기능들이다. 템포는 이 부분을 애플리케이션이 모두 새로 구현하게 두는 대신, 인프라 레벨에서 제공되는 기본 도구로 지원하는 쪽을 선택하였다.

스트라이프가 이더리움이나 솔라나를 그대로 쓰는 대신, 굳이 자체 체인을 택한 이유도 이 지점에서 어느 정도 설명된다. 기존 블록체인은 누구나 무엇이든 올릴 수 있는 범용 인프라인 반면에 스트라이프는 자사의 전문 영역, 즉 상점·플랫폼·기업이 요구하는 결제·정산·규제 환경을 프로토콜 설계 단계부터 반영하고 싶어 한다. 장기적으로 보면 템포는 스테이블코인 기반 인프라 레이어를 스트라이프가 직접 설계 및 통제하려는 시도라고 볼 수 있다. 스테이블코인이 결제 인프라의 한 축이 되는 미래를 가정하였을 때, 스트라이프는 그 기반 레일을 장악하는 플레이어가 되겠다는 선택을 이미 해 버린 셈이다.

스테이블코인 발행사가 만드는 블록체인, '스테이블' '아크'

스테이블: USDT를 위한 블록체인

스테이블은 이름에서 알 수 있듯이 스테이블코인 USDT를 위해 만들어진 L1 블록체인이다. USDT와 연관이 깊은 비트파이넥스가 주도하는 프로젝트로 "USDT가 워낙 많이 쓰이니, 아예 USDT 전용 체인을 만들겠다"는 발상에서 출발하였다.

스테이블의 가장 큰 특징은 USDT가 네이티브 코인이라는 점이다. 이더리움에서는 USDT를 보내더라도 네트워크 수수료는 ETH로 내야 하고, 솔라나에서는 SOL로 내야 한다. 즉, 스테이블코인을 쓰면서도 결국 변동성 있는 코인을 조금은 들고 있어야 하는 구조다. 스테이블에서는 이 부분을 통째로 뒤집어서 수수료까지 USDT로 내도록 설계하였다.

이것은 기업 및 서비스 입장에서 꽤 식관석이나. 이너리움 수수료가 요즘 얼마인지 신경 쓰는 대신, USDT 기준으로 트랜잭션당 몇 센트인지만 계산하면 된다. 수수료가 스테이블코인 단위로 예측 가능해지면, 가격표를 짜고 수익 모델을 설계하기가 훨씬 수월해진다. 스테이블 측은 또 USDT0 같은 브리지 형태 자산에 대해서는 P2P 전송 수수료를 사실상 무료에 가깝게 만들겠다고 홍보하고 있다.

기술적으로는 고성능 합의 엔진, 1초 미만의 완결성, EVM 완전 호환 등을 내세운다. 요약하면 이더리움처럼 개발하되, USDT를 중심으로 훨씬 빠르고 저렴하게 사용할 수 있는 USDT 전용 체인을 표방하는 셈이다.

비즈니스 관점에서 보면 스테이블은 USDT 전략의 연장선이다. 테더는 이미 여러 체인(이더리움, 솔라나 등)에 USDT를 유통하고 있으며, 블록체인 네트워크 수수료의 상당 부분이 USDT 전송에서 나온다고 할 수 있을 정도로 여러 네트워크의 핵심 트래픽이 되어 있다. 스테이블은 이 흐름을 한 단계 더 밀어붙여서 단순히 여러 체인에서 널리 활용되는 스테이블코인을 넘어, 나아가 인프라 레벨도 완전히 장악하고자 한다.

아크: USDC 중심의 기관형 결제 체인

아크는 USDC 발행사 서클이 설계한 스테이블코인을 위한 L1이다. 서클은 USDC를 단순 결제토큰이 아니라, 장기적으로 기업 및 금융 기관의 온체인 결제 인프라로 키우겠다고 여러 차례 밝혀 왔다. 아크는 그 전략의 핵심 퍼즐이라고 할 수 있다.

스테이블과 마찬가지로 아크도 스테이블코인을 네트워크의 네이티브 코인으로 사용한다. 이 체인에서는 모든 네트워크 수수료를 USDC로 지불하도록 설계되어 있다. 덕분에 아크 위에서 돌아가는 애플리케이션 들은 별도의 다른 가상자산 없이 오로지 USDC만으로 사용할 수 있다.

아크가 특히 신경 쓰는 영역은 크로스보더 결제와 온체인 자본시장 이다. 공식 자료를 보면, 아크는 체인 레벨에서 온체인 FX 엔진을 제공 하여 다양한 통화 기반 스테이블코인 간 교환을 지원하겠다고 밝히고 있다. 여기에 선택적 프라이버시, 기관 계정 구조 같은 기능도 연구 및 설계 중이다.

파트너 구성도 기관형 체인이라는 포지셔닝을 뒷받침한다. 아크 퍼블릭 테스트넷에는 블랙록, 골드만삭스, 비자, AWS 등 100개가 넘는 금융, 결제, 기술 기업이 참여하여 디지털 토큰화, 자본시장 결제, FX, B2B 결제 시나리오를 시험하고 있다.

결제수단으로서의 스테이블코인

지금까지 스테이블코인이 어떤 인프라 위에서 돌아가는지 살펴보았다. 이제 시야를 조금 더 넓혀서 스테이블코인이라는 것이 실제로 어떻게 발행되고, 어떻게 옮겨 다니고, 어떻게 결제에 쓰이고, 마지막에 어떻게 정산 및 환매되는가를 기술적인 관점에서 차근차근 따라가 보려고 한다.

실제 사용자가 커피 한 잔을 스테이블코인으로 결제하는 경험은 단순하다. 지갑 화면에서 '보내기' 버튼을 누르고, 금액과 상대 주소를 입력한 뒤, '확인'을 누르면 몇 초 안에 결제가 끝난다. 하지만 이 짧은 순간 뒤에는 여러 층의 시스템과 장부(원장)들이 함께 움직이고 있다. 이 장부들을 구조적으로 정리해 두면, 스테이블코인의 동작 원리를 훨씬 이해하기 쉬워진다.

발행부터 정산까지 한눈에 보는 전체 흐름

여기에서는 스테이블코인의 흐름을 설명하기 위해 우선 네 개의 원장 ledger을 구분해서 본다. 같은 돈이지만, 각각 다른 세계의 장부에 다른 방식으로 기록된다.

원장 종류별 특징

원장 종류	어디에 존재하는가	무엇이 기록되는가	대표 주체
1. 발행사 준비금 원장	오프체인	스테이블코인을 뒷받침하는 실물자산(예금, 국채, MMF)	발행사, 은행, 자산운용사
2. 블록체인 원장	온체인	토큰 총발행량, 잔액, 전송 기록	이더리움, 솔라나 등 블록체인
3. 서비스 사업자 원장	내부 DB	고객별 보유량 배분, 거래소 내부 이동	거래소, 커스터디 서비스
4. 결제 및 정산 원장	전통 금융 네트워크	카드 결제, 수수료 정산, 입출금	카드사, PG, 은행

첫 번째는 스테이블코인 발행사의 준비금 원장이다. USDC, USDT, PYUSD 같은 스테이블코인의 가치를 실제로 떠받치는 자산은 은행예금, 단기국채, 머니마켓펀드 등의 전통 금융자산이다. "이 자산들이 어느 은행 계좌에 얼마나 들어 있는지" "어떤 펀드에 얼마나 투자되어 있는지" "어떤 채권에 얼마나 배정되어 있는지"는 모두 발행사 내부의 회계 시스템과 은행, 자산운용사의 계정에 기록된다. 이 장부는 블록체인 바깥, 즉 오프체인 세계의 원장이다.

두 번째는 우리가 흔히 떠올리는 블록체인 원장이다. 이더리움이든 솔라나든, 블록체인은 기본적으로 "누가 어떤 토큰을 얼마만큼 가지고 있는지" "누가 누구에게 얼마나 보냈는지"를 모두 적어 두는 거대한 분산 원장이다. 스테이블코인 스마트 컨트랙트의 총발행량, 각 주소의 잔액, 전송 기록은 모두 이 온체인 원장 위에 올라간다. 사용자가 지갑에서 'USDC 5개 보내기'를 누르는 순간 업데이트되는 것도 바로 이 원장이다.

세 번째는 서비스 사업자의 내부 원장이다. 중앙화 거래소, 커스터디 업체처럼 사용자를 대신해서 자산을 보관해 주는 곳은 각자 내부 데이터베이스를 가지고 있다. 우리가 거래소 앱에서 'USDT 100개 보유'라고 표시되는 것을 볼 때, 그 숫자는 온체인에 있는 토큰을 한 명 한 명의 고객에게 어떻게 배분해 두었는지 나타내는 거래소 자체의 장부다. 거래소 안에서 사용자 A가 사용자 B에게 스테이블코인을 송금할 때는 대부분 온체인 트랜잭션이 일어나지 않고, 이 내부 원장에서 숫자만 바뀐다. 실제 블록체인 원장에는 거래소 전체의 합산 잔액만 보이는 식이다.

네 번째는 카드사, PG, 은행의 전통 결제 정산 원장이다. 스테이블코인으로 결제하더라도 현실 세계에서는 여전히 카드, 계좌, 원화 및 달러 정산이 함께 돌아간다. 사용자가 카드로 스테이블코인을 충전하고, 가맹점은 원화로 정산받는 구조를 예로 들어 보자. 카드사, PG, 은행의 시스템 안에서도 "어느 고객 카드에서 얼마가 빠져나갔는지" "PG가 수수료를 얼마나 떼고 가맹점 계좌에 얼마를 입금했는지" 모두 별도로 기록된다. 이 부분은 기존 카드 결제나 계좌 이체와 크게 다르지 않은 전통 금융의 장부다.

커피 한 잔의 결제도 이 네 가지 원장을 동시에 움직인다. 사용자가 처음 스테이블코인을 사는 순간에는 발행사의 준비금 원장과 거래소의 내부 원장이 함께 업데이트된다. 사용자 지갑에서 카페 지갑으로 스테이블코인을 보낼 때는 블록체인 원장이 바뀐다. 카페가 이 스테이블코인을 다시 원화나 달러로 받고 싶다면 거래소 내부 원장과 카드, 은행의 정산 원장이 움직인다. 규모가 큰 플레이어가 발행사에 직접 스테이블코인을 돌려주고 현금을 인출하는 경우에는 발행사의 준비금 원장과 블록체인 원장이 동시에 줄어든다.

이어지는 내용은 바로 이 지점을 차근차근 풀어 가는 과정이다. 먼저 법정화폐가 어떻게 스테이블코인으로 바뀌어 블록체인으로 들어오는지(발행 단계) 살펴보고, 이어서 블록체인 안에서 스테이블코인이 어떻게 옮겨 다니는지(유통), 결제 버튼 뒤에서 어떤 일이 일어나는지(결제), 그리고 마지막으로 다시 법정화폐로 돌아오는 과정(정산 및 환매)을 차례대로 따라가 볼 것이다.

1단계: 발행

스테이블코인이 결제수단으로 쓰이기 전에 반드시 거쳐야 하는 첫 단계는, 법정화폐가 온체인으로 들어오는 순간이다. 앞에서 네 가지 원장을 나눠 봤다면, 이제 그중에서 "발행사의 준비금 원장과 블록체인 원장이 어떻게 연결되는지" 그리고 "사용자가 처음 스테이블코인을 손에 넣는 과정이 어떻게 구성되는지"부터 짚어 볼 차례다.

온램프: 돈이 체인 안으로 올라오는 입구

일반 사용자가 스테이블코인을 써 봐야겠다고 생각하는 순간을 떠올려 보자. 대부분은 다음의 세 가지 계기로 시작한다.

① 거래소에 원화나 달러를 입금하고 그 돈으로 USDT, USDC 같은 스테이블코인 매수

② 트랜삭Transak, 문페이MoonPay 같은 온램프 서비스를 통해 카드나 계좌에서 바로 USDC 등을 충전

③ 기업이나 기관이 발행사 계좌로 달러를 송금하고, 그 대가로 스테이블코인을 발행사에서 직접 수령

이 세 가지 경우의 공통점이 있다. 블록체인에 올라오기 전에 먼저, 전통 금융 시스템에서 돈이 한 번 움직인다는 점이다. 은행 계좌에서 빠져나간 법정화폐는 거래소, 온램프Onramp, 발행사의 은행 계좌로 들어간다. 그리고 그 시점부터 이만큼의 돈에 상응하는 스테이블코인을 발행해도 된다는 조건이 만들어진다.

이 구간을 담당하는 주체를 흔히 "온램프"라고 부른다. 온램프는 단순히 스테이블코인을 팔아 주는 창구가 아니라 규제와 고객 확인(KYC), 자금세탁방지(AML)가 집중되는 지점이기도 하다. 거래소나 온램프 서비스가 사용자의 신원을 확인하고, 카드 및 계좌의 적법성을 체크하고, 의심스러운 자금 흐름을 모니터링하는 이유가 여기에 있다. 대부분의 규제기관도 체인 위에서 일어나는 모든 움직임을 다

통제하려고 하기보다는, 법정화폐가 들어오고 나가는 문턱에서 규율을 세우는 방식을 택하고 있다.

스테이블코인 발행 메커니즘: 민트와 번

사용자 눈에는 "거래소에서 USDC를 샀다" 정도로 보이지만, 발행사 입장에서 보면 보다 분명한 회계 및 기술 흐름이 있다.

① 발행사의 준비금 계좌에 법정화폐가 들어옴

② 증가분에 맞춰 발행사가 운영하는 스마트 컨트랙트가 온체인에서 스테이블코인을 새로 발행(Mint)

③ 발행된 토큰은 거래소, 온램프, 기관 고객의 온체인 주소로 전송

반대 방향도 마찬가지다. 거래소나 기관이 스테이블코인을 다시 줄 테니 그만큼의 달러를 계좌로 돌려 달라고 요청하면, 다음과 같은 흐름으로 돌려준다.

① 발행사는 온체인에서 해당 주소가 내놓은 스테이블코인을 받아서 소각(Burn)

② 정확히 같은 수량만큼 발행사의 준비금 계좌에서 돈을 빼서 지정된 은행 계좌로 돌려줌

스마트 컨트랙트는 이 과정에서 몇 가지 기본 역할을 맡는다.

- 전체 발행량과 각 주소의 잔액을 관리해 온체인에 유통되고 있는 총 스테이블코인 수량을 언제든 확인할 수 있게 한다.
- 규제 요구에 따라 특정 주소를 동결하거나 전송을 막을 수 있는 블랙리스트 기능을 제공한다.
- 필요할 경우 스마트 컨트랙트 코드를 업그레이드하거나 새 버전으로 이전할 수 있는 관리 권한을 정의한다.

사용자는 이런 세부사항을 직접 알 필요는 없지만, 핵심은 단순하다. 준비금이 움직이면, 그에 맞춰 블록체인상의 스테이블코인 발행량이 늘거나 줄어야 한다. 발행 메커니즘이란 결국 이 단순한 원칙을 스마트 컨트랙트와 내부 회계 시스템으로 일관되게 구현하는 과정이다.

준비금과 발행량의 투명성

블록체인에서 스테이블코인의 발행량은 누구나 쉽게 조회할 수 있다. 이더리움이나 솔라나의 블록 익스플로러에 들어가서 해당 스테이블코인 스마트 컨트랙트를 조회하면 "총발행량이 얼마나 되는지" "어느 주소들이 얼마나 들고 있는지" "최근에 얼마나 발행 및 소각이 있었는지" 바로 확인할 수 있다.

문제는 준비금 자체는 블록체인상에 존재하지 않는다는 것이다. 달러 예금과 국채, MMF는 은행과 자산운용사 장부에만 기록되어 있으니 정말로 실제 발행량만큼의 담보자산이 존재하는지 확인하려면 외부 증명이 필요하다. 그래서 발행사들은 주기적인 준비금 리포트 공개, 회계법인 감사 보고서, 블록체인 오라클을 통해 준비금 잔액을 실시간에 가깝게

이더리움에서 조회한 USDT 스마트 컨트랙트 정보

자료: Etherscan

반영하는 준비금 증명Proof of Reserve, PoR 등 여러 방식을 조합하여 신뢰를 쌓으려 한다.

물론 이것만으로 완벽한 보증이 되는 것은 아니지만, 최소한 발행량과 준비금 규모가 심하게 어긋나고 있지는 않은지 시장이 감시할 수 있는 도구를 제공한다는 점에 의미가 있다. 스테이블코인은 발행 단계에서 이미 그 안정성의 절반이 결정된다고 해도 과언이 아니다. 준비금이 부실하면 아무리 빠른 체인과 편리한 지갑, 세련된 사용자 경험을 갖추고 있어도 언젠가는 디페깅을 피하기 어렵기 때문이다.

반대로 발행 구조와 준비금 운용이 튼튼하다면, 외부 인프라가 조금 불편하더라도 스테이블코인은 최소한의 기본 기능을 수행할 가능성이 높아진다. 다음 단계에서는 이렇게 발행된 스테이블코인이 '어떤 지갑, 어떤 서비스, 어떤 체인'을 타고 옮겨 다니는지, 즉 블록체인 세계 안에서의 유통 단계를 살펴본다.

2단계: 유통

발행이 끝나면 이제 스테이블코인은 체인 안에서 여러 지갑으로 이동하는 단계로 들어간다. 겉으로는 하나의 지갑에서 다른 지갑으로 토큰이 이동하는 것처럼 보이지만 실제로는 누가 키를 쥐고 있는지, 어느 체인 위를 오가는지, 실제 장부가 블록체인상에 있는지 없는지에 따라 구조가 꽤 달라진다.

수탁형 vs 비수탁형

가장 먼저 구분해야 할 것은 수탁형custodial과 비수탁형non-custodial이다. 중앙화 거래소, 커스터디 업체 같은 곳은 보통 수탁형에 속한다. 사용자는 ID와 비밀번호, 혹은 휴대폰 번호와 간단한 인증만 기억하면 된다. 실제 스테이블코인을 담고 있는 온체인 주소와 그 주소의 개인키는 서비스 제공자가 보관한다. 앱 화면에는 "USDC 100개"라고 보이지만, 그 100개는 거래소나 지갑 회사가 관리하는 큰 지갑 중 일부로 기록되어 있고, 사용자는 그 안에서 "100USDT만 내 몫"이라는 권리만 갖는 셈이다.

반대로 메타마스크, 팬텀Phantom, 개인 하드웨어 지갑처럼 사용자가 직접 시드 문구와 개인키를 관리하는 형태는 비수탁형이다. 여기서는 지갑 앱이 단순히 키를 사용하기 편하게 도와주는 도구일 뿐이며, 실제 스테이블코인에 대한 권한은 온전히 사용자가 쥐고 있다.

같은 USDT, 같은 USDC라도 어디에 보관하냐에 따라 권리 구조가 완전히 달라진다는 점이 중요하다. 수탁형에서는 서비스를 믿고 맡기는 것이고, 비수탁형에서는 실제 계좌 비밀번호와 도장을 직접 들고 있는 것에 가깝다. 결제 및 정산 구조를 이해할 때도 이 두 가지가 섞여 있다는 사실을 염두에 두면 이해가 훨씬 쉬워진다.

거래소 내부 장부 vs 온체인 전송

스테이블코인이 유통되는 가장 대표적인 장소 중 하나가 중앙화 거래소다. 여기에는 두 개의 장부가 동시에 존재한다. 하나는 블록체인 상에 기록되는 원장, 다른 하나는 거래소 서버 안에만 존재하는 내부 장부다.

예를 들어, 거래소 안에서 사용자 A가 사용자 B에게 USDT 10개를 보낸다고 해 보자. 이때 블록체인에서는 보통 아무 일도 일어나지 않는다. 거래소 내부 데이터베이스에서 A의 USDT 잔액을 10개 줄이고, B의 잔액을 10개 늘리는 것으로 충분하다.

그렇다면 블록체인상에 거래는 언제 실제로 기록될까? 사용자가 거래소에서 외부 지갑으로 출금할 때, 예를 들어 다른 거래소나 커스터디로 이체할 때다. 이때 비로소 거래소 명의의 지갑에서 토큰을 꺼내, 외부 주소로 전송하는 트랜잭션을 생성한다.

이러한 구조 때문에 블록체인에서 보이는 유통량과 실제 손바뀜의 빈도는 다를 수밖에 없다. 온체인에서는 잔액이 거의 변하지 않는 것처럼 보여도, 거래소 내부 장부에서는 수많은 고객 간 거래가 초당으로 일어날 수 있다.

스테이블코인을 결제 관점에서 온체인 전송량만 보는 것과 거래소,

서비스 내부 장부까지 포함한 실제 거래량을 보는 것은 차이가 크다. 실제 결제 및 송금 수요는 상당 부분이 이런 내부 원장 이동으로 흡수되기 때문이다.

멀티체인 유통

요즘 스테이블코인은 한 체인에만 머물지 않는다. 같은 USDC라도 이더리움, 솔라나 등 여러 L1과 L2에 동시에 존재한다. 이때 체인 간 이동을 어떻게 처리하는지에 따라 크게 두 가지 방식으로 나뉜다.

첫 번째는 전통적인 브리지 방식, 흔히 "잠금 후 발행lock & mint"이라고 부르는 구조다. 이 구조는 아래와 같이 동작한다.

① 원래 체인(예: 이더리움)에서 토큰을 브리지 컨트랙트에 잠근다(Lock).

② 다른 체인(예: 솔라나)에서 토큰에 대응되는 새로운 토큰을 발행한다(Mint).

③ 다시 돌아갈 때는 반대로 새롭게 발행된 토큰을 소각하고, 원래 체인에서 잠가 둔 토큰을 풀어 준다.

이 방식의 문제는 브리지 컨트랙트가 엄청난 금액의 토큰을 한곳에 쌓아 두는 공격 지점이 된다는 것이다. 실제로 블록체인의 대형 해킹 사고는 주로 브리지와 관련해서 발생하는 일이 많다.

두 번째는 서클이 CCTPCross-Chain Transfer Protocol에서 채택한 것처럼, 발행사가 직접 양쪽 체인을 관리하는 "소각 후 발행burn & mint" 방식이다. 이 방식은 아래와 같이 동작한다.

① 한 체인에서 USDC를 CCTP 컨트랙트에 보내면, 컨트랙트는 그 USDC를 완전히 소각해 버린다(burn).

② 정보가 발행사와 프로토콜에 전달되면, 다른 체인에서 새로운 USDC를 같은 수량만큼 발행한다(mint).

이 구조에서는 중간에 토큰을 잠가 두고 쌓아 놓지 않기 때문에, 브리지 컨트랙트가 해킹당해 모든 자산이 한 번에 탈취당하는 위험이 상대적으로 줄어든다. 물론 구현과 운영에 따라 또 다른 리스크가 생길 수 있지만, 큰 흐름으로 보면 자산을 한군데에 쌓아 두지 않고 체인별 발행량을 직접 관리하는 방식으로 리스크를 분산하려는 시도라고 볼 수 있다.

3단계: 결제

여기까지 스테이블코인이 어떻게 발행되고, 어디를 오가며 유통되는지를 살펴보았다. 이제 가장 궁금해하는 지점, 즉 결제 버튼을 눌렀을 때 실제로 무슨 일이 일어나는가를 한번 따라가 보자.

USDC 결제 버튼 뒤에서 일어나는 일

카페 앱이나 웹사이트에서 'USDC로 결제' 버튼을 눌렀다고 해 보자. 사용자 눈에 보이는 건 단순히 팝업 하나와 '결제 완료' 메시지뿐이지만, 그 뒤에서는 대략 다음과 같은 순서로 일이 진행된다.

1. 결제 앱이 결제 요청 데이터를 만든다.	결제 앱이 누가(내 지갑 주소에서), 누구에게(상점의 지갑 주소로), 어떤 토큰(USDC, USDT 등)을, 얼마만큼 보낼지(100USDC) 등의 정보를 묶어서 하나의 트랜잭션 초안을 만든다. 이는 은행으로 치면 '출금 계좌, 입금 계좌, 금액, 통화'를 채워 넣은 이체 신청서에 해당한다.
2. 지갑이 트랜잭션에 전자서명을 한다.	결제 앱은 초안을 사용자의 지갑 앱(메타마스크, 팬텀 등)에 넘긴다. 그러면 지갑이 "~한 내용으로 전송하려고 하는데 확실한가요?"라는 화면을 띄운다. 사용자가 확인을 누르면, 지갑은 내부에 보관하고 있던 개인키로 이 트랜잭션에 전자서명을 한다.
3. 서명된 트랜잭션이 네트워크로 전파되고, 블록에 포함된다.	지갑이 서명을 마치면, 이제 이 트랜잭션은 블록체인에서 실행될 준비가 끝난다. 해당 트랜잭션은 블록체인 네트워크의 노드들에 전파되고, 검증자가 새 블록을 만들 때 이 트랜잭션을 포함한다.
4. 블록이 확정되면 잔액이 실제로 바뀐다.	해당 블록이 체인에 편입되는 순간, 사용자의 주소에서 USDC 잔액이 줄고 상점 명의의 주소에서 USDC 잔액이 늘어난다. 이때부터는 누구든 블록 탐색기에서 해당 트랜잭션을 확인할 수 있다. 카드 결제 내역이 카드사 앱에 찍히듯, 블록체인에서는 이 전송 기록이 영구적으로 남는다.

※ **주소**(Address): 은행의 계좌번호 같은 것으로 "어디에서 어디로 보낼지"를 나타내는 공개된 식별자
개인키(Private Key): 비밀번호와 도장을 합쳐 놓은 것에 가까우며, 이 키를 가진 사람만 해당 주소에서 자산을 보낼 수 있음
전자서명(Signature): 개인키를 이용해 만든 일회용 도장 같은 것으로 "이 트랜잭션은 진짜 이 주소 주인이 승인했다"는 증거 역할을 하며, 서명값만 공개되므로 개인키 자체는 네트워크에 노출되지 않음

사용자의 눈에는 버튼 한 번 눌렀는데 결제가 된 것으로 보이지만, 실제로는 '트랜잭션 생성 → 서명 → 네트워크 전파 → 블록 포함 → 잔액 업데이트'라는 일련의 기술적 절차가 그 뒤에서 돌아가고 있는 셈이다.

네트워크 수수료

결제 트랜잭션이 블록에 포함되려면 네트워크에 수수료를 내야 한다.

이 수수료를 블록체인에서는 보통 가스gas라고 부른다. 가스를 지불하는 이유는 다른 컴퓨터들이 내 트랜잭션을 처리해 준 대가라고 이해하면 된다. 문제는 "누가 이 가스를 어떤 자산으로 내느냐"가 체인마다, 서비스마다 조금씩 다르다는 점이다.

이더리움 계열

이더리움과 대부분의 EVM 체인에서는 스테이블코인 전송 트랜잭션의 가스를 해당 체인의 네이티브 코인(ETH 또는 자체 코인)으로 낸다. 그래서 이더리움에서 USDC로 결제하려면, 지갑 안에 USDC뿐 아니라 아주 소량의 ETH도 함께 들어 있어야 한다.

ETH가 네트워크 수수료 역할을 하는 것이다. 이 구조는 기술적으로는 단순하지만 사용자 입장에서는 다소 불편하다. 여기서 불편함을 줄이기 위해 등장한 것이 계정 추상화Account abstraction와 대납자paymaster 개념이다.

세부 내용까지 이해할 필요는 없는데, 핵심 아이디어만 짚어 보면 이렇다. 사용자는 지갑에 USDC만 들고 있어도 된다. 결제 앱이나 상점, 혹은 별도의 서비스가 대납자 역할을 하면서 사용자를 대신하여 가스를 지불한다. 그 대가로 사용자의 USDC에서 수수료를 조금 떼어 가거나 혹은 상점이 대신 해당 수수료를 부담한다.

사용자 입장에서 보면, 카드 결제 수수료를 소비자가 직접 계산하지 않고 가맹점이나 PG가 알아서 처리하는 것과 비슷한 경험을 만들려는 시도라고 할 수 있다.

솔라나

솔라나는 트랜잭션 수수료가 매우 낮은 것으로 유명하다. USDC 전송한 번에 드는 비용이 0.001달러 수준인 경우가 많다. 기술적으로는 여전히 SOL로 가스를 내지만, 금액이 너무 작아서 사용자로서는 크게 체감되지 않는다.

그래서 솔라나 기반 결제 앱들은 처음 가입할 때 SOL을 조금씩 채워주거나 알아서 수수료를 관리해 주는 방식으로, 사용자가 SOL이 얼마나 있는지 신경 쓰지 않아도 되는 경험을 만들려고 한다.

스테이블코인 네이티브 체인

템포, 스테이블, 아크처럼 처음부터 스테이블코인 결제를 염두에 두고 설계된 체인들은 한 걸음 더 나아가서 가스 자체를 스테이블코인으로 받는 구조를 지향한다. 스테이블에서는 USDT로 수수료를 내고, 아크에서는 USDC로 가스를 내는 식이다. 또 템포처럼 어떤 스테이블코인을 들고 있든 수수료를 낼 수 있게 설계하려는 시도도 있다.

이런 구조의 공통된 목표는 하나다. 사용자는 스테이블코인만 들고 있으면 되고, 복잡한 네트워크 수수료 처리는 사용자에게 보이지 않는 곳에서 처리되도록 하는 것이다.

결제 UX 관점에서 보면 이더리움 L1은 가스를 직접 신경 써야 하는 전통형 플랫폼, 이더리움 L2와 솔라나는 수수료가 워낙 저렴해서 인식하기 어려운 플랫폼, 템포·스테이블·아크 같은 체인은 수수료까지 스테이블코인 세계 안으로 끌어들이려는 모델이라고 정리할 수 있다.

4단계: 정산과 환매

지금까지 스테이블코인이 블록체인 세계로 들어오는 순간(발행)과 그 뒤 체인 안에서 어떻게 오가는지(유통 및 결제)를 살펴보았다.

이제 마지막 단계다. 결국 스테이블코인의 신뢰를 보장하는 것은 "언제 어떻게 다시 원화나 달러로 바꿀 수 있는가"이다. 스테이블코인이 법정화폐로 나가는 출구, 그리고 발행사 레벨에서 일어나는 환매를 살펴보면 스테이블코인 결제의 전체 고리가 비로소 완성된다.

사용자의 환매 및 출금 경로: 거래소와 오프램프

일반 사용자가 스테이블코인을 다시 법정 화폐로 바꾸는 가장 흔한 경로는 거래소와 오프램프 서비스다. 오프램프는 블록체인 자산을 현실 세계의 돈(원화, 달러 등)으로 바꿔 나오는 출구 역할을 하는 서비스로, 온램프의 반대 개념이다.

가장 단순한 사례부터 살펴 보자. 사용자는 거래소나 핀테크 앱에 접속해서 ① 지갑에 들고 있던 USDT·USDC 등을 거래소로 입금하고, ② 이를 원화나 달러로 매도한 뒤, ③ 자신이 등록한 은행 계좌로 출금한다.

이 흐름은 실질적으로 '코인 매도 → 현금 출금' 구조와 같다. 스테이블코인이라고 해서 특별히 다를 것은 없다. 다만 가격이 1달러 근처에서 고정되어 있으니, 시세를 보고 매도하는 느낌보다는 "스테이블코인 잔액을 현금으로 바꾼다"에 더 가깝게 느껴질 뿐이다.

오프램프 전문 서비스를 쓸 때도 구조는 비슷하다. ① 사용자는 앱에서 "USDC를 달러로 출금" 같은 메뉴를 고르고, ② 오프램프 서비스가 사용자의 스테이블코인을 회수한 뒤, ③ 미리 계약해 둔 은행을 통해 현지 통화로 송금하거나 카드 잔액·포인트처럼 충전해 준다.

여기서 중요한 점은 개인 사용자가 발행사에 직접 스테이블코인을 들고 가서 발행사에게 달러로 바꿔 달라고 요구하는 일은 거의 없다는 것이다. 발행사의 최소 상환 금액이나 요건은 대개 기관급 대형 고객을 기준으로 설계된다.

일반인에게는 거래소, 오프램프 서비스가 사실상의 대리 환매 창구 역할을 하는 셈이다. 결제 관점에서 보면, 사용자의 '스테이블코인 ↔ 법정화폐' 흐름은 주로 거래소 및 온·오프램프를 통해 이루어진다고 기억해 두면 충분하다.

상점의 정산 플로우

그럼 카페나 온라인 쇼핑몰 같은 상점 입장에서는 어떨까? 스테이블코인으로 대금을 받았을 때, 이들은 그 토큰을 어떻게 처리할까? 크게 두 가지 방식으로 나뉜다.

- 상점이 스테이블코인을 그대로 보유하는 방식
- PG가 대신 현지 통화로 정산해 주는 경우

첫 번째는 상점이 스테이블코인 자체를 자산으로 보유하는 경우다.

예를 들어 해외에서 달러 결제가 많은 온라인 사업자는 결제용 지갑 주소를 하나 만들어 두고, 들어오는 스테이블코인을 바로바로 현지 통화로 바꾸지 않고 회사 자산의 일부로 유지하기도 한다.

이 경우 결제는 블록체인상에서 모두 처리된다. 고객이 스테이블코인으로 결제하면, 상점의 온체인 주소에 잔액이 쌓이게 된다. 이후 필요에 따라 지갑에서 스테이블코인을 전송하여 활용한다. 현재 흔한 방식은 아니지만, 가상자산 친화적인 일부 사업자들이 이런 방식을 택한다.

하지만 대부분의 상점은 여전히 법정화폐로 재무를 관리한다. 임대료, 인건비, 원자재 비용을 모두 스테이블코인으로 지불하기는 어렵기 때문이다. 그래서 실제로 고객은 블록체인상에서 스테이블코인으로 결제하지만, 상점은 기존 카드·계좌 정산 루트를 통해 법정화폐로 돈을 받는 구조가 많이 사용된다.

이때 등장하는 것이 결제대행사(PG) 같은 중개 플레이어다. PG를 통해 결제 및 정산을 진행하는 경우 대개 아래와 같은 흐름을 거친다.

① 고객이 지갑에서 스테이블코인을 보내면, 이 토큰은 상점이 아니라 PG가 관리하는 지갑으로 전송된다.
② PG는 들어온 스테이블코인을 현지 통화로 환전한다.
③ 이후 기존 정산 시스템으로 처리하여 하루 혹은 며칠 단위로 일부 수수료를 뺀 나머지 금액을 가맹점 계좌에 법정화폐로 입금해 준다.

상점 주인으로서는 결제수단에 스테이블코인이라는 옵션이 하나 더 생겼을 뿐, 본인의 계좌로는 여전히 법정화폐가 들어온다. 즉,

스테이블코인 결제는 사용자 경험의 변화이고, 상점 및 기업 입장에서는 기존 정산 및 회계 프로세스에 새로운 환전 레이어가 하나 더 끼어든 것에 가깝다. 이 구조 덕분에 고객은 스테이블코인 지갑으로 바로 결제할 수 있고, 상점은 굳이 온체인 자산 관리나 지갑 운영을 배우지 않아도 된다.

발행사 직접 환매

마지막으로 가장 아래에서 스테이블코인 시스템을 떠받치는 층이 있다. 바로 발행사 레벨의 '직접 환매'다. 앞에서 잠깐 언급했듯이, 일반 개인이 발행사에 직접 스테이블코인을 들고 가서 상환하는 일은 드물다. 대부분 기관급의 대형 고객이 발행사와 직접 연결된 이 루트를 사용한다.

환매의 흐름은 생각보다 단순하다.

① 거래소나 대형 고객이 일정 수량 이상의 스테이블코인을 발행사에 보낸다.
② 발행사는 이 토큰을 온체인에서 소각한다.
③ 준비금 계좌에서 동일한 금액의 법정화폐를 고객의 은행 계좌로 송금한다.

이러한 환매는 "스테이블코인의 1달러 페깅이 얼마나 믿을 만한지"와 직결된다. 만약 시장에서 USDC 가격이 1달러 근처에서 잘 형성되고 발행사에 가져가면 언제든지 1달러로 상환해 준다는 신뢰가 유지된다면, 트레이더와 기관들은 조금 싸게 사서 1달러에 되파는 차익거래를 통해 가격을 다시 1달러 근처로 끌어올린다. 반대로 발행사 환매가 막히거나 신뢰를 잃으면, 스테이블코인을 보유하고 있어도 진짜 1달러를 돌려받을 수 있을지 의심이 쌓이면서 시장 가격이 1달러 아래로 장기간 이탈할 수 있다.

정리하면, 위쪽에서는 온·오프램프와 거래소가 개인 사용자와 상점에게 출입구 역할을 해 주고 아래쪽에서는 발행사 직접 환매가 "이 토큰은 언제든 1달러로 돌아갈 수 있다"는 단단한 기반을 마련해 준다. 이 두 층이 잘 작동할 때, 스테이블코인은 결제수단으로서의 편리함과 가치 저장 수단으로서의 안정성을 동시에 확보할 수 있다.

지금까지의 네 단계를 요약하면, 스테이블코인은 크게 다음과 같이 동작한다고 볼 수 있다.

① 법정화폐가 온램프를 통해 준비금 계좌와 온체인 발행량으로 들어온다.
② 체인 안에서 지갑, 거래소, 브리지를 오가며 유통된다.
③ 결제 버튼 뒤에서 트랜잭션 생성, 서명, 가스 지불, 블록 확정 과정을 거쳐 결제에 쓰인다.
④ 다시 오프램프와 발행사 환매를 통해 법정화폐 세계와 연결된다.

스테이블코인의 탄생부터 디파이와 씨파이CeFi(중앙거래소)를 거치며 사용 범위를 확대해 온 과정을 살펴보았다. 또한 국가별 법제화 현황을 살펴보고, 원활한 사용을 위한 기술적인 면을 검토하였다. 이를 바탕으로 마지막 6장에서는 2026년 본격적으로 법제화를 검토하고 있는 국내 원화 스테이블코인 도입 가능성을 살펴보기로 한다.

6장

새로운 동생의 탄생: 원화 스테이블코인에 관한 제언

원화 스테이블코인의
출생 배경

원화 결제시장으로 침투하는 달러 스테이블코인

"스타벅스 아메리카노 톨 사이즈는 3.35달러입니다."

분명 한국어로 대화하고 있는데 결제수단은 달러다. 무슨 일일까? 필자는 애플페이에 임베드embed시킨 KAST라는 스테이블코인 전용 카드로 음료수나 책을 구매한다. 그러면 국내 가격과 결제된 달러 스테이블코인이 함께 표시된다.

아직 우리나라 가맹점에서 정식으로 달러 스테이블코인을 결제수단으로 인정해 준 곳은 없다. 그럼에도 불구하고 어떻게 국내에서 버젓이 달러가 결제되고 있을까?

KAST와 같은 스테이블코인 전용 카드는 비자 결제망에서 자유롭게 결제할 수 있다. 가맹점은 상거래 시 원화가 결제된 것처럼 원화를 수령하지만, 중간에 비자에서 개인 지갑에 충전된 USDT나 USDC 같은 달러

스테이블코인 결제 내역 화면

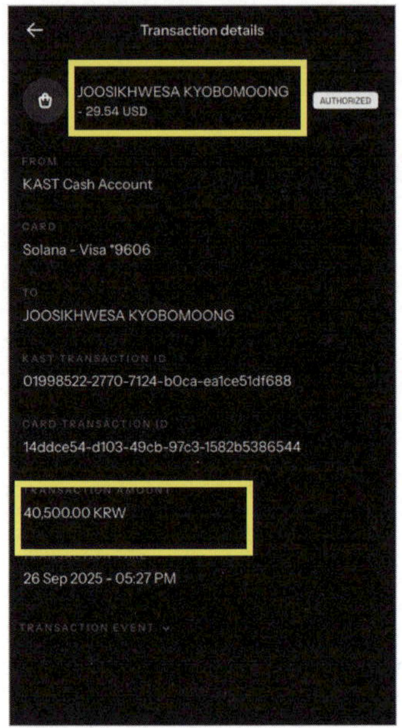

자료: KAST

스테이블코인을 차감하고 원화로 환전 및 송금을 대행하는 역할을 하기에 가능한 일이다.

우리나라 안에서 일어나는 모든 일반 상거래는 원화로만 이뤄져야 한다. 달러 등 해외 통화를 보유한 외국인은 은행을 포함하여 환전 가능한 곳에서 원화로 바꾼 후(이 경우 "달러를 팔고 원화를 산다"고 표현할 수 있음) 상점에서 거래할 수 있다. 문제는 국내에 거주하는 한국인이 무분별하게 달러를 이용하여 상거래를 할 수 있다는 것이다.

달러 스테이블코인을 보유한 국내 거주자가 국내 상점에서 제품을 구매할 때 결국 최종 결제는 원화로 이루어지는데, 상점에서 원화로 받는 과정에서 달러를 해외로 유출하는 결과를 초래할 수 있다. 그런데 혹자는 "달러를 가지고 있던 사람이 환전해서 국내 상점의 제품을 원화로 사는 것과 뭐가 다르냐"고 반문한다.

우리가 달러 화폐를 들고 있다면, 「외국환거래법」 또는 해외 관련법에 따라서 이미 통제받는 대상이다. 반면에 달러 스테이블코인은 아직 「외국환거래법」에서 규제하는 대상이 아니다.

우리나라는 1997년 외환위기로 IMF 구제금융을 받았던 아픈 기억이 있다. 이러한 아픔을 다시는 겪지 않겠다고 강화한 「외국환거래법」이 국내 상거래에서 외화 결제를 규제하는 이유는 다음과 같다.

- **통화 주권 및 통화정책의 실효성 확보:** 한 국가의 법정통화는 해당 국가의 경제 주권을 상징한다. 국내 거래 시 자국 통화 사용을 원칙으로 하여 통화 주권을 확립하고, 중앙은행의 통화량 조절 등 통화정책의 유효성을 확보할 수 있다.
- **외환시장 안정:** 국내에서 외화가 무분별하게 통용될 경우, 환율 변동에 따라 경제 주체들의 심리가 불안정해지고 외환시장의 변동성이 커질 수 있다.
- **지하경제 양성화 및 자금세탁 방지:** 모든 외환 거래를 당국의 감독아에 두어 불법적인 자금의 흐름을 추적하고, 자금세탁 및 탈세 같은 불법 행위를 방지하는 효과가 있다.

국내에서 별다른 규제 없이 달러 스테이블코인을 무분별하게 받아들이면 결국 달러가 국내 결제시장에 자연스럽게 침투하는 꼴이 된다. 간편한 결제와 가맹점이 충분히 도입할 수 있는 낮은 수수료 등의 장점을 감안할 때, 달러 스테이블코인 사용이 기존의 원화결제 시스템에 균열을 가져올 수 있다는 사회적 우려에 충분히 공감이 간다. 바이든 대통령 시기(2021. 1.~2025. 1.)에 미국이 CBDC(중앙은행 디지털 화폐)를 도입하기 위한 연구를 시작했을 당시, 우리나라도 한국은행 중심의 아고라Agora 프로젝트*를 시행하여 미국과 발맞춰 나아갔다. 그리고 트럼프 행정부 2기 시작 이후 미국의 스테이블코인 제도화('지니어스 법' 제정)와 달러 스테이블코인 확산이라는 급격한 환경 변화에 대응하여, 우리나라 역시 원화 주권을 방어하기 위해 스테이블코인 형태의 원화결제를 확산해야 한다는 공감대가 정치권과 은행 및 핀테크 업계 전반에 확산되었다. '이에는 이, 눈에는 눈'으로 대응하는 함무라비식 대응이 필요한 시기다.

블록체인 기반 탈중앙화 방식 도입의 필요성

휴일을 맞은 2025년 9월 마지막 주 주말, 필자는 여느 때와 마찬가지로 디사이퍼 학회 참석 후 집에 들렀다가 골프연습장으로 향하고 있었다. 그런데 갑자기 속보로 국가정보자원관리원 건물 5층에서 화재가 일어났나는 소식이 보도되었다. 배터리 384개 및 서버가 불에 타서 정부 전산시스템 647개가 마비된 사건이 발생한 것이다. 그리고 다음 날, 여러 개의 계좌를 개설해 둔 은행에서 단체 문자가 날아왔다. 모바일 신분증을 사용할 수 없으며, 영업점을 방문하여 일을 처리할 때는 반드시 실물 신분

---

* BIS의 주도로 기축통화국인 미국, 영국, 일본, 프랑스, 스위스의 중앙은행과 한국, 멕시코의 중앙은행 그리고 각 참가국의 민간 금융기관이 참여한 CBDC 및 예금토큰을 활용한 국가 간 지급결제 효율화 프로젝트를 말한다.

증을 지참하라는 내용이었다. 문자 내용 중 눈에 띄는 부분은 그다음이
었다.

2025년 9월 28일에 날아온 문자 일부

현재 정부 시스템 점검으로 인해, 본인확인 및 일부 서비스가 원활하지 않습니다.
손님 불편을 최소화하기 위해 관련 안내드리니 참고해 주시기 바랍니다.

■ 영업점 이용 시 실물 운전면허증, 대한민국 여권, 기존 모바일 신분증을 지참해 주시기 바랍니다.
- 현재 실물 주민등록증 사용 불가
※ 사용가능한 신분증은 변경 될 수 있습니다.

■ 영업점 필요서류 준비 시 아래 정부 24안내 참고 바랍니다.

■ 관련 문의가 많아, 영업점 응대 및 고객센터 연결이 지연될 수 있는 점 사전 양해 부탁드립니다.

■ 이용 제한 서비스
주민등록증 진위 확인 업무
정부24 전자증명서, 국민비서, 혜택알리미 등 디지털 개방 서비스
공공마이데이터 관련 서비스
우체국 금융서비스 전반
신용대출상품 서비스 중 일부, 통합신용대출 한도 조회 등

※각종 증명서 발급 시 이용 가능한 사이트
- 정부 24 안내 바로가기 :https://plus.gov.kr

그동인 모바일 앱과 웹사이드로 손쉽게 모든 전산망에 접근하여 일을
처리해 왔다는 사실을 깨달았다. 해킹이든 화재든 내·외부 요인 때문에
중앙 서버가 무력화되면 수많은 서비스 제공 또한 마비된다는 것을 이
사건뿐만 아니라, 카카오 데이터센터 화재 등을 통해 알 수 있다.*

---

* 혹자는 2025년 10월 아마존 AWS 장애로 블록체인을 사용하는 서비스(디앱, 거래소, 지갑, 블록 탐색기 등)에도 동시에 장애가 일어나지 않았냐고 반문한다. 그러나 백엔드back-end인 블록체인 네트워크는 전 세계에 수많은 노드가 분산되어 있기 때문에, 특정 지역의 AWS가 멈춘다고 해도 노드 간 장애 없이 트랜잭션이 지속된다는 차이점이 있다. 이것이 블록체인 기반 서비스가 현재의 중앙 집중형 서버 기반 서비스를 대체할 수 있는 이유다.

필자가 직접 경험한 대형 사건이 하나 더 있다. 필자가 현재의 아내와 처음 만남을 가진 날이 2003년 1월 25일이다. 헤어 무스를 반 통이나 써가며 머리 세팅에 공을 들이고 있는데, 누나가 회사에서 받았다며 10만 원짜리 주유상품권을 용돈으로 주는 것이었다. 이 상품권과 간지(?)나는 A사의 신용카드를 함께 챙겨서 집을 나섰다. 당시는 소득이 없는 필자 같은 대학생뿐만 아니라 고등학생에게까지 신용카드를 발급해 주던 시절이었다.

그런데 하필이면 이날 오후부터 전국의 인터넷이 마비되어 행정 전산망까지 모두 불통이 되었다. 슬래머Slammer라는 이름의 웜 바이러스Worm Virus가 네트워크에 과부하를 일으킨 주범으로 밝혀졌고, 다음 날인 일요일이 되어서야 인터넷망이 복구되었다. 당연히 신용카드도 결제되지 않았다. 현금이나 다름없는 주유상품권이 없었다면, 그리고 그 주유상품권이 우리의 첫 만남 장소인 아웃백스테이크하우스 서현점에서 결제 가능한 상품권이 아니었다면, 이제는 대학생이 된 딸과 아빠만큼 키가 커버린 중학생 아들을 키우면서 20년 넘게 알콩달콩한 가정을 만들 수 있었을까 하는 생각이 든다.

한국은 세계 어느 나라보다 간편결제 서비스가 잘되어 있다. 오프라인에는 삼성 휴대폰 보유 고객이 핸드폰을 단말기에 갖다 대면 삼성페이에서 바로 결제되는 시스템이 있고, 온라인에서는 카카오페이·네이버페이 등의 시스템에 결제할 수단(신용카드, 현금 등)을 저장해 놓으면 별도의 절차 없이 비밀번호 또는 생체인식 등으로 본인 인증 후 결제할 수 있다. 이 때문에 원화 스테이블코인이 꼭 필요한지 반문하기도 한다. 그런데 만약 중앙 서버에서 작동하는 간편결제 시스템이나 기존의 신용카드 결제 인프라가 다운이라도 된다면 어떻게 되겠는가?

원화 스테이블코인은 블록체인 기반의 탈중앙화 체계로 움직일 것이다. 즉 중앙 서버가 아니라 각 노드가 모든 트랜잭션을 검증하고 기록하는 시스템이다. 송금해야 할 가맹점이나 개인의 지갑을 검색해서 직접 송금할 수 있다. 중앙 서버는 절대 관여하지 않으며, 기존 노드 참여자의 동의하에 거래가 이루어진다. 설사 특정 노드가 공격을 당해 마비가 와도 다른 노드에 기록이 그대로 남아 있기 때문에 지속적으로 거래가 진행된다. 마치 『조선왕조실록』의 일부가 임진왜란 때 소실되었지만 똑같은 내용의 사본을 분산 저장한 결과, 오늘날 우리가 조선왕조 500년의 역사를 제대로 배우고 있는 것과 유사하다.

원화 스테이블코인의 탄생을 돕는 자들

원화 스테이블코인은 아직 세상에 나올 준비를 끝마치지 못했지만, 많은 이들이 세상에 나올 수 있도록 돕고 있다. 우선 원화 스테이블코인의 발행부터 유통·운영에 이르기까지 법이 제정되어야 하고, 무분별한 원화 및 외화 스테이블코인의 진·출입을 막기 위해 「외국환 거래법」 등의 기존 관련법들도 손봐야 한다.

'예대 마진'이라는 세계 8대 불가사의의 하나(필자의 자의적인 판단이다)로 비가 오나 눈이 오나 돈을 버는 수익 구조를 가진 은행권은 스테이블코인 발행으로 인해 자칫 예금으로 들어와야 할 여유자금이 스테이블코인 준비자산으로 스며들어 갈 수 있다는 우려를 하고 있다. 그래서 자체적인 준비와 함께 은행 간 연합체 속 기술 및 결제대행 기업들과 스테이블코인 발행과 활용 방안에 대한 논의를 진행 중이다. 즉 원화 스테이블코인이 태어나는 것에 만족하지 않고, 잘 커서 훌륭하게 성장하기를 바라는 부모의 심정으로 바라보고 있다.

우리나라는 간편결제 시스템이 세계 어느 곳보다 잘 갖춰진 국가로, 원화 스테이블코인 자체의 무용론을 주장하는 사람도 많다. 그런데 간편결제 서비스를 제공하는, 소위 빅테크 회사인 네이버와 카카오는 오히려 선제적으로 원화 스테이블코인을 새로운 결제수단으로 받아들일 준비를 철저히 하고 있다. 새로운 사용자를 유입하려는 유인책뿐만 아니라, 기존 고객이 빠져나가기 힘든 생태계를 만들기 위해 노력하고 있는 상황이다.

원화 스테이블코인이 공론화되기까지, 블록체인 기반 스타트업의 목소리도 결코 간과해서는 안 된다. 달러 스테이블코인은 자국의 통화가치가 약한 중남미 및 아프리카 일부 개발도상국에서 주로 사용된다. 국내에서도 달러 스테이블코인이 무분별하게 침투하여 확신될 경우 원화 기반 통화 체계를 어지럽히고 미국에 경제적으로 종속될 수 있다는 위기감이 커지자, 블록체인 사업 기반의 스타트업들은 원화 스테이블코인의 즉각적인 도입에 목소리를 높여 왔다. 그들은 비교적 적은 자본금에도 불구하고 스테이블코인 발행을 시도하고 있다. 기술력 높은 스타트업은 결제 인프라를 제공하는 등의 참여로 선상한 원화 스테이블코인 탄생에 기여할 수도 있다.

스테이블코인에 대한 법안을 만드는 정치권

원화 스테이블코인 발행을 위한 수많은 아이디어가 나와도 근간이 되는 법이 없으면 공허한 메아리일 뿐이다. 필자는 2023년 초에 토큰

증권 탄생의 기대를 안고 관련 업계로 전직하였는데, 2023년 7월 이후 토큰증권 발행의 근간이 될 「전자증권법」 「자본시장법」 개정안 통과가 미뤄지고 또 미뤄지고 있다.

신문에서는 '토큰증권, 연내통과가 보인다'라는 희망 섞인 헤드라인에 이어, '토큰증권, 또 좌초할 것인가'라는 좌절의 제목이 뒤섞인다. 민생법안, 특히 대한민국 결제시스템의 미래 초석을 닦는 일은 초당적인 협력과 함께 백년대계를 세운다는 마음으로 각계각층에서 치열한 토론이 있어야 할 것이다.

2025년 6월 더불어민주당 민병덕 의원의 발의를 시작으로, 2026년 1월 말 현재 다수의 여야 국회의원이 스테이블코인에 대한 법안을 제출한 상태다. 주요 항목별 공통점 및 쟁점 사항을 요약하면 다음과 같으며, 이어서 제출한 법안을 표로 정리해서 비교하였다.

발행 주체 자격 및 자본금 요건

최소 자본금 요건은 단순히 회사가 갖춰야 할 돈의 기준을 정하는 문제가 아니다. 사실상 한국의 디지털 금융시장, 특히 원화 스테이블코인 생태계의 방향을 결정짓는 중요한 기준이다.

예를 들어, 민병덕 의원이 제시한 5억 원은 비교적 낮은 수준이어서 여러 핀테크 기업이 쉽게 시장에 뛰어들 수 있다. 자연스럽게 경쟁이 활발해지고 혁신이 촉진될 가능성이 커진다.

반면에 안도걸 의원과 김은혜 의원이 주장한 50억 원은 소수의 안정적인 플레이어 중심의 스테이블코인 생태계를 구축하려는 방향성을 보인다. 최보윤 의원의 20억 원, 이강일 의원의 10억 원은 양극단 사이에서

타협점을 찾으려는 안으로 볼 수 있다.

실제 자본금이 어느 정도 수준에서 결정될지는 불확실하지만, 스테이블코인 발행사로 인가받기 위해서는 인터넷은행 인가처럼 충분한 자본력을 인정받아야만 가능할 것으로 예상된다. 「인터넷전문은행 설립 및 운영에 관한 특례법」에 따르면 최저 자본금은 200억 원이지만, 실제 인터넷은행 세 곳(카카오뱅크, 케이뱅크, 토스뱅크)의 인가 당시 자본금은 2,500억~3,000억 원 수준이었다.

준비자산 구성 및 관리 방식

발행량의 100퍼센트 이상을 안전자산으로 보유하고, 이를 발행사의 고유자산과 분리하여 신탁 관리해야 한다는 원칙은 모든 법안에서 공유하는 최소한의 합의점이다. 그러나 준비자산을 구성하는 자산의 종류에 관해서는 법안별로 시각차가 있다.

안도걸 의원 안과 최보윤 의원 안은 원화표시 현금, 예금, 단기 국공채 등 신용 및 시장 리스크가 거의 없는 자산으로만 엄격히 제한하여 안정성을 극내화한다.

반면에 김은혜 의원 안은 원화표시 이외에 해외통화표시 국채(미국채)까지 허용하며, 준비자산 구성을 대통령령에 위임하여 회사채 등 신용위험이 존재하는 채권으로 확대할 여지를 마련하였다.

스테이블코인이라는 빈껍데기에 '1원'과 페깅되도록 가치를 부여하는 것은 준비자산의 안전성과 바로 현금으로 바꿀 수 있는 유동성에 달렸다. 이 부분은 대체로 현금, 예금 및 만기가 짧은 국채 중심으로 구성될 것이라고 생각한다.

이용자 보호: 상환권 및 이자 지급

이용자 보호의 핵심은 언제든 스테이블코인을 명목화폐로 교환할 수 있는 상환권 보장에 있다. 안도걸 의원 안의 '3영업일 이내' 상환 규정은 이용자 편의를 극대화하는 반면, 김은혜 의원 안의 '10일 이내'는 상대적으로 발행자에게 충분한 상환의 시간을 준다.

더 근본적인 차이는 '이자 지급' 허용 여부에서 발생한다. 안도걸 의원 안이 이자 지급을 명시적으로 금지하는 것은 스테이블코인을 은행예금과 경쟁하는 투자상품이 아닌, 순수한 '지급결제수단'으로 한정하려는 의도다. 이는 한국은행이 우려하는 예금 이탈 및 통화정책 교란 가능성을 차단하려는 조치다.

반대로 김은혜 의원 안이 이자 지급 금지를 명시적으로 포함하지 않는 것은, 사실상 스테이블코인을 디파이 등 다양한 금융 서비스와 연계할 수 있는 '수익형 금융 자산'으로 여기는 것이다. 이자가 금지된다면 스테이블코인은 디지털 현금이나 선불전자지급수단과 유사한 규제를 받게 될 것이고, 허용된다면 일정 수익을 기대하고 보유하는 셈이 되어 증권으로 해석될 여지가 있으므로, 투자자 보호 규제가 필요하게 될 것이다.

법안별 주요 항목 비교

발의자	민병덕 의원	안도걸 의원	김은혜 의원	이강일 의원	최보윤 의원
법안명	디지털자산 기본법	가치안정형 디지털자산의 발행 및 유통에 관한 법률안	가치고정형 디지털자산을 활용한 지급 혁신에 관한 법률안	디지털자산시장의 혁신과 성장에 관한 법률안	디지털자산 육성 기본법
법안 철학	포괄적 산업 기본법, 핀테크 혁신 촉진	특화 법안, 안정성 및 규제 중심	특화 법안, 혁신 및 유연성 중심	포괄적 산업 성장법, ICO 허용	포괄적 산업 육성 및 종합 규제 법안
발행 주체	비은행 기관 발행 적극 장려	엄격한 요건을 충족하는 금융기관 또는 주식회사	주식회사 (세부사항은 대통령령 위임)	광범위한 라이선스 체계의 일부인 주식회사	대한민국 내 설립된 법인 (인가제)
최소 자본금	5억 원	50억 원	50억 원	10억 원	20억 원
준비 자산 (100% 이상)	원화와 일대일 가치 연동 및 분리 보관 의무	현금, 예금, 만기 1년 이내 국채·지방채로 엄격히 제한	현금, 예금, 국채·외국채 및 이에 준하는 안전자산으로 대통령령으로 정하는 자산	발행·유통 관리 포함, 세부사항 추후 규정	현금, 요구불 예금, 단기 국·공채 등 안전 자산으로 구성, 고유재산과 분리하여 신탁·예치
상환 기간	자료에 명시되지 않음	**3영업일 이내**	**10일 이내**	자료에 명시되지 않음	**5영업일 이내**
이자 지급	자료에 명시되지 않음	**금지**	**허용** (명시적 금지 조항 없음)	자료에 명시되지 않음	자료에 명시되지 않음
감독 기관	금융위원회 (주 감독), 대통령 직속 디지털자산 위원회(전략)	금융위원회, 한국은행, 기획재정부 공동 위원회	금융위원회 (주 감독, 등록제 방식)	금융위원회 (주 감독), 한국은행(협의 및 발행중지 요구권)	금융위원회 (주 감독, 인가제), 금융위원회 소속 디지털자산 위원회(정책 심의)
해외 스테이블 코인	해외 발행사에 일부 국내 규제 면제 (이용자 보호 우려)	가상자산사업자 (VASP)의 자체적인 적격성 평가 의무	금융위원회 등록 시 국내 코인으로 간주 가능	법안 내 별도 규정 포함	국외 행위에 대한 역외 적용 원칙만 명시 (세부 규정 없음)

원화 스테이블코인 도입 준비를 서두르는 은행권

　2024년까지 한국은행의 CBDC 도입 정책에 발맞추어 예금토큰 개발에 초점을 맞췄던 은행권도 트럼프 행정부의 달러 스테이블코인 법적 도입에 따른 원화 스테이블코인 도입의 필요성이 높아지자, 준비를 서두르고 있다. 개별 은행이 자체 스테이블코인을 준비하는 것과 별개로, 스테이블코인 발행과 관련된 모든 이해관계자가 모여 발행 및 유통부터 활용 방안에 이르기까지 광범위하게 협의 중인 것으로 알려져 있다. 사단법인 오픈블록체인·DID협회(OBDIA)에서는 은행권 13개사(KB국민, 신한, 하나, 우리, NH농협, IBK기업, SC제일, Sh수협, BNK경남, BNK부산, iM뱅크, 케이뱅크, 토스뱅크)와 금융결제원, 교보생명, 다날핀테크, LG CNS, 코스콤, 페어스퀘어랩 등 다양한 참여기관으로 구성된 '스테이블코인 생태계 분과'를

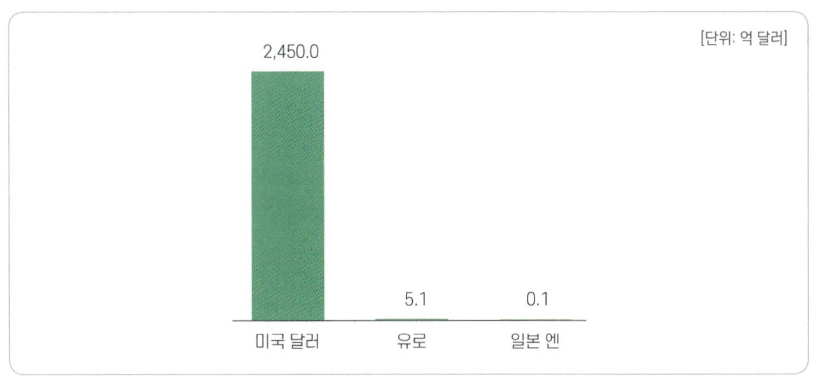

자료: CoinGecko

신설하였다. 여기에서 스테이블코인의 발행에 국한하지 않고 상대적으로 논의가 덜 된 활용 방안과 민간 수요에 대응하는 방안을 모색하고 있다. 이는 유럽이나 일본처럼 규제를 체계적으로 갖춰 놓은 법안 아래에서 발행된 스테이블코인의 공급량과 사용량이 미국에 비해 턱없이 부족한 사실에 대한, 일종의 반면교사 차원에서 접근하는 방식이다.

신한은행, NH농협은행, 케이뱅크는 '프로젝트 팍스Project Pax'에서 스테이블코인의 실질적인 활용 가능성을 타진하고 있다. 프로젝트 팍스는 일본에서 추진하는 글로벌 송금 및 결제 시스템 구축 프로젝트로, 일본의 3대 메가뱅크인 미쓰비시UFJ신탁은행(MUFG)·미즈호은행·미쓰이스미토모은행(SMBC)이 공동출자한 합작법인 프로그맷에서 2024년 9월부터 추진 중이다. 2025년에 1차 테스트가 성공적으로 끝났는데, 여기서 국내 참여기관들의 역할은 다음과 같다.

- **신한은행:** 송금 은행과 수취 은행 역할을 모두 수행하며, 환율 시뮬레이션·정보 관리·외환 리스크 최소화 등의 핵심 기능을 테스트하고 기존 시스템과의 API 기빈 연동 가능싱을 입증하는 책임을 딤딩
- **케이뱅크:** 원화 기반 스테이블코인을 활용한 해외 무역 송금을 위해 한국과 일본의 은행 시스템을 연동하는 기술 검증에 집중
- **NH농협은행:** 한국의 스테이블코인 법제화에 앞서 모델을 테스트하고, 향후 고객 서비스를 위한 디지털 자산 유용성을 탐색하기 위해 참여

1차 테스트 결과 스테이블코인 기반 모델이 전통적인 중개은행 Correspondent Banking 방식보다 속도와 비용 측면에서 훨씬 효율적이라

는 점이 성공적으로 입증되었다. 또한 '샌드위치 모델'*의 기술적 타당성과 API 기반 통합의 실효성이 확인되었다.

은행들 각각의 개별적인 시도도 현재 진행형이다. 신한은행은 관계사인 〈땡겨요〉 앱에서 원화 스테이블코인 간편결제 기능 적용을 검토 중이며, 국민은행은 스테이블코인 이름의 상표권 등록(KBUSD, KBJPY 등)으로 통화를 가리지 않으면서 국경 간 송금시장을 바라보고 있다. 하나은행은 2025년 8월 USDC 발행사인 서클과 MOU를 체결하여 앞으로 원화 스테이블코인 발행 시 서클의 기술력과 글로벌네트워크를 활용할 수 있는 발판을 마련하였다. 우리은행은 블록체인 지갑인 '우리WON지갑(구 원더월렛Wonder Wallet)'을 자사 앱 〈우리WON뱅킹〉에 탑재하여 이르면 2026년부터 다양한 디지털자산을 관리 및 거래할 수 있는 인프라를 제공할 계획이라고 밝혔다.

한편 원화 스테이블코인의 탄생이 은행권을 중심으로 이뤄지기를 바라는 기관이 있다. 바로 우리나라의 중앙은행인 한국은행이다. 한국은행은 스테이블코인 자체를 반대하지 않는다고 주장하면서도, 무분별한 원화 스테이블코인 발행이 통화정책의 유효성을 제약하거나 준비자산 훼손 시 대규모 코인런 가능성이 있다는 우려를 제기하고 있다. 그러면서 스테이블코인과 같은 화폐 역할을 하는 수단은 한국은행의 감독을 받아야 한다고 주장하며, 감독받는 시중은행들이 발행의 주체가 되는 것을 찬성하는 입장이다.

---

* 중앙화 금융기관과 분산 원장 인프라 사이에 스테이블코인을 끼워 넣는 구조를 의미한다. 이름 그대로 전통 금융(은행·예탁결제·결제망)과 블록체인(토큰·DLT 인프라)을 위아래 빵처럼 두고, 그 사이에 스테이블코인(토큰화된 지급수단)을 끼워 넣어 연결하는 것이다.

간편결제 시장의 강자인 양대 빅테크 기업

우리나라의 양대 빅테크 기업인 네이버와 카카오도 원화 스테이블코인 시장에 뛰어들었다. 간편결제 시장의 강자인 양사가 어쩌면 결제시스템의 판을 바꿀 수도 있는 원화 스테이블코인 도입에 적극적인 행보를 보이는 것은 당연하다. 2024년 말 기준 간편결제 시장 점유율은 카카오페이 42퍼센트, 네이버페이 24퍼센트, 삼성페이 24퍼센트로 3개 간편결제 시스템이 90퍼센트를 차지하는 과점 시장이다. 이러한 상황에서 네이버와 카카오가 자사 간편결제 시스템을 이용하는 고객에게 더욱 편리한 원화 스테이블코인 서비스를 선보이면서 페이백 등 각종 혜택을 부여하고, 준비자산으로부터 나오는 이지 수익을 활용히여 가맹점주에게도 낮은 수수료로 원화 스테이블코인을 제공한다면 어떨까? 아마도 각 플랫폼을 이용하는 고객은 쉽게 이탈하지 않을 것이다.

두 회사의 전략은 각기 다르지만, 공통적인 목표가 있다. "가입할 때는 쉽게 들어오지만 나가기는 쉽지 않은 구소"를 만드는 섯이다. 마치 애플이 아이폰, 아이패드, 애플워치, 맥북 등을 차례로 사용하게 하면서 그 모든 기기를 '아이클라우드'라는 웹 기반 저장 장치로 묶어서 어느 한 제품이라도 사용을 중지할 가능성을 줄이는 정책과 유사하다.

2025년 9월 말 네이버페이를 운영하는 네이버파이낸셜과 국내 최대 가상자산 거래소인 업비트를 운영하는 두나무가 '포괄적 주식 교환'에 합의하였다. 두나무의 주주들이 네이버파이낸셜에 보유 주식을 넘긴 후, 양사가 합의한 교환 비율로 네이버파이낸셜이 신주를 발행하여 두나무

주주들에게 주는 방식이다. 왜 두 회사가 한 식구가 되었는지에 관해서는 여러 가지 이유가 있겠지만 스테이블코인 측면으로 좁혀서 생각해 보면, 블록체인 메인넷 '기와GIWA'를 보유한 업비트 내에 가상자산 계좌가 있는 사용자를 위한 스테이블코인의 발행 및 유통을 계획하고 있던 두나무가 네이버페이 사용자를 흡수하여 입구는 열려 있고 출구는 닫혀 있는 거대한 스테이블코인 결제 생태계를 구축하려는 데 의의가 있다. 여기에 양사의 포괄적 주식 교환 발표 직전에 결정된 네이버파이낸셜의 증권플러스 비상장 인수로 확대하여 생각해 보면, 향후 법령으로 허용될 경우 비상장 주식의 토큰화와 스테이블코인 결제라는 블록체인 기반 금융시장 조성이라는 이유를 짐작할 수 있다. 필자와 조인하 저자가 주관적으로 생각한 양사의 협업 구조는 다음 그림과 같다.

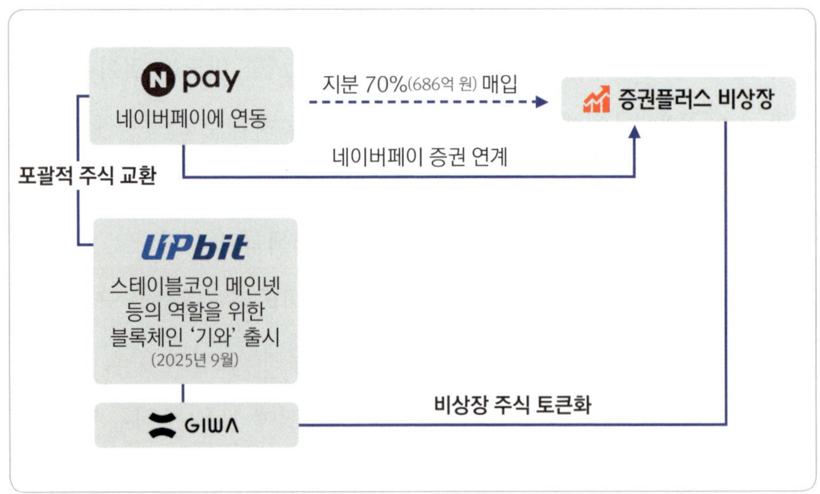

스테이블코인을 매개로 한 네이버파이낸셜, 업비트, 증권플러스 간 협업도 예시

카카오는 카카오뱅크, 카카오페이 등을 중심으로 원화 스테이블코인 시장에 진출하기 위한 테스크포스(TF)를 출범시켰다. '국민 메신저'인 카카오톡의 수많은 사용자 및 '선물하기' 등으로 연결된 가맹점 명의의 웹3 지갑 서비스를 제공하고, 카카오페이 결제망으로 스테이블코인 결제를 처리한다. 카카오에서 스테이블코인을 발행하며, 준비자산 관리 및 운영은 카카오뱅크가 담당함으로서 일종의 '스테이블코인 빌리지'를 형성하고자 한다.

카카오 원화 스테이블코인 구상 예시

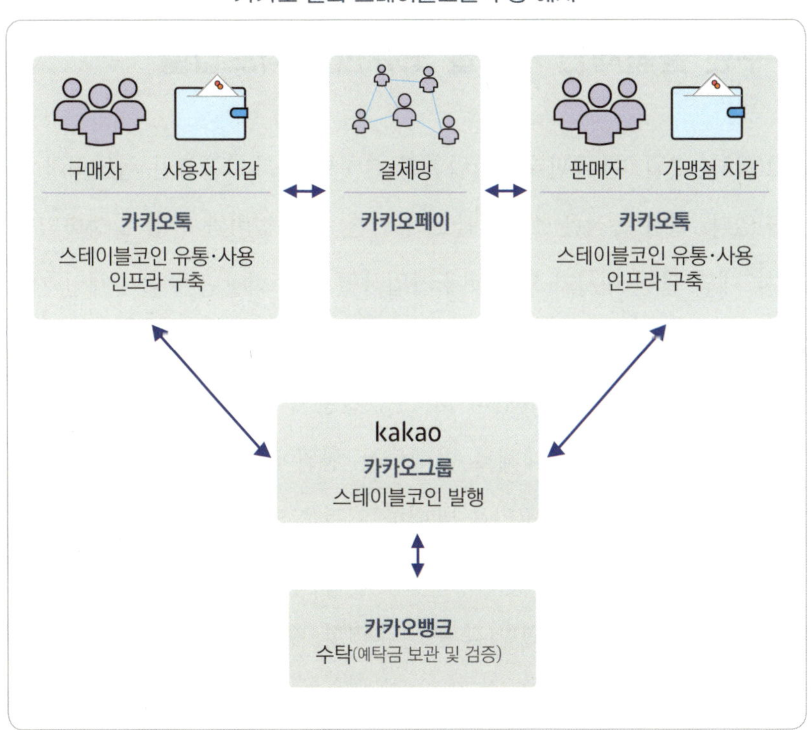

카카오는 카카오톡과 카카오페이 사용자를 기반으로 폐쇄적 생태계를 유지하면서도, 다양한 아이디어를 통해 향후 바람직한 원화 스테이블코인 탄생을 위해 노력하고 있다.

예를 들어 과거 카카오 계열사인 클레이튼과 네이버의 핀시아가 합병하여 신설된 카이아는 이미 테더의 USDT를 발행하는 데 메인넷 서비스를 제공하기로 하였으며, 지난 2025년 8월에는 일종의 오픈소스 이노베이션open source innovation으로서 '원화 스테이블코인 아이디어톤'을 개최하기도 하였다.

우수한 블록체인 기술을 보유한 스타트업들

2025년 2월, 한국핀테크산업협회 산하에 스테이블코인 협의회가 결성되었다. 결성 목적은 스테이블코인 관련 제도 정비와 산업 활성화였다. 총 47개의 관련 회사가 협의회에 가입하였으며, 회장단은 블록체인 기업 DSRV가 맡았다.

미국의 지니어스 법, 유럽의 MiCA, 일본의 자금결제법 등 스테이블코인을 규제하는 법은 대체로 발행하는 행위에 초점을 맞춘다. 그러나 실상은 단순히 스테이블코인을 발행하는 것을 넘어, 여러 분야의 사업과 시너지를 만들어 가며 하나의 거대한 산업 생태계를 형성한다. 다음은 달러 스테이블코인과 관련한 각 분야의 역할, 수익원을 요약한 표다.

달러 스테이블코인 기준 각 분야별 기업과 역할 및 수익원

가치사슬 단계	주요 기업	주요 역할	비즈니스 모델
발행	서클, 테더, 페이팔 등	스테이블코인 생성(발행·소각) 및 프로토콜 관리	준비금 운용 수익(시뇨리지seigniorage), 발행·상환 수수료 등
준비금 관리	뉴욕멜론은행BNY Mellon, 블랙록	법정화폐 및 자산의 안전한 보관, 운용	수탁 수수료, 자산 관리 수수료
인프라	이더리움, 트론, 솔라나, 아비트럼, 체인링크Chainlink	거래 기록 및 검증(원장), 외부 데이터 제공(오라클)	거래 수수료(가스비), 오라클 서비스 이용료
유통 및 유동성	코인베이스, 바이낸스, 문페이, 업비트 등	거래, 유동성 공급, 법정화폐와 암호화폐 교환	거래 수수료, 유동성 공급 보상, 온·오프램프 수수료
디파이	커브, 아베, 컴파운드Compound	유동성 풀 제공, 대출, 스테이킹 등 투자 활동	거래 수수료
결제	비자, 마스터카드, 스트라이프 등	스테이블코인 결제 서비스, 선불충전카드 발급	결제 수수료, 카드발급 수수료
신뢰 및 보안	체이널리시스Chainalysis, TRM 랩스, 서틱Certik	자금세탁방지, 스마트 컨트랙트 감사	솔루션 구독료, 감사 서비스 비용
준비금 감사	딜로이트Deloitte, PwC	준비자산 보유·운용 현황, 발행 내역 감사보고서	감사 수수료, 컨설팅 수수료

자료: 신년기·조인하, 「원화 스테이블코인의 명과 암, 그리고 활성화 방안」(디사이퍼 위클리, 2025. 9. 27.)

스타트업 기업들은 은행이나 빅테크 기업보다 규모는 훨씬 작지만, 우수한 블록체인 기술을 바탕으로 스타트업 스테이블코인 운영을 위한 기술력 제공 등 결제 시스템 구축 분야에 주로 참여하고 있다. 예를 들어 페어스퀘어랩은 가상자산 수탁회사인 KDAC(한국디지털자산수탁)와 함께 한일 스테이블코인 송금 프로젝트인 '팍스 프로젝트' 1단계 기술 검증에 참여·완료하였으며, OBDIA 내 은행권 스테이블코인 개념증명Proof of Concept, PoC 사업 파트너로 참여하고 있다. DSRV는 국내에서 원화 스테

이블코인 입법을 위한 목소리를 내는 한편, 스테이블코인 결제 플랫폼으로의 진출을 주로 모색하고 있다. 예를 들어 지난 2025년 6월에 직접 개발한 가상자산 및 스테이블코인 결제 앱 〈스파이크Spike〉를 론칭하였는데, 이 플랫폼은 싱가포르의 스트레이츠엑스가 발행한 XSGD와 향후 국내 입법으로 발행할 자체 원화 스테이블코인 결제를 지원한다.

스파이크 앱 화면 및 가상의 원화 스테이블코인 결제 화면

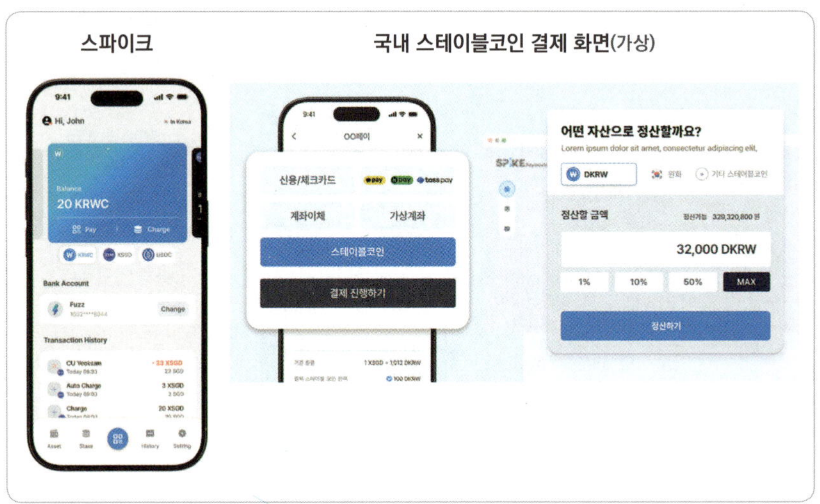

자료: DSRV

　　원화 스테이블코인은 단순히 발행하고 돈처럼 결제에만 쓰이는 도구로 그치지 않는다. 따라서 국내를 벗어나 글로벌 시장에서 자유롭게 사용할 수 있는, 보안성 높고 속도가 빠른 인프라가 필요하다. 그뿐만 아니라 글로벌 시장에서 자유롭게 사용되려면 국내 「외국환거래법」 같은 국내법과 유사한 외국법을 준수 또는 개정하기 위한 컨설팅을 받아야

하는데, 이때 법무법인이 이 시장에 참여한다. 이에 더하여 준비자산을 운용할 운용사 및 신탁은행 등의 금융기관이 참여하며, 어쩌면 과거 외환은행과 같은 환전은행 역할을 할 가상자산 거래소도 있어야 한다.

원화 스테이블코인이 태어나서 아주 잘 자라 준다면, 이와 관련한 여러 분야의 참여자들도 돈을 벌 수 있는 새로운 산업이 탄생하는 셈이다.

제발 아프지 말고 건강하게 태어나 주렴!

원화 스테이블코인은 어떻게 정의할 수 있을까?

우리가 지금 논의하고 있는 '원화 스테이블코인'은 '원화'라는 화폐와 동일한 가치로 사용하는 결제 대용 수단이다. 이에 대한 갑론을박 중 "달러 스테이블코인을 제외한 타 통화표시 스테이블코인의 시장점유율이 '연합군'을 형성해도 1퍼센트 미만"이라는 점에 비추어 원화 스테이블코인의 무용론을 말하는 것은 생략하도록 하자.

원화 스테이블코인 도입에 대한 찬반이 나뉘는 데 결정적인 역할을 하는 기준은 바로 '원화 스테이블코인을 바라보는 시각'이다. 즉 이것을 "화폐의 일부로 보느냐" 아니면 "선불충전수단 같은 간편한 결제 수단으로 보느냐"에 따라 이해관계자들의 입장과 적용하는 법이 달라진다.

원화 스테이블코인은 원화표시 현금인가?

기존의 지급결제수단(현금, 신용카드, 선불카드, 간편결제 등)은 모두 원화표시 현금으로 귀결된다. 현금 사용은 당연하고, 신용카드도 결제일에 거래 내역을 현금으로 계산한다. 티머니 같은 선불충전식 교통카드는 잔액이 부족하면 현금이나 신용카드로 충전하는 방식이다. 마지막으로 간편결제는 예금계좌, 신용카드, 선불카드 등을 포함하여 하나의 플랫폼에서 간편하게 결제할 수 있도록 하는 수단이다. 결국 모든 결제수단이 원화표시 현금으로 결제하게끔 되어 있고, 이 현금의 발행·주조권·감독권이 한국은행에 있기 때문에 별다른 논란이 없다.

그런데 원화 스테이블코인은 현금, 예금, 단기국채 등의 준비자산으로 원화와 동등하게 가치를 부여하는 결제수단이다. 한국은행 등 금융당국에서는 바로 이 '동등'이라는 키워드에 주목하여 원화 스테이블코인 또한 현금 등가물의 일종이라는 시각을 가지고 있는 듯하다. 일종의 화폐로서 중앙은행의 감독을 제대로 받지 않는다면 통화량 산출에 스테이블코인 유통량이 포함되지 않아 통계의 왜곡이 생기고, 나아가 통화정책을 수립할 때 이를 감안하지 않는 오류를 범할 수 있다는 것이다.

그러면 원화 스테이블코인은 현금과 같은 화폐인가? 「한국은행법」 제47조에 따르면, 화폐의 발행권은 한국은행만이 가진다. 애초에 민간에서 발행을 허용한 스테이블코인은 화폐가 될 수 없다. 그렇다면 금융당국에서 원화 스테이블코인 도입에 신중한 입장을 취하게 된 원인은 무엇일까?

블록체인 기반의 원화 스테이블코인은 국경과 시간을 초월한 자유로운 거래가 가능하므로, 자칫 통제할 수 없는 원화와 외화의 유·출입이 일어날 수 있기 때문이다. 이에 금융당국은 「외국환거래법」 적용대상(제2조) 및 정의(제3조)에 원화 스테이블코인을 지급수단으로 정의하고 규제해야 한다는 입장이다.

하지만 앞서 언급한 원화 스테이블코인을 세상에 내놓기 위해 열심히 뛰어다니는 주체들은 이것을 화폐가 아닌, 결제 혁신을 일으키는 플랫폼으로 바라본다. 따라서 현재 「가상자산이용자보호법」의 2차 입법인 「디지털자산 기본법」 같은 가상자산 관련법에 스테이블코인에 대한 각종 의무 및 규제사항을 별도로 추가하여 법 적용의 탄력을 가져와야 한다는 입장이다.

원화 스테이블코인은 예금인가?

2025년 4월부터 6월까지 한국은행이 CBDC 실거래 테스트로 진행한 '프로젝트 한강'에서 실제 지급결제수단으로 사용된 것은, 정해진 지급준비율(프로젝트 당시 7퍼센트, 즉 CBDC 보유량의 14.3배를 발행할 수 있는 규모)로 한국은행이 발행한 '기관용 CBDC'를 기반으로 시중은행이 발행한 예금토큰이었다. 이때 예금토큰 보유자가 상환을 요구하면 100퍼센트 받을 수 있을 거라고 믿었던 이유는 한국은행의 신뢰를 바탕으로 발행한, 일종의 화폐였기 때문이다.

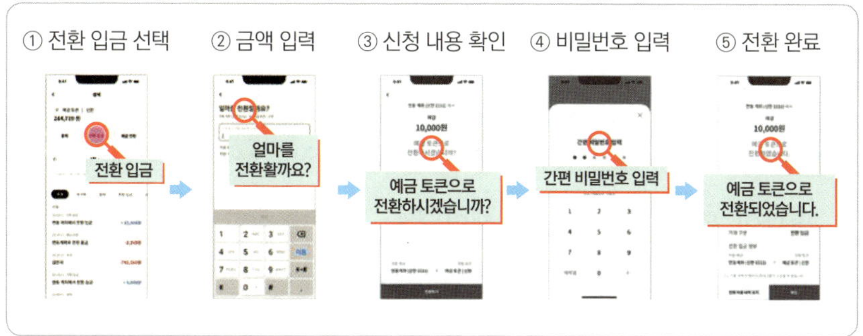

그런데 한국은행이라는 최종 대부자 역할이 빠지고 민간은행이 예금을 담보로 자체 스테이블코인을 발행하게 되면, 「예금자보호법」상 원리금 합계 1억 원을 초과하는 경우 스테이블코인 전액을 상환할 수 있을 것이라는 신뢰에 의문이 생길 가능성이 있다. 법정화폐형 스테이블코인의 정의는 "법정화폐의 가치에 일대일 고정되어 안정성을 유지하도록 설계된 지급결제수단"이므로, 항상 '1스테이블코인＝1원'의 가치를 유지하기 위해서는 발행한 스테이블코인 상환 요구 시 준비자산을 현금화하여 요구 금액만큼 상환할 의무가 있다. 따라서 근본적으로 법정화폐형 원화 스테이블코인은 예금토큰으로 바라볼 수 없다.

원화 스테이블코인은 일종의 선불전자지급수단인가?

앞서 소개하였던 KAST는 개인이 보유한 스테이블코인을 전용 카드에 충전한 후, 발급받은 카드를 마치 신용카드처럼 사용할 수 있다. 스테이블코인 결제 플랫폼이 비자·마스터 등 글로벌 결제 네트워크사와 협업하여 실물 카드를 제작하고 스테이블코인을 충전하게 하는 일종의 선불전자지급수단, 즉 선불충전카드의 역할을 하고 있는 것이다.

지금까지 스테이블코인의 주된 사용처는 가상자산 거래소 내 페어 거래, 디파이 유동성 풀 제공, 스테이킹 등 투자에 대한 결제 성격이 강했다.* 그런데 젊은 세대 중심으로 향후 스테이블코인을 상거래로 사용하겠다는 응답이 증가하고 있다. 투자 정보 매체인 모틀리 풀Motley Pool에서 2025년 7월 발표한 설문 결과에 따르면, Z세대(2000년 이후 출생자) 응답자의 71퍼센트와 밀레니얼 세대(1981~1999년생) 응답자의 60퍼센트가 "스테이블코인을 상거래에서 사용할 것"이라고 응답하였다. 이때 상거래의 형태는 선불충전식 카드 및 스테이블코인 결제가 가능한 플랫폼에서 일어날 가능성이 높다.

"스테이블코인을 일반 상거래에 사용하겠습니까?"라는 질문에 대한 응답 분포

응답자	YES	NO	모름	확률 분포		
Z세대(2000년 이후 출생)	71	10	19			
밀레니얼(1981~1999년 출생)	60	15	25			
X세대(1970년대 출생)	31	34	35			
베이비부머	18	46	36			
남성	60	18	22			
여성	41	26	33			
전체	50	22	28			

자료: The Motley Fool

* 사용처의 약 88퍼센트가 가상자산 매매이며 P2P, B2C, B2B 등 송금 및 상거래 기반의 사용은 총 6퍼센트 수준에 불과하다.

그런데 과연 KAST 같은 스테이블코인 충전형 카드가 선불전자지급수단으로 인정받을 수 있을까?* 선불전자지급수단은 미리 약정한 바에 따라 현금 또는 예금으로 교환할 수 있으나, 법률에서는 특별한 경우에만 전액 환급받을 수 있도록 규정하고 있다.** 따라서 100퍼센트 상환이 보장되어야 하는 원화 스테이블코인과는 다르게 해석해야 할 것이다. 단, 원화 스테이블코인 자체를 현금처럼 충전형 카드에 채울 수 있도록 「전자금융거래법」에 규정한다면 선불전자지급업자(선불업자) 자격을 받아 법적 테두리 안에서 운영할 수 있을 것이다.

원화 스테이블코인은 어떤 캐릭터로 탄생해야 할까?

앞서 '스테이블코인에 대한 법안을 만드는 정치권' 부분에서 원화 스테이블코인 도입을 위한 인가제 및 발행업자의 최소 자본금 요건에 관해 5억 원에서 50억 원까지 다양한 법안이 제출되었음을 확인하였다.

---

* 물론 국내에서 선불전자지급업을 수행하기 위해서는 흔히 말하는 PG, 즉 결제대행 라이선스를 받아야 한다.

** 전자금융거래법 제19조 제2항에 따르면 금융회사 또는 전자금융업자는 환급과 관련된 약정을 약관에 기재하고, 다음 각 호의 어느 하나에 해당하는 경우에는 선불전자지급수단에 기록된 잔액의 전부를 지급한다는 내용을 약관에 포함시켜야 한다.
1. 천재지변 등의 사유로 가맹점이 재화 또는 용역을 제공하기 곤란하여 선불전자지급수단을 사용하지 못하게 된 경우.
2. 선불전자지급수단의 결함으로 가맹점이 재화 또는 용역을 제공하지 못하는 경우.
3. 선불전자지급수단에 기록된 잔액이 일정비율 이하인 경우. 이 경우 일정비율은 100분의 20 미만으로 정할 수 없다.
4. 이용자에게 불리하게 선불전자지급수단을 이용할 수 있는 가맹점을 축소하거나 선불전자지급수단의 이용 조건을 변경하는 경우. 다만, 가맹점 폐업, 가맹계약기간의 만료, 그밖에 대통령령으로 정하는 정당한 이유가 있는 경우는 제외한다.

자본금 요건을 인터넷은행과 같은 200억 원(실제 인가까지 최소 2,500억 원 이상의 자본금 필요)이 아닌, 소액으로도 발행 법인을 만들게 한 취지는 회사가 감내할 수 있는 범위에서 보유자에게 다양한 혜택을 주며 결제 혁신을 이끌고자 하는 바람이었을 것이다. 단순히 "더 비거, 더 베터 The bigger, the better(클수록 좋다)"라는 '규모의 경제' 논리에 빠질 필요 없이 일정 규모 이하의 스테이블코인 발행 자체를 차단해서는 안 된다는 의미다.

이는 「자본시장법」의 소액공모 제도 및 미국의 지니어스 법을 참고하여, 발행금액에 따라 규제의 강도와 범위를 차등화하여 정하도록 하고 "어떤 스테이블코인을 사용할 것인가"에 관한 선택권은 필자와 같은 일반 소비자들에게 맡기면 어떨까 싶다. 이것은 이는 마치 현금으로만 결제하고 싶어 하는 소비자와 연회비 1,000만 원어치의 프리미엄 신용카드를 사용하는 소비자가 공존하는 것과 유사한 논리다.

지니어스 법에서는 누적 발행금액 100억 달러(약 14조 원) 미만의 경우 인가받은 발행 회사 소재 주정부에서 감독하며, 이를 초과하면 연방 규제 체제의 적용을 받도록 명시하고 있다. 그리고 2026년 1월 현재 「자본시장법」상 소액공모는 연간 10억 원 이하 동일한 성격의 증권을 발행할 때 적용하며, 이때는 공모 절차가 상당히 간소하다.* 이를 응용하여 국내 원화 스테이블코인 발행에 적용하면 다양한 형태의 결제수단을 이용할 권리가 생기고, 이 중에 혜택 많고 결제 속도 및 처리 기능이 우수한 스테

---

* 2023년 2월 토큰증권 발행을 위한 가이드라인에서 비정형 증권(비금전신탁수익증권, 투자계약증권 등)의 발행을 촉진하기 위해서 연간 발행금액 30억 원 이하 및 100억 원 이하로 나누어 공모 절차를 간소화하려는 소액공모 제도 개정을 시도하겠다고 밝혔으나, 현재 이와 관련한 법제화 진척은 없다.

이블코인으로 집중될 것으로 기대한다.

우선 은행권을 비롯하여 네이버 및 카카오 등 대형 비금융 회사들이 발행하려고 하는 거액의 원화 스테이블코인 감독은 한국은행과 재정경제부, 그리고 가상자산 감독은 금융위원회와 금융감독원 등 범금융당국에서 더 엄격하고 투명한 잣대로 규제해야 한다. 즉 디지털자산기본법(가칭) 같은 가상자산 2차 입법으로 별도 규제하되 원화 스테이블코인의 무분별한 발행과 원·외화 스테이블코인 간 환전 시 외화 유출 등의 부작용을 막기 위해 「외국환거래법」상 지급수단으로 특정 발행 규모 이상의 원화 및 외화 스테이블코인을 포함하고, 이는 대통령령으로 정하도록 하여 시장에 따라 유연하게 대처해야 한다.

또한 소액 발행규정을 별도로 두어 발행 시 제출 시류를 간소화히고, 발행 후 공시 주기를 완화하는 등 행정 비용을 줄여 주어야 한다. 「외국환거래법」 예외 조항으로 하여 소액 스테이블코인이 자칫 규제로 원활하게 거래되지 못하는 부작용을 막아야 할 것이다.

이러한 원화 스테이블코인 발행량에 따른 규제의 이원화는 2026년 1월 말 현재 논의 단계 이전이지만, 치열한 논쟁 과정을 거쳐 완벽한 법조항이 만들어지기를 기원하는 마음이다.

태어날 아이가 부디 맹자의 성선설에 입각한 착하고 유한 존재이길!

원화 스테이블코인 활용 방안에 관한 아이디어*

예상되는 원화 스테이블코인의 탄생 경로

해외 입법례와 우리나라에서 논의하고 있는 입법은 발행에 대한 규제가 대부분이다. 그런데 이는 실제 사용 빈도가 적다면 의미가 없다. 게다가 사용에 대한 규제가 없다면 금융당국에서 우려하는 외화의 무분별한 사용과 유출이 현실화된다. 또한 스테이블코인을 이야기할 때 항상 우려하는, 자금세탁 등의 탈법용으로 사용될 수도 있다.

여전히 원화 스테이블코인 사용에 대해서 물음표를 달고 있는 사람이 많다. USDT와 USDC 같은 법정화폐형 달러 스테이블코인은 가상자산 거래소 및 디파이에서 주로 사용되면서 가상자산과 페어링(결제) 수단으

---

* 여기에서 소개하는 사례들은 디사이퍼 2025-1의 팀 프로젝트(2025. 8. 9.), 카이아 주최 원화 스테이블코인 아이디어톤(2025. 8. 4. ~ 2025. 9. 3.)에 '팀 디사이퍼'로 참여하여 제출한 아이디어, 그리고 필자가 이를 다듬어서 참여한 토스인사이트의 「달러 스테이블코인 시대, 원화의 선택: 글로벌 트렌드와 국내 실행전략」(2025년 12월 발간) 보고서 내용 중 일부를 발췌하여 정리한 것이다.

로 성장하였지만, 달러 스테이블코인을 막기 위해 만든 유로표시·엔화표시 스테이블코인은 별로 사용하고 있지 않다. 원화 스테이블코인이 빠르게 정착하는 방법은, 국내 가상자산 거래소에서 가상자산의 페어링 수단으로 원화 스테이블코인을 정착시키는 것이다. 우리나라에서 스테이블코인을 발행·유통할 수 있는 입법이 완료되면, 네이버파이낸셜과 두나무의 자회사인 가상자산 거래소 업비트 간 제휴로 네이버의 스테이블코인이 업비트에 상장되어 가상자산을 매매할 수 있을 것이다.

가상자산은 KYC가 체결된 은행 계좌에 돈을 넣어서 살 수 있다. 하지만 우리나라 국민 중에 굳이 원화 스테이블코인으로 바꿔서 가상자산을 사는 번거로움을 자처할 사람은 거의 없을 것으로 본다. 토큰증권의 결제수단으로 상외서래중개업자가 개실한 블록체인 기빈 플랫폼에서 원화 스테이블코인을 사용하자는 주장도 있다. 그런데 문제는 규모가 작은 비정형 증권은 유통시장에서 거래 자체가 거의 안 된다.*

그렇다면 어떻게 원화 스테이블코인을 제대로 활용할 수 있을까? "우리나라에 간편결제 시스템이 잘되어 있는데 원화 스테이블코인을 과연 쓰겠어?"라고 비판하는 사람들에게 충분히 결제 대안이 된다는 것을 보여줄 수 있도록, 상거래에서 활발하게 쓰일 수 있는 유인책으로 사용하면 사용 건수 및 규모가 급격히 증가할 수 있다. 또한 2024년의 티몬·위메프 사태, 그리고 2025년의 1월 발생한 홈플러스 사태처럼 이커머스 및 대형

---

* 필자는 부동산 조각투자 기업 앱에서 유통되는 토큰증권을 매매해 보려고 했는데 수량이 작을 뿐만 아니라 매수할 때는 최우선 매도 호가에, 매도할 때는 최우선 매수 호가에 거래할 수밖에 없었다. 양측의 협의 과정은 전혀 없다. 그저 "사고 싶으면 팔자 가격(매도 호가)에 사라"는 배짱이 난무할 뿐이다. 실제 상황은 필자가 출연한 유튜브(www.youtube.com/watch?v=m1b4e_KMxcY)를 시청하면 이해할 것이다.

유통업자의 정산 지연으로 입점한 판매자가 피해를 보는 상황을 방지할 수 있다. 정산이 늦어지면서 발생하는 미지급 사태를 막기 위해 원화 스테이블코인을 지급수단으로 하여, 스마트 컨트랙트를 통해서 당일 정산 방식으로 바꾸는 것이다. 원화 스테이블코인은 정말 잘 태어나서 세상에 큰 공헌을 하는 셈이 된다.

원화 스테이블코인 활용 시 소득공제 추진

카드로 하면 100만 원
현금으로 하면 90만 원!

상품 판매자가 이렇게 흥정하면 아마 10만 원을 아끼려고 현금으로 결제하는 사람이 많을 것이다. 지금도 완전히 뿌리를 뽑았다고 할 수는 없지만, 필자가 20대 시절에만 해도 상인들은 신용카드보다 현금 결제를 더 선호하였다. 신용카드로 결제하면 소득이 노출되지만, 현금은 숨길 수 있기 때문이다. 이에 따라 매년 5월 종합소득세 신고 시 납부해야 할 세금 액수가 달라진다.

2000년대가 되면서 우리나라도 점차 선진국의 대열에 들어섰다. 이와 동시에 전형적인 선진국과 마찬가지로 노령화가 본격화되고, 삶의 질을 먼저 고려하는 사회로 변화하며 복지 지출이 점점 늘어났다. 숨어 있는 세수를 찾는 것이 정부의 우선 과제가 되었고, 그 아이디어 중 하나가 현금영수증 제도의 도입이었다(현금영수증 발급 당시 새롭게 생긴 현금영수증 카드를 누군가에게 자랑하며 보여 주곤 했다). 현금으로 결제하는 개인은 현금영수증을 발급받아 연말정산에 소득공제 증빙으로 사용하고, 가맹점 역시 현금결제를 받을 경우 일정 비율의 세액공제를 받게 하여 현금영수증 비중을 늘리려 한 것이 주요 내용이다. 2005년 시행 이후 현금영수증 발급액은 계속 증가하여 2024년 말에는 약 49만 건이 발급되었고, 금액 규모는 약 180조 원에 이르렀다.

현금영수증 카드 실물 및 발급 건수와 규모
(2020~2024년)

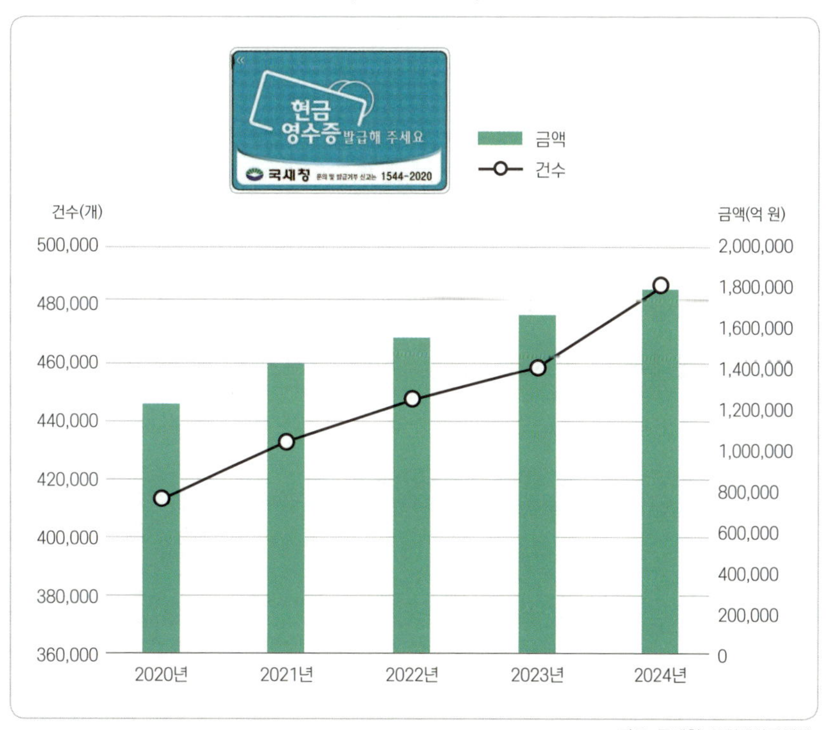

자료: 국세청, 국회예산정책처

현재 달러 스테이블코인 사용 비중의 대부분이 가상자산 거래가 목적이다. 이 과정에서 사용자들은 스테이킹으로 이자를 벌고, 탈중앙화 거래소의 유동성 풀(거래소 내 동일한 가상자산 차입자들이 해당 자산을 빌릴 수 있게 공급하는 역할을 하는 풀)에 그것을 제공하는 역할을 한다. 이러한 스테이블코인 사용 비중의 쏠림은 '돈을 벌 수 있다'는 믿음에 기인한다. 이와 마찬가지로 원화 스테이블코인의 사용을 부추기려면 금전적인 혜택이 있어야 한다. 미국의 지니어스 법, 유럽의 MiCA, 일본의 자금결제법 등 각국의 스테이블코인을 규제하는 법에는 보유자에게 이자 지급이 금지되어 있다.

원화 스테이블코인 사용을 유인하려면 현금영수증 발급 때처럼 세금을 깎아 주는 금전적 혜택이 있어야 한다. 여기에는 일반 상거래를 비롯하여 정치인에게 기부하는 정치자금 등이 포함된다.* 예를 들어 오프라인 상점에서 상거래 후 원화 스테이블코인 영수증을 발급하고 사용 내역을 추적하여 사용자는 세제 혜택을 얻고, 정부에서는 세수 확보 및 거래 투명성 확보를 제고할 수 있다. 오프라인 상점에서 상거래 후 스테이블코인 영수증을 발급하고 사용 내역을 추적하는 구조는 오른쪽과 같은 그림으로 나타낼 수 있다.

---

* USDC를 발행하는 서클은 트럼프 대통령 취임식(2025. 1. 21.)에 취임 기금으로 100만 USDC(약 100만 달러)를 기부하였다. 우리나라에서도 지난 2025년 6월 13일에 민병덕 의원이 '정치후원금, 이제 디지털자산으로'라는 세미나를 개최하여 정치자금을 비트코인 등 가상자산으로 납부하는 방안을 검토할 수 있다고 언급하였다.

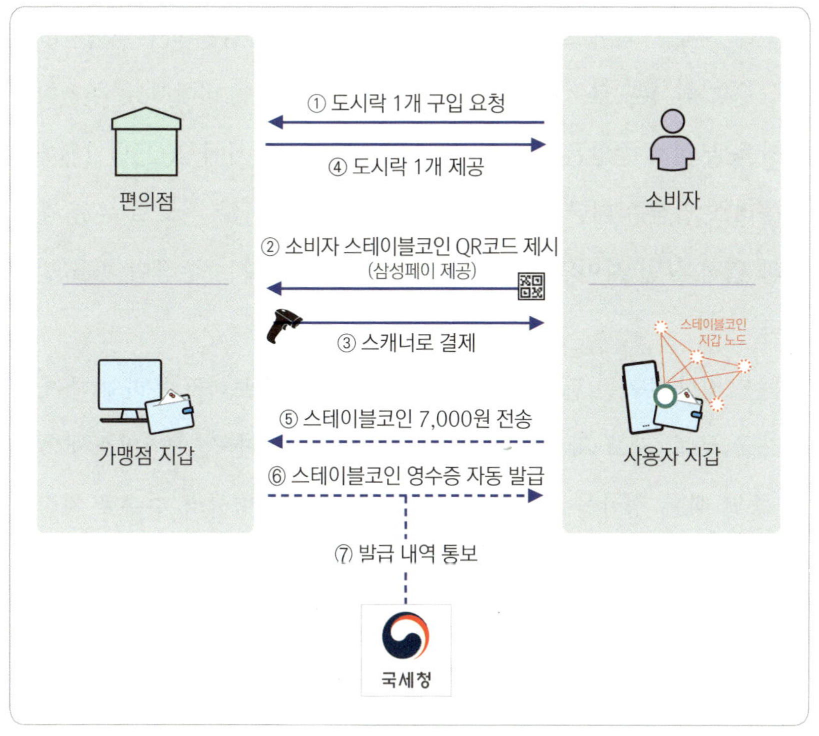

이커머스 및 유통 플랫폼의 판매 대금 일일정산

언론 보도에 의하면, 2024년 티몬·위메프의 부실로 인한 판매 대금 미정산 금액은 약 1조 3,000억 원에 이른다고 한다. 소상공인들은 고객

* 제1회 대한민국 스테이블코인 해커톤에 필자를 포함한 '팀 디사이퍼'가 원화 스테이블코인 활성화 아이디어 중 1개로 제안한 내용이다. 이 구조를 포함하여 스마트 컨트랙트 및 데모 등은 오픈소스 플랫폼 깃허브GitHub에 자세하게 기술해 두었으며(github.com/decipher-kredt/korea-stablecoin-hackathon), 토스인사이트 토스인사이트의 「달러 스테이블코인 시대, 원화의 선택: 글로벌 트렌드와 국내 실행전략」(2025년 12월 발간) 보고서에 소개되어 있다.

과의 접점을 늘릴 수 있고 마케팅에 관해 고민을 할 필요가 없다는 장점 때문에 거대 이커머스 및 오프라인 플랫폼에서 사업을 하는 것인데, 정산금을 다른 용도로 사용하고 돈을 요구하면 곳간이 비어서 못 주겠다며 배짱을 부려서 수많은 소상공인이 고통받는다. 여기에 2025년 1월에는 홈플러스 입점주 대금 미정산 사태가 발생하면서 근본적으로 유통 플랫폼과 입점 상인 사이의 정산 주기를 앞당겨야 한다는 주장이 힘을 받고 있다.

늦은 정산 주기는 판매사가 판매 대금을 빨리 확보하지 못하게 하여 운영자금 부족, 재고 확보의 지연으로 이어진다. 또한 각 이커머스사가 시행 중인 빠른 정산을 적용해도, 카드사와 결제대행사의 수수료 차감율이 높아서 판매마진을 중요하게 생각하는 판매사 특성상 이를 채택하는 데는 한계가 있다.*

그런데 이커머스나 오프라인 유통업체들이 현행 시스템에서 일별 정산을 하면 수많은 입점주와 매일 발생하는 전표를 일일이 수기로 확인하고 정리해야 한다. 게다가 카드 결제는 카드사와 결제대행사에 따라 입금 주기가 달라서 일별 정산으로 입점주에게 미리 판매 대금을 지급하면 일시적인 현금 과부족 현상이 발생할 수 있다. 또한 매일 수많은 입점주에게 개별 송금 시 비용이 많이 들어 경제성이 없다는 단점도 있다.

'24/7(매일 24시간 실시간 결제 가능)' 기반의 원화 스테이블코인 도입은 중간에 카드사나 결제대행사를 거치지 않고 구매자와 판매자 간의 거래

---

* 예를 들어 쿠팡이 '빠른 정산' 서비스에 '현금 인출' 기능을 도입하였지만 큰 반응을 얻지 못하였다. 수수료가 연환산 약 4.5퍼센트 수준으로, 거래수수료 등을 감안하면 10퍼센트 이상의 비용을 판매자가 부담해야 하는 구조 때문이다.

시, 거래승인 후 바로 정산이 가능하다. 거래승인과 결제 사이에 어떤 지체도 없이, 사전에 설정한 스마트 컨트랙트에 의해 조건이 맞으면 자동으로 거래승인과 결제가 동시에 일어나기 때문이다.

따라서 스테이블코인을 통한 당일 정산 시스템을 도입하면 이커머스는 다수의 판매자를 확보하여 거래 규모를 증대시킬 수 있고, 판매자는 거래 비용을 절감하면서 당일 정산을 통해 운영자금을 적기에 확보할 수 있다. 이러한 당일 정산 시스템의 구조는 다음과 같다.

이커머스 당일 정산 시스템 구조도 예시*

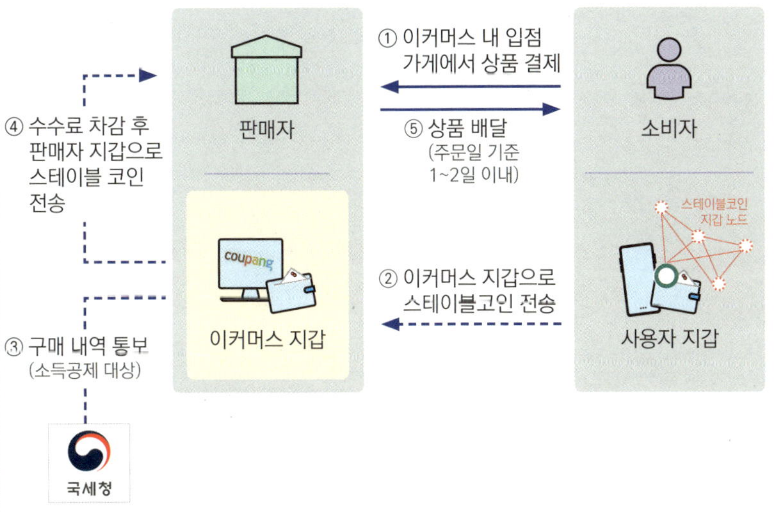

플로우 상세

① 소비자가 이커머스(예: 쿠팡)에서 상품을 선택하고 결제 진행
② 소비자, 이커머스에 스테이블코인 지급
③ 이커머스, 구매 내역 자동으로 국세청에 통보
④ 이커머스, 입점 판매자에게 수수료 차감 후 스테이블코인 송금
⑤ 상품을 택배사로부터 수령

원화 스테이블코인의 도입이 단순히 '가상자산 투자를 위한 결제수단'이나 '투자 수단'에만 머물러서는 결코 성공할 수 없다. 2026년 1월 현재 각국의 스테이블코인 규제는 가상자산 거래 수단 위주에서 벗어나, 상거래 결제수단으로 연착륙시키기 위한 과정이다. 원화 스테이블코인 역시 발행에만 초점을 맞추는 정책이 아닌, "어떻게 하면 활발하게 사용할 수 있을까?" 하는 아이디어를 최대한 많이 모아야 한다. 앞에서 언급한 필자의 아이디어는 빙산의 일각일 뿐이다. 오로지 원화 스테이블코인이 잘 태어나서 훌륭하게 자라나게 하는 데 일종의 마중물이 된다면 그걸로 만족한다.

---

* 앞서 등장한 '오프라인 상거래 시 스테이블코인 영수증 발급 및 사용 내역 신고 과정'의 구조와 마찬가지로, 제1회 대한민국 스테이블코인 해커톤에 필자를 포함한 '팀 디사이퍼'가 원화 스테이블코인 활성화 아이디어 중 1개로 제안한 내용이다.

원화 스테이블코인이라는 동생을
우량하게 만드는 법

스테이블코인에도 암묵적인 '최종 대부자'가 필요하다

본래 스테이블코인은 언제나 담보 가치를 따라 안정적으로 '1달러' '1유로' '1엔' 그리고 이제 '1원'과 동일한 가치를 가지게 하는 것이 원칙이다. 테더 USDT의 준비자산 일부에 가상자산인 비트코인과 실물자산인 금 등이 포함되어 있어 원론적으로는 1달러와 등기기 아니라고 해도, 사람들은 USDT나 USDC 같은 주류 법정화폐형 스테이블코인은 항상 그렇게 유지한다고 믿는다. 이것이 우리가 흔히 말하는 '화폐의 신뢰성'이다. 적어도 달러 스테이블코인 보유자들은 '1달러＝1스테이블코인'이라고 믿고 있다.

이러한 신뢰는 어떻게 생겨났을까? 단지 준비자산이 현금, 미 국채, 미 국채 담보 레포REPO이며 발행량보다 1퍼센트 초과한 가액만큼 보관하고 있어서일까?

2023년 3월, 미국 내 16위 규모의 실리콘밸리은행이 유동성 부족과 지급불능에 빠지면서 파산 선언을 한다. 이때 스테이블하다고 믿었던 USDC의 가치가 1달러가 아닌, 최저 0.88달러/USDC로 하락하면서 전혀 스테이블하지 않은 상황이 되었다.

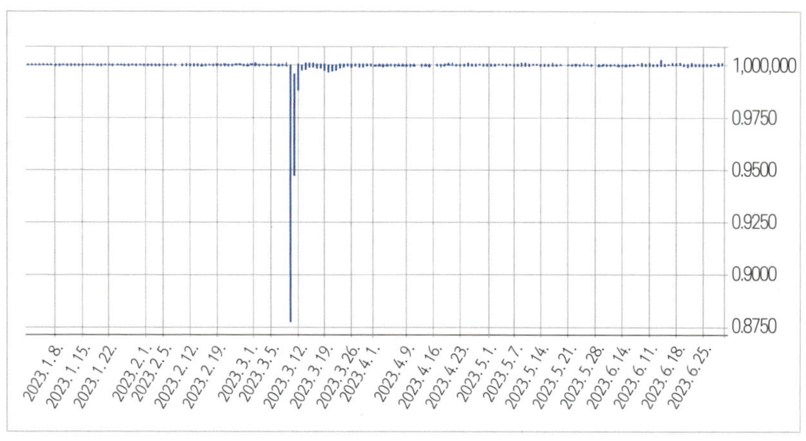

자료: Yahoo Finance

실리콘밸리은행 같은 대형 은행이 파산하면 당연히 미국 경제에 악영향을 주고 타 지역 은행의 부도 가능성까지 높아져 주가가 일정 부분 하락하는 것은 이해가 간다. 그러나 달러와 똑같은 용도와 가치로 사용되어 왔던 USDC가 일시에 폭락하는 과정은 석연찮다. 특히 준비 자산으로 현금과 세계에서 가장 안전하다는 미국 국채가 뒤를 받치고 있는데 가치가 하락한다는 것은 당시 시장에서 받아들이기 힘든 문제 였다.

사실 USDC가 하락한 과정은 이렇다. USDC의 발행사인 서클은 전체 준비금의 약 8퍼센트 수준의 현금을 실리콘밸리은행에 예치하고 있었다. 그런데 실리콘밸리은행의 '디지털 뱅크런(은행 앱을 통해서 예치금을 빼내는 현상)'으로 순식간에 은행의 유동성이 말라 버리자, USDC의 준비자산 또한 심리적인 이유로 발행가액의 100퍼센트를 커버하지 못하는 상황이 되었다. "1달러를 가져가도 1달러로 돌려받지 못할 수 있다"는 공포가 시장을 지배한 것이다. 실리콘밸리은행에 예치한 8퍼센트는 '못 찾을 돈'이라고 생각하게 되니까 말이다. 이러한 심리에 실리콘밸리은행의 디지털 뱅크런처럼 당시 발행사인 센터 컨소시움에 USDC 보유자들의 상환 요구가 빗발치면서 더 이상 스테이블하지 않은 코인이 되어 버린 것이다.

그러면 어떻게 USDC는 자칫 코인런으로 망할 뻔한 상황을 극복했을까? 물론 서클에서 전액 회수하지 못하는 상황에서도 부족분을 충당하겠다고 선언한 것이 한몫하였다. 하지만 궁극적으로는 미 재무부·연준·예금보험공사 등 금융당국에서 신속하게 예금주가 원금을 찾을 수 있도록 하고 나아가 실리콘밸리은행 파산으로 연쇄 피산 위기에 빠졌던 지역 은행이 보유한 국채와 기관 MBS(주택저당증권Mortgage Backed Securities)를 액면가로 담보 잡아 1년 만기 긴급 대출인 BTFP(은행기간대출 프로그램Bank Term Funding Program)를 실시한 것이 스테이블코인 신뢰도를 되찾게 한 원인이었다. 물론 USDC를 타깃으로 실시한 정책은 아니었지만, 스테이블코인 상환 대응 과정에서 인출해야 할 은행 자금을 안정적으로 확보하였다는 점에서 '스테이블'이라는 단어의 신뢰를 다시 찾은 계기가 된 것은 사실이다.

이것을 우리나라에 적용하여 살펴보면, 원화 스테이블코인을 안심하고 사용하려면 준비자산군으로 거론이 되는 현금·예치금·단기국채 등의 합이 발행량의 100퍼센트 이상인 조건으로는 다소 부족하다. 위기가 발생하였을 때 "과연 원화 스테이블코인의 가치를 지켜 줄 최종 대부자는 누가 될 것인가"를 사전에 정해야 한다. 스테이블코인이 스테이블하지 않아서 발생하는 피해는 고스란히 보유자들이 부담할 가능성이 높기에, 금융당국(금융위원회, 금융감독원, 한국은행 등)에서 컨틴전시 플랜(비상계획contingency plan)을 발표하고 원화 스테이블코인을 안심하고 사용할 수 있는 체계를 만들어야 할 것이다.*

---

* 물론 이것은 한국은행이 CBDC를 통해 지급보증 형태로 뒤를 받쳐 주면서 은행이 예금토큰을 발행하는 2형 CBDC 통화처럼, 명시적으로 중앙은행의 발권력 및 신뢰를 바탕으로 한 형태는 아니다. 다만 민간에서 원화 스테이블코인 발행 및 유통 시 보유자들이 안심하고 사용할 수 있게 금융당국에서 암묵적인 손실 보전 조항을 포함하되, 코인런이 발생한 원화 스테이블코인의 발행자에게는 그에 상응하는 책임을 물을 수 있도록 사전에 프로세스를 정립하자는 것이다.

메이저리그와 원화 스테이블코인

2025년 11월, 한창 원화 스테이블코인에 관한 글을 쓰면서 나는 지금 LA다저스와 토론토 블루제이스의 월드시리즈 7차전 1회 초를 보고 있다. 김혜성이 있는 팀이고 존경하는 커쇼가 있는 LA다저스에 마음이 기울어지기도 하지만, 1993년 지금은 주억의 방송국인 AFKN에서 보았던 토론토 조 카터의 끝내기 홈런이 아직 생생한 상황에서 32년 만에 토론토의 우승을 마음 한편으로 바라기도 한다.

어쨌든 우리는 메이저리그에 열광하고 우리나라 프로야구의 발전 방향을 그곳에 맞춘다. 그런데 어떻게 메이저리그는 숱한 위기를 극복하고 양질의 플레이를 선사하면서 우리에게 눈과 귀를 즐겁게 하는가? 이는 여러 단계의 마이너리그가 있기 때문이다. 그 안에서 숱한 경쟁을 통해 살아남은 선수만이 메이저리그로 승격할 수 있다. 그리고 메이저리그에서 성공한 선수는 천문학적인 돈을 받으면서 적어도 다음 세대까지 먹고살 수 있는 부를 축적한다.

원화 스테이블코인에 대한 갑론을박이 심하다. 그런데 좁혀 보면 두 가지 시각으로 귀결되는 것 같다. 하나는 원화 스테이블코인이 준화폐의 기능을 하니, 화폐와 동일한 잣대로 규제해야 한다고 한다. 다른 하나는 원화 스테이블코인의 편의성에 초점을 맞춰, 준비자산에 가치를 기댄 일종의 충전된 수단으로 바라본다. 이처럼 양측의 관점이 다른데, 규제는 동일한 방법으로 하려고 한다. 난센스다.

미국의 지니어스 법에서는 발행액 100억 달러를 기준으로 감독기구를 달리한다. 초과할 경우 연방정부(연준 또는 통화감독청)에서, 미만일 경우에는 지방정부에서 감독권을 관할한다. 우리 역시 미국과 완전히 동일한 방법은 아니더라도 발행금액, 자본금 등에 따라 이원화된 규제를 하면 어떨까?

즉 자본금에 따라 최소 및 최대 발행금액을 규정하고 일정 발행금액 이상이면 화폐에 준하여 규제하고, 그 미만이면 일종의 선불충전수단 으로 간주하여 현행법대로 처리하는 것이다. 일종의 원화 스테이블코인 의 메이저리그와 마이너리그로 구분하자는 것이다. 그리고 마이너리그 는 원화 스테이블코인의 테스트베드로서 결제 과정에서의 장단점을 따 져 보고 더 나은 정책을 개발하는 원천으로 사용하는 방법이다. 나아가 소액 원화 스테이블코인 발행자가 충분히 자본금을 축적하고 대량 발행 이 가능할 시점에 메이저리그로 진출하여 대규모의 발행, 그리고 운영에 참여하면 자본주의 정신에 맞게 상호 경쟁하면서 발전할 수 있는 생태계 를 만들 수 있을 것이다.

너무 이상적인 생각을 질서 없이 이야기했을 수 있다. 그런데 누가 그랬다. "배를 정박하기만 하고 항해하지 않으면 사고는 안 나지만 발전도 없다"고(물론 정박만 하다가 태풍 만나면 배 망가진다).

원화 스테이블코인의 성공 여부를 떠나 외부 요인 때문에라도 불가피하게 이를 도입해야 한다는 합의 정도는 사회적으로 형성된 마당에, 방법론만 찾을 때가 아니다. 우선 뭔가 해 봐야 한다. 「자본시장법」의 소액공모 제도(물론 이것도 적용금액이 연 10억 원 이하로 너무 작다)처럼 소액으로 원화 스테이블코인을 발행하는 마이너리그와 대량 발행이 가능한 생태계인 메이저리그로 구분하여 법을 적용하는 것 말이다.

오늘의 마이너리거가 내일의 메이저리거가 될 수 있도록 모두에게 사고 전환을 권해 본다.

신년기

디지털 금융의 새로운 질서로 성장하다

스테이블코인, 진화하는 디지털 화폐

초판 1쇄 인쇄 2026년 2월 3일
초판 1쇄 발행 2026년 2월 10일

지은이 서울대학교 블록체인학회 디사이퍼

펴낸이 김연홍
펴낸곳 아라크네

출판등록 1999년 10월 12일 제2-2945호
주소 서울시 마포구 성미산로 187 아라크네빌딩 5층(연남동)
전화 02-334-3887 팩스 02-334-2068

ISBN 979-11-5774-793-1 03320

※ 잘못된 책은 구입처에서 바꾸어 드립니다.
※ 값은 뒤표지에 있습니다.